9783406094880
D1937995

Text: Hans-Joachim Kadatz
Fotos: Gerhard Murza

Georg Wenzeslaus von Knobelsdorff

BAUMEISTER FRIEDRICHS II.

Bildnis G. W. v. Knobelsdorff
Kopie nach einem Gemälde von A. Pesne 1739.
Staatl. Schlösser u. Gärten Potsdam-Sanssouci

Text: Hans-Joachim Kadatz
Fotos: Gerhard Murza

GEORG WENZESLAUS VON KNOBELSDORFF

Baumeister Friedrichs II.

VEB E.A.Seemann Verlag
Leipzig 1983

Für die Gestaltung des Inhaltsverzeichnisses
wurde ein um 1737 entstandener Entwurf zu
einem Türflügel für Schloß Rheinsberg verwendet

© by VEB E.A. Seemann Verlag, Leipzig 1983
1. Auflage 1983, LSV 8120
Veröffentlicht unter der Lizenz-Nr. 460.350/32/83
Karten: D 134/83
Gestaltung: Walter Schiller, Altenburg
Zeichnungen auf den Seiten 67, 134, 135, 184
und 213: Inge Brüx, Leipzig
Printed in the German Democratic Republic
Gesamtherstellung: Druckerei Fortschritt, Erfurt
Best.-Nr. 505 785 2
DDR 84,00 M

1 G. W. v. Knobelsdorff, Porträt des Kronprinzen Friedrich v. Preußen, um 1739.
Staatl. Schlösser u. Gärten Potsdam-Sanssouci

2 Neuruppin, Prinzen- oder Amaltheagarten mit dem Apollotempel von G. W. v. Knobelsdorff, 1732–36

3 G. W. v. Knobelsdorff, architektonische Skizze von der Italienreise, 1736–37. Staatl. Schlösser u. Gärten Potsdam-Sanssouci

Folgende Seiten

4 Rheinsberg, Schloß, westliche Turmfront des Nordflügels

5 Rheinsberg, Schloß, Blick auf den nördlichen Seitenflügel

6 Berlin, Deutsche Staatsoper, ehemaliges Königliches Opernhaus, Portikus an der Allee Unter den Linden

7 Berlin, Schloß Charlottenburg, Stadtfront des Neuen Flügels von G.W.v. Knobelsdorff, 1740–46

DEUTSCHE STAATSOPER
MDCCXLIII

8 Berlin, Blick auf das historische Ensemble an der Allee Unter den Linden mit dem Opernhaus

 Vierte Periode: Aufgaben in Potsdam und Sanssouci (1745–1750) · Der Marstall des Stadtschlosses

9 Potsdam, ehemaliger Marstall des Stadtschlosses, Mittelrisalit. Umbau nach Entwürfen Knobelsdorffs durch A. Krüger, Skulpturen von F. C. Glume, 1746

10 Potsdam, Schloß Sanssouci, Gartenfront mit Terrassenanlage

Folgende Seite

11 Potsdam, Alter Markt/Ecke Brauerstraße 10, sogenanntes Knobelsdorffhaus, erbaut nach Entwürfen Knobelsdorffs mit plastischem Schmuck von F. C. Glume, J. P. Benckert und C. J. Sartori, 1750

 Fünfte Periode: Letzte Lebensjahre (1750–1753) · Potsdam Knobelsdorffhaus

GEORG WENZESLAUS VON KNOBELSDORFF – DER BAUMEISTER UND SEINE ZEIT

12 Bildnis G. W. v. Knobelsdorff
Kupferstich des 18. Jh. nach einem Gemälde
von Antoine Pesne

»Herr von Knobelsdorff ist ein Mann von einem etwas unzugänglichen und rauhen Wesen,
aber von außerordentlichem Verdienste. Seine äußere Erscheinung hat nichts Entgegenkommendes oder Geziertes,
aber er ist trotzdem nicht weniger schätzenswert.
Ich vergleiche ihn mit einer Eiche, wohl wissend, daß nicht alle Bäume eines Gartens
beschnitten sein müssen wie die Arkaden von Marly;
er gleicht der gesunden Vernunft in Person.
Seine Unterhaltung ist lehrreich und seine Anlagen für Architektur, Zeichnung und Malerei sind hervorragend«.

Diese Charakterisierung entnehmen wir einem Brief, den der Baron v. Bielfeld im Oktober 1739 unter den unmittelbaren Eindrücken seiner Begegnungen mit Knobelsdorff im »Rheinsberger Freundeskreis« des Kronprinzen Friedrich v. Preußen niederschrieb.[1] Georg Wenzeslaus v. Knobelsdorff stand damals gerade am Beginn seiner relativ kurzen, aber äußerst fruchtbaren Karriere als erster Hofbaumeister Friedrichs II. Er war ein typischer Kavalierarchitekt des 18. Jahrhunderts und damit ein charakteristischer Vertreter des Spätbarock, der, aus dem Landadel kommend, zum Angehörigen der höfischen Adelsschicht aufgestiegen war. Seine Entwicklung begann, wie die auch anderer berühmter Baumeister seines Standes, mit der Militärlaufbahn. Auf Reisen nach Sachsen, Süddeutschland, ins Rheinland, nach Italien, Frankreich und durch die Niederlande vertiefte er seine dilettierend erworbenen Kenntnisse, um sie später in viele seiner baulichen Ideen und Entwürfe einfließen zu lassen. Neben einer recht umfassenden Allgemeinbildung auf künstlerischem und architektonischem Gebiet beherrschte er die einschlägigen Werke der Architekturtheoretiker, niedergelegt in den klassischen Büchern von Vitruv, Palladio und Scamozzi oder in den darauf fußenden Darstellungen von Goldmann, Furttenbach, Sturm, Decker, Jones und Campbell. Außerdem beschäftigte ihn die praktische Tätigkeit von Giovanni Lorenzo Bernini, Claude Perrault, François Blondel, Jules Hardouin Mansart, Robert de Cotte und Germain Boffrand. In Sachsen bewunderte er die Werke von Zacharias Longuelune und Matthes Daniel Pöppelmann, während er dem trockneren Theoretiker Friedrich August Krubasacius distanzierter gegenüberstand. Das Erbe von Andreas Schlüter, Arnold Nering und Jean de Bodt, das ihn am stärksten prägte, vermittelten ihm seine Berliner Lehrer Kemmeter und v. Wangenheim.

Noch heute gilt Knobelsdorff mit Recht als bedeutendster Architekt und Raumschöpfer in Brandenburg-Preußen nach Schlüter. Sein Name hat in der Kunstgeschichte ebensolchen Klang, wie der seiner berühmten Zeitgenossen, Johann Balthasar Neumann, François de Cuvilliés, Joseph Effner, Johann Michael Fischer und Johann Conrad Schlaun. Er hinterließ ein bauliches Werk von hohem europäischem Rang, das in seiner charakteristischen Durchdringung von klassizierenden Elementen des italienischen, französischen und englischen Pallandianismus mit weiterentwickelten, naturnahen dekorativen Auffassungen des norddeutschen Spätbarock den besonderen Begriff des »Friderizianischen Rokoko« entstehen ließ.[2] Der Auslegung, daß sein Erbe »als eine feudal beeinflußte Variante jener Anschauungen zu gelten hat, die vom Bürgertum vertreten wurden«[3], kann nicht beigepflichtet werden. Ebenso problematisch ist es, vom »Klassizismus im Werk von Knobelsdorff«[4] zu sprechen, weil hierdurch in starkem Maße bürgerliche Gehalte interpretiert werden. Die antiabsolutistische Komponente des Palladianismus wurde bekanntlich durch die bürgerlichen Revolutionen in England und den Niederlanden gefördert, in Deutschland aber erst im Klassizismus um 1800 ideologisch motiviert, in einer Zeit weiter gewachsenen Selbstbewußtseins der Bourgeoisie mit einhelliger Forderung nach Überwindung des Palladianismus.

Knobelsdorff bewies sich durchweg als Vertreter der feudalen oder aristokratischen Variante der Architektur Palladios, über deren gesellschaftlichen Inhalt bereits Cornelius Gurlitt 1920 sehr interessante Feststellungen traf, indem er schrieb: »Die ins Große gehende Kunst der Spätantike, Kaiserforen, Thermen, Theater, Hippodrome sind es, nicht die Bauten der Akropolis von Athen... Er arbeitete für Männer und Kirchen, die ihre Macht und Lebensstellung durch stattliche Bauten zur Schau stellen wollten und daher dem Architekten in seinem Wunsch entgegen kamen, in diesem Sinne zu schaffen. Es ist kein Zufall, daß die Wiederaufnahme palladianischer Baugesinnung in die Glanzzeit des Hofes Ludwigs XIV. fällt und daß sie am reinsten und begeistertsten im Hochadel Englands während des 17. und 18. Jahrhunderts einsetzte, daß die Kirchenbauten Frankreichs bis in die Zeit des ersten Napoleon palladianischen Geist verraten: eine Kunst der äußeren Darstellung, nicht der inneren Notwendigkeit... Bei ihm holte sich François Blondel, der französische Architektur-Ästhetiker des 17. Jahrhunderts, die Bestätigung seiner auf Boileaus Anschauungen aufbauenden Theorie der Verhältnisse....« Gurlitt betont weiterhin: »Es ist nicht Naturgefühl, das aus Palladios Villen spricht, nicht jene Erfindung, die ein Bedürfnis hat, sich in der umgebenden Natur einzuleben, sondern es spricht aristokratischer Herrensinn aus den Anlagen, deren Plan dem Begriffe dient, daß das umliegende Land zum Bau gehöre... Die Umgebung wird zum dienenden Maßstab für den Herrensitz. Die Ruhe und Größe der Form, die Einfachheit der Motive, die starke Betonung der Achse durch Freitreppen, Säulenstellungen, Giebel, die Steigerung dieser Formen weit über das tatsächliche Bedürfnis hinaus sind Mittel zur Bekundung des Herrentums der Besitzer, herrliche Motive, herrisch verwendet.«[5]

Diese Aussagen könnten ebensogut für Knobelsdorff gelten. Die Zeugnisse seines bauzeichnerischen Œuvres erschweren es trotz vieler authentischer Skizzen und Pläne, den genauen Umfang seiner Tätigkeit an den einzelnen Objekten festzustellen. Hier schwanken auch die Quellenaussagen seiner Zeit. Von Anbeginn an fehlte es ihm kaum an hoher Wertschätzung. Die Tatsache jedoch, daß er als verantwortlicher Baumeister in der frühen Phase der Herausbildung des Baubeamtentums neben seinen künstlerisch-architektonischen Arbeiten die damals noch weniger geachteten Funktionen des Bauleiters, Bauberaters und -kontrolleurs übernehmen mußte, begründeten häufig die Meinung, daß Knobelsdorff vor allem ein genialer und unermüdlicher Bauorganisator gewesen sei, ein versierter Koordinator und Dirigent im Zusammenspiel vieler hochqualifizierter technischer und künstlerischer Kräfte. Die mit seinem Namen verknüpften Architekturen und Parkanlagen wurden daher vielfach als Schöpfungen des ebenfalls in Baukunst dilettierenden Friedrich II., seiner Baukondukteure und einiger anderer, hochbefähigter Künstler und Kunsthandwerker bezeichnet. Ohne deren Einflüsse und Anteile zu negieren, würde ein Anschluß an die Version, Knobelsdorff sei allein der »Veredler« ihm übergebener Entwürfe gewesen, seine hohen künstlerisch-schöpferischen Fähigkeiten und Verdienste ungerechtfertigterweise schmälern. Über diese Polemik entscheidet zweifellos die herausragende architektonische Qualität der bisher nachweisbaren eigenhändigen Entwürfe und Zeichnungen, ihr charakteristischer grafischer Duktus und die aus der architektonischen Sprache seiner Baulichkeiten zu entnehmenden, doch recht spezifischen Ideengehalte.

Die Betrachtung der Bautätigkeit Knobelsdorffs vermittelt in besonderer Weise Einblicke in die Arbeitsmethoden eines deutschen Baumeisters des zweiten Viertels des 18. Jahrhunderts, speziell in das mehr oder weniger funktionierende Zusammenwirken mit dem feudalen Bauherrn. Bei der Einschätzung seiner Leistungen ist daran zu denken, daß er seine architektonischen Ideen trotz zähen Ringens häufig nicht realisieren konnte, weil der Souverän den Plänen, Entwürfen und Bauausführungen durch persönliche Eingriffe viele Veränderungen aufzwang, denn Architektur im persönlichen Dienst nach der Devise »l'art c'ést moi« führte bei Friedrich II. weit ausgeprägter als bei anderen europäischen Herrschern des Absolutismus zur baulichen Fixierung teilweise ganz individueller spezieller Lebenseigenarten.

Etwa ein Jahrzehnt stand Knobelsdorff als »persönlicher« Baumeister in einem fast freundschaftlichen Verhältnis zum Kronprinzen und späteren preußischen König. In vorausgehenden Jahren hatte er sich in der Erzieherrolle dessen Anerkennung und Vertrauen durch ein offenes, gerades Auftreten gesichert. Die letzten acht Jahre seines Lebens und Schaffens verbrachte er in einer streitbaren, gekränkten, distanzierten, aber trotzdem anerkannten Position zum Souverän, der ihm ungeachtet mancher Meinungsunterschiede über den Tod hinaus hohe Achtung und Anerkennung zollte.

Derartig enge Beziehungen zwischen dem fürstlichen Auftraggeber und seinem »Kavalierarchitekt« waren im 17.–18. Jahrhundert nicht ungewöhnlich. Man denke beispielsweise nur an die vertraulichen Kontakte zwischen dem Prinzen Friedrich August, dem späteren König August II. von Polen und Wolf Caspar v. Klengel (1630–91) oder zwischen dem Würzburger Fürstbischof Karl Friedrich v. Schönborn und Johann Lucas v. Hildebrandt (1668–1745). Aber in all diesen Fällen zeigten sich streng zu beachtende gesellschaftliche Schranken. Bei geringsten Spannungen, die dann aufbrachen, wenn es zu Mißverständnissen, unterschiedlichen Meinungen oder Einengungen der fürstlichen Befehlsgewalt und des despotischen Eigensinns kam, mußte jeder dieser Künstler oder Baumeister erfahren, daß er trotz allen Wohlwollens, selbst als Angehöriger der Adelsklasse, zur Masse der Untertanen gezählt wurde.

Die Erwerbung von Kenntnissen in der Zivil- und Militärbaukunst gehörte im absolutistischen Barock zur standesgemäßen Beschäftigung der Fürsten und war gleichermaßen Ausdruck ihrer Souveränität. Praktischer Unterricht im Zeichnen und Entwerfen, in Geometrie und Perspektive sowie der Besuch bedeutender Bauwerke und Städte anderer Länder auf »Kavalierstouren«, die meist in Begleitung des Architekturlehrers stattfanden, waren fester Bestandteil ihres Erziehungsprogrammes. Es steht außer Zweifel, daß die so erworbenen Fähigkeiten der absolutistischen Bauherren im Zusammenspiel mit den jeweiligen Baumeistern oftmals in entscheidender Weise dazu beitrugen, die Baukunst des Hoch- und Spätbarock zu beachtlicher künstlerischer Höhe zu führen.

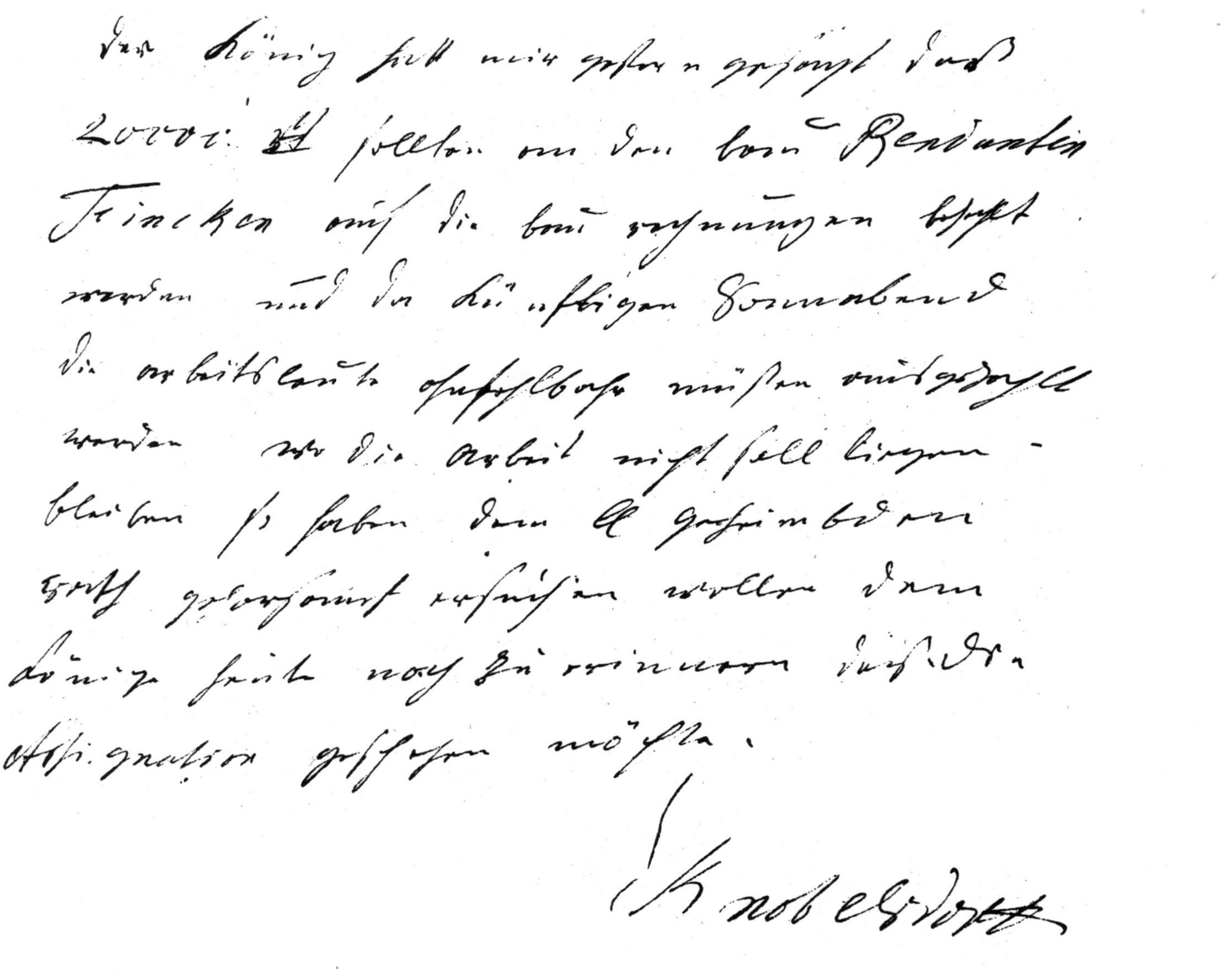

13 Handschriftliche Notiz Knobelsdorffs über einen Auftrag Friedrichs II.

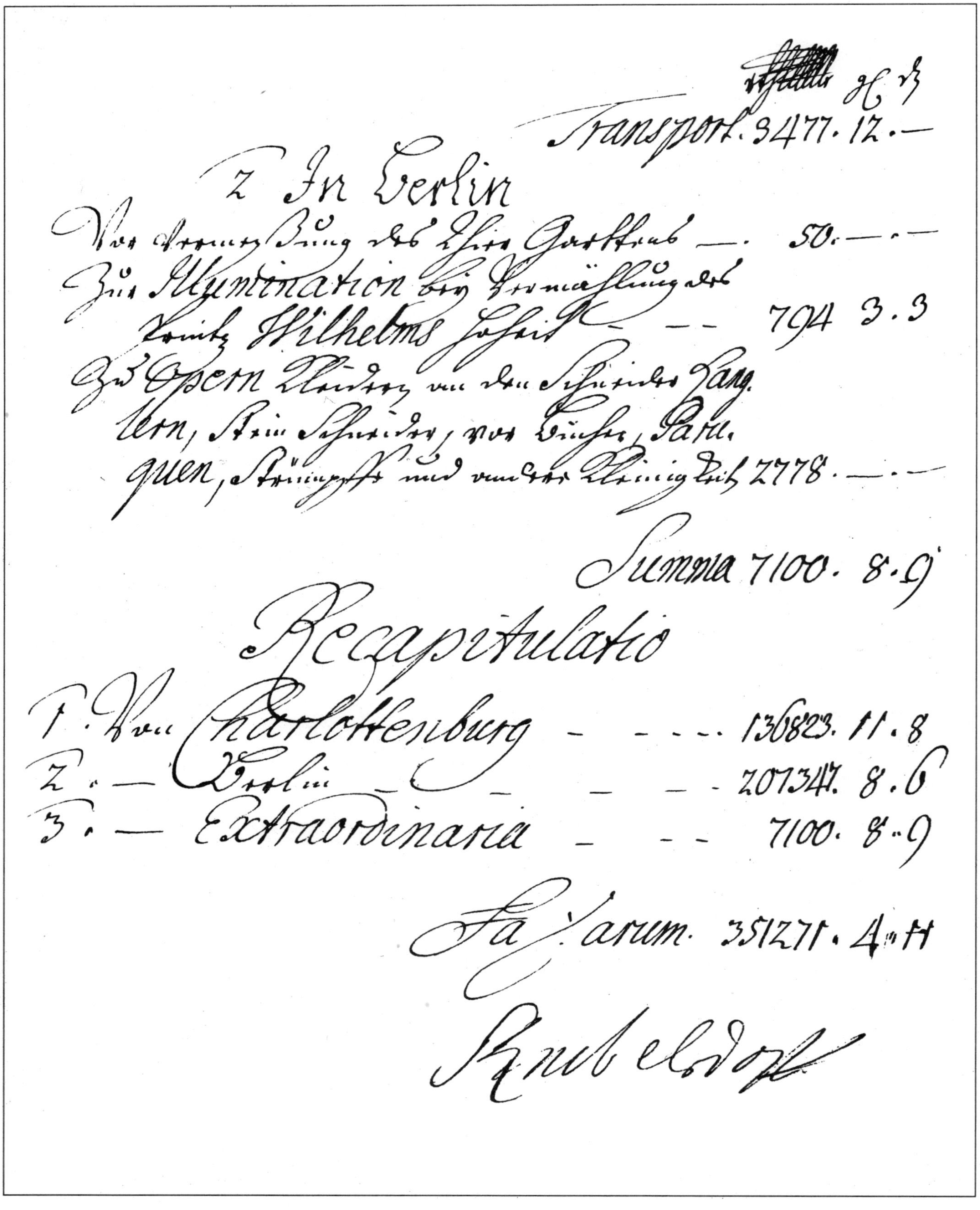
Transport. 3477. 12. —

2 In Berlin

Vor Crönung des Chor Gartens — . 50. — . —

Zur Illumination bey Vermählung des Printz Wilhelms Hoheit — — 794 3 . 3

Zu Opern Kleider von den Schneider Zang-
lern, dem Schneider, vor Tücher, Paru-
quen, Strümpfe und von der Königl. 2778. — . —

Summa 7100. 8. 9

Recapitulatio

1. Von Charlottenburg — — — — 136823. 11. 8
2. — Berlin — — — — 207347. 8. 6
3. — Extraordinaria — — — 7100. 8. 9

Sa. Sarum. 351271. 4. 11

Knobelsdorff

14 Handschriftliche Aufstellung Knobelsdorffs über Bauausgaben in Berlin und Charlottenburg vom 24. Januar 1744

Nach dem Dreißigjährigen Krieg, als der »Bauwurm« die politisch gestärkten Territorialfürsten als Hauptvertreter weltlicher Kunstpflege befiel, fanden Kunst und Architektur bevorzugt Aufnahme in das Programm der Staatsrepräsentation. Die Architektur trat als monumentalste Möglichkeit der Steigerung despotischen Machtbewußtseins an die erste Stelle. Dem Idealtypus eines in jeder Hinsicht vollkommenen Herrschaftssitzes entsprach in der Hauptphase des europäischen Barock das Schloß Ludwigs XIV. in Versailles in seiner ensemblehaften Einheit von Baukörpern, Raumdisposition, Innenausstattung und Gartenkunst unter breitester Einbeziehung von Malerei, Plastik und Kunsthandwerk. Im Städtebau imponierten dagegen noch immer die gewaltigen italienischen Raumdimensionen eines Bernini, am eindrucksvollsten verkörpert in der faszinierenden Anlage der Piazza San Pietro in Rom.

Während sich die italienischen Formengehalte en détail mehr auf die katholischen, gegenreformatorischen Länder Süd- und Westdeutschlands auswirkten, war Norddeutschland stärker den französischen und niederländischen Einflüssen zugeneigt. Nicht unerheblich für Brandenburg-Preußen und Anhalt-Dessau waren die verwandtschaftlichen Beziehungen der Fürstenhöfe zu den Oraniern und die durch das »Edikt von Potsdam« (1685) geförderte Aufnahme glaubensvertriebener Hugenotten, die sich, ihren Glaubenslehren entsprechend, auch zu rationaleren Formen der Architektur bekannten.

Unter Kurfürst Friedrich Wilhelm begann der völlige verwaltungsorganisatorische Neuaufbau des feudalen staatlichen Gefüges unter Einverleibung der ehemaligen Bistümer Magdeburg, Halberstadt und Minden. Durch Intensivierung des Landbaues, Entwässerungen und Förderung der manufakturellen Produktion wurden wichtige ökonomische Schritte zur Verbesserung der Produktionsverhältnisse eingeleitet, die Friedrich I., der erste »König in Preußen», und dessen Nachfolger, Friedrich II., mit Konsequenz weiterführten.

Mit zunehmendem manufakturkapitalistischem Aufschwung vollzogen sich Änderungen in der Klassenstruktur. Der wachsende Antagonismus zwischen Bürgertum und Adel veranlaßte daher die preußischen Könige, die Stabilisierung ihrer Machtbasis durch Militarisierung des gesamten Staatswesens vorzunehmen. Der absolutistische Machtapparat festigte sich am entschiedensten unter Friedrich Wilhelm I. (1713–40). Das seit 1653 nach schwedischem Muster aufgestellte stehende Söldnerheer wurde unter dem »Soldatenkönig« unter Mitwirkung des Fürsten Leopold v. Anhalt-Dessau zahlenmäßig verdoppelt und zur schlagkräftigsten Truppe in Europa gedrillt, dem Militärdespotismus fortan alle Belange der Verwaltung, Wirtschaft und Kultur im preußischen Staatswesen unterordnet. Voll einsatzfähig und wirksam wurde das unter Friedrich Wilhelm I. durchorganisierte Heer erstmalig unter Friedrich II. im Österreichischen Erbfolgekrieg (1740–48) und im Siebenjährigen Krieg (1756–63). In dieser Zeit flossen etwa zwei Drittel des preußischen Staatshaushalts in die Unterhaltung und den weiteren Ausbau des Heeres ein. Die Militärausgaben wirkten sich nicht nur negativ auf alle Sozialbereiche aus, sondern auch auf die Wissenschaften und Künste.

Friedrich I. v. Preußen hatte noch im Ruf eines Verschwenders gestanden, eines Mäzens, der trotz einiger ökonomischer Maßnahmen Brandenburg-Preußen, dem die einfachsten Grundlagen materiellen Wohlstandes fehlten, durch prächtige Hofhaltungen und großzügige Förderung der Musen an den Rand des Ruins führte. Schloß Charlottenburg, das Zeughaus und das ehemalige Stadtschloß in Berlin symbolisierten seine Ambitionen auf den Gebieten barocken Städtebaus, der Architektur und der Bildhauerkunst. Hier dominierten die schweren Bauformen Schlüters, durchdrungen von den Elementen der Schule Michelangelos und Berninis, aber auch die weniger plastische akademische Richtung des französischen und niederländischen Barock, vertreten durch Gregor Memhardt, Johann Arnold Nering, Jean de Bodt und Johann Friedrich v. Eosander. Bedeutsame Persönlichkeiten des Geisteslebens, wie Gottfried Wilhelm Leibniz, Samuel v. Pufendorf, Christian Thomasius und Christian Wolff gaben den Anfängen bürgerlicher Frühaufklärung richtungweisende Impulse auf philosophischem und naturwissenschaftlichem Gebiet. Begrenztheiten in ihren Erkenntnismöglichkeiten führten zu Theorien, die einen Kompromiß zwischen Bürgertum und absolutistischem Staat befürworteten und damit dem »despotisme éclaire« entgegenkamen.

Nachdem Friedrich Wilhelm I. 1713 den Thron bestiegen hatte, gelang es entgegen allen feudalen Hemmnissen, die wirtschaftlichen Positionen in Brandenburg-Preußen zu festigen. Im Interesse der Wiederherstellung spätfeudaler Machtverhältnisse ersetzte er höfischen Prunk, französische Bildung, Galanterie und »Schöngeisterei« durch seine Lieblingsthemen: Militär, Moral, Religion und Ökonomie. Nach der Vollendung des Berliner Schlosses entstanden fast ausschließlich Nutzbauten. Schlüter, de Bodt und Eosander verließen das Land. Die Architekturaufgaben erfüllten nunmehr zweitrangige, willfährige Baumeister, wie Grael, Böhme oder Kemmeter unter Bevorzugung holländischer Stilanregungen. Die meisten Baumaßnahmen widerspiegelten den harten Zwang

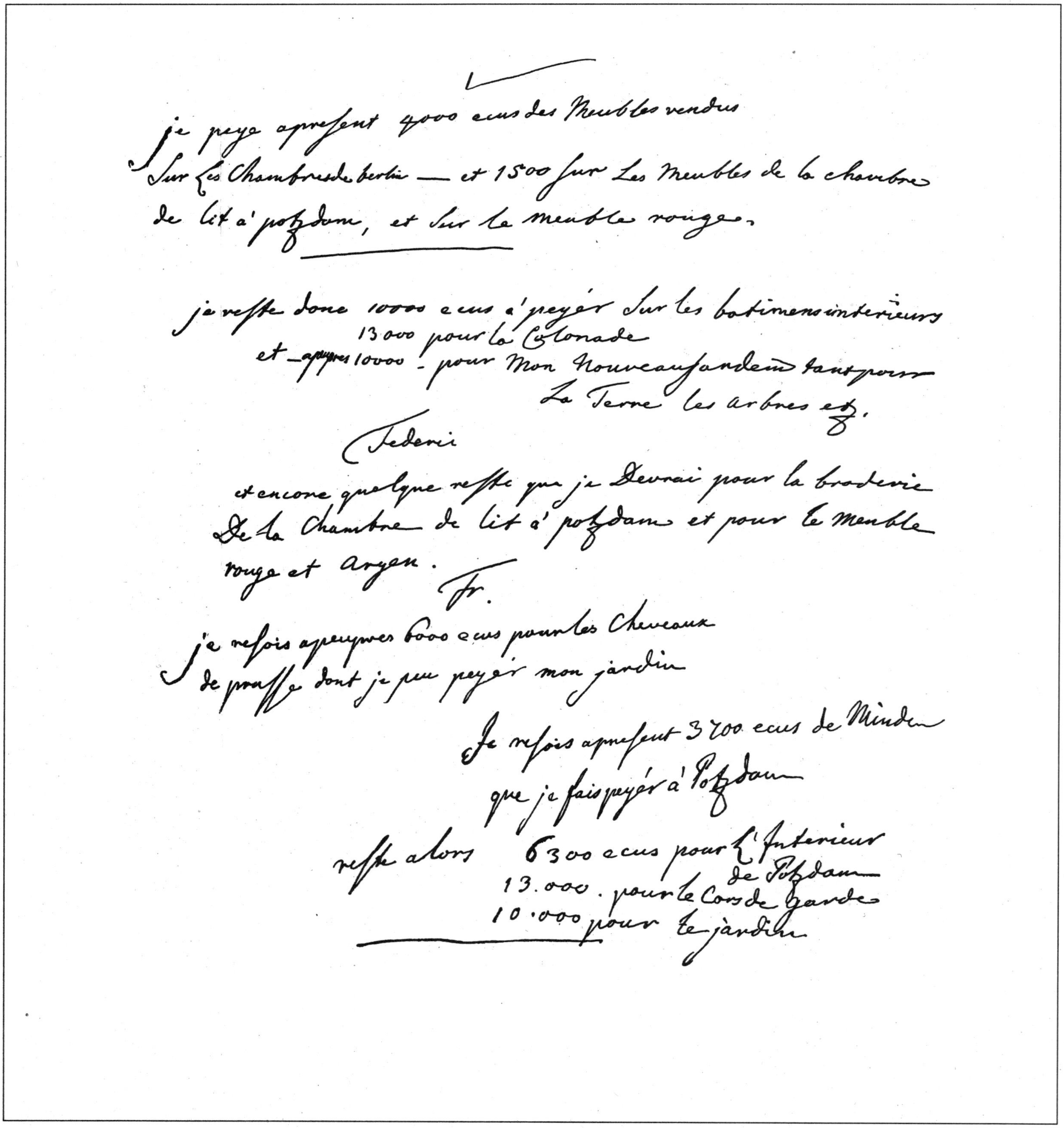
je peye apresent 4000 ecus des Meubles vendus
Sur les Chambres de berlin — et 1500 sur Les Meubles de la chambre
de lit a' potzdam, et Sur le meuble rouge.

je reste donc 10000 ecus a' peyer Sur les batimens interieurs
13000 pour la Colonade
et ~~apeupres~~ 10000 - pour Mon Nouveau jardin tant pour
La Terre les arbres etc.
Federic

et encore quelque reste que je Devrai pour la broderie
De la Chambre de lit a' potzdam et pour le meuble
rouge et argen.
Fr.

je resois apeupres 6000 ecus pour les Chevaux
de prusse dont je peu peyer mon jardin

Je resois apresent 3700 ecus de Minden
que je fais peyer a' Potzdam
reste alors 6300 ecus pour l'Interieur
de Potzdam
13.000. pour le Cors de garde
10.000 pour le jardin

15 Ausgaben für Bauten und Kunstsachen
im Jahre 1745.
Eigenhändige Berechnung Friedrich II.

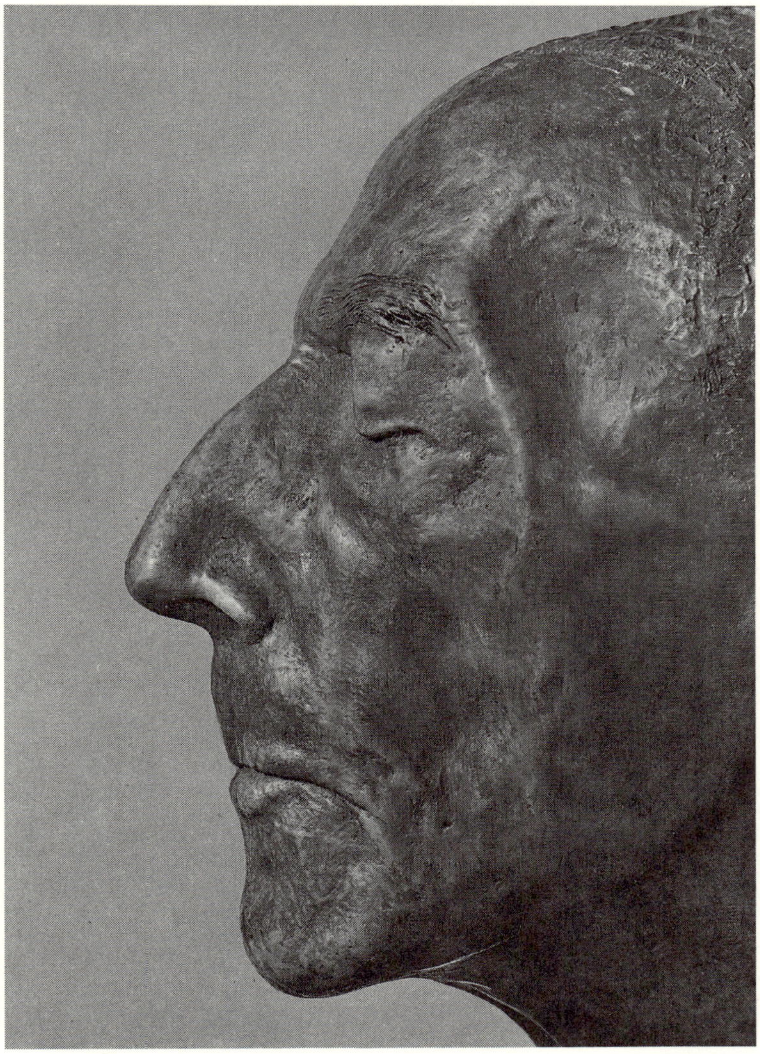

16 Friedrich II., Totenmaske vom 17. August 1786, angefertigt vom Bildhauer und Wachsfournierer Johann Eckstein aus Potsdam

zur »Staatsraison«, zu Sparsamkeit, strenger Disziplin und absoluter Untertänigkeit »gegenüber Gott und König«. Die ausgeprägte Uniformität damals errichteter Wohnbauten in Potsdam, Berlin und einer Reihe von Garnisonen entsprach dem Ideal des Königs – der »nützlichen« Militärstadt par excellence. Er entließ viele Wissenschaftler der Berliner Akademie und entzog Leibniz als einer der einflußreichsten geistigen Persönlichkeiten den Ehrensold. Christian Wolff verjagte er von der Universität Halle. Seinen Sohn und Nachfolger verprügelte er als »Französchen« vor den Augen des Hofes wegen seiner musischen Interessen und unmilitärischen Verhaltensweisen; den mißglückten Fluchtversuch des jugendlichen Kronprinzen im Jahre 1730 wollte er mit dem Tod bestrafen.

Friedrich II. hat seinen Vater zutiefst gehaßt, den Verfall von Kunst und Wissenschaft unter Friedrich Wilhelm I. oft kritisiert, gleichzeitig aber entscheidend von der ökonomischen und militärischen Festigung des feudalen Staatswesens profitiert. Als er 1740 die Regierung übernahm, ließ er die Struktur dieses Staates, der sich inzwischen in seinem Sinne bewährt hatte, unangetastet. Er verfügte neben dem bestausgerüstetsten stehenden Heer Europas über einen fast ebenso gut aufgebauten, funktionstüchtigen Beamtenapparat. Durch ein hartes, lückenloses Besteuerungssystem, das der städtischen und dörflichen Bevölkerung große Belastungen auferlegte, konnte er einen völlig schuldenfreien Staatshaushalt mit einem beachtlichen finanziellen Überschuß in Höhe von 10 Millionen Talern übernehmen, der unter anderem eine willkommene Basis für die erste neu eingeleitete Phase des staatsrepräsentativen Bauens darstellte und den militärischen Einfall in das unter österreichischer Herrschaft stehende Schlesien materiell sichern half.

Der »Fürsten-Philosoph« oder »Salomon des Nordens«, wie er von Voltaire bezeichnet wurde, gehört zu den widerspruchsvollsten Persönlichkeiten deutscher Geschichte. In seinem Denken und Handeln durchdrangen sich progressive Züge und reaktionäre Elemente der Hohenzollernherrschaft und des Preußentums in keineswegs immer klar abgegrenzten Formen. Für keinen gilt der Vergleich mit dem Januskopf, der die »zwei Gesichter Preußens« trug, mehr, als für Friedrich II. Er herrschte in der späten Epoche des Übergangs vom Feudalismus zum Kapitalismus, einer Zeit gesellschaftlichen Aufbruchs, in der sich bereits in den Niederlanden und in England zwei Staaten bürgerlichen Typus herausgebildet hatten, der amerikanische Unabhängigkeitskrieg ausgefochten wurde und in Frankreich die große bürgerliche Revolution heranreifte, die drei Jahre nach dem Tod Friedrichs II. der neuen weltgeschichtlichen Epoche des Kapitalismus zum Durchbruch verhalf. Schon als Kronprinz hatte er erkannt, daß seit dem Altertum übermäßige Gewaltherrschaften den Aufruhr der Volksmassen förderten. Aus diesem Grunde suchte er die bisherige feudal-klerikale Herrschaftsbegründung durch zeitgemäßere, vom angeblichen »Gesellschaftsvertrag« abgeleitete Theorien zu ersetzen.

Als Franz Mehring im Gegensatz zur bürgerlichen Historienverklärung 1892 in seiner »Lessing-Legende« nachwies, daß Friedrich II. »tatsächlich nichts war als ein dynastischer Despot des achzehnten Jahrhunderts in all seiner Gescheitheit und in all seiner Beschränktheit«, schloß er die Tatsache ein, daß er im Gegensatz zu vielen seiner Standesgenossen soviel Klugheit besaß, recht unterschiedliches bürgerliches Gedankengut der französischen und deutschen Frühaufklärung aufzugreifen, um es als Monarch für die Stabilisierung und Erweiterung der Feudalmacht zu verwenden. In der in Deutschland politisch unausgereiften Periode des 18. Jahrhunderts förderte diese »Anpassung« in Verbindung mit einer Reihe innenpolitischer Maßnahmen die Weiterentwicklung der gesellschaftlichen Produktivkräfte und trug, vom Souverän unbeabsichtigt, zur Auflockerung der feudalen Strukturen bei. Dies zeigte sich unter anderem seit 1740 in der zeitweisen Aufhebung der Pressezensur, der Abschaffung der Folter und der Neubegründung der Akademie der Wissenschaften. Nach den Schlesischen Kriegen begann eine Justizreform zur Vereinheitlichung des Gerichtswesens und zur Kodifizierung des »Allgemeinen Landrechts«, die sich bis 1784 hinzog, aber allgemein die Vorstellung von der Meinungsfreiheit in Preußen nährte.

Die Gesamtbevölkerung des Landes bestand damals zu etwa 80% aus feudalabhängigen, zum Teil fronpflichtigen, landarmen oder besitzlosen bäuerlichen Schichten. Friedrichs II. Absicht, die tiefe feudale Rückständigkeit durch Agrarreformen und Abschaffung der Leibeigenschaft zu verringern, scheiterte am Widerstand des Junkertums. Da er den Adel noch in seinen politischen Testamenten über alle Zeiten hinaus als 1. Stand und alleinigen Träger der Gesellschaft ansah, mußte er ihn durch besondere Privilegien stützen. So war er nur in der Lage, auf den königlichen Domänen einige Erleichterungen anzuordnen. Immerhin kam es im Agrarbereich zur Einführung intensiverer Nutzungssysteme, umfangreichen Bodengewinnungen durch Meliorationen und zur Neubesiedlung von Ackerland. Seit den 40er Jahren des 18. Jahrhunderts trat eine zunehmende Begünstigung der gewerblichen Produktion und des kapitalistischen Manufakturwesens ein, wobei besonders diejenigen Gewerbe gefördert wurden, die zur Befriedigung des Militärbedarfs dienten, wie Leinen- und Baumwollherstellung. Nicht weniger wichtig waren die Seidenweberei und Zuckersiederei sowie die Porzellanherstellung, der Kaffee-, Tabak-, Holz- und Getreidehandel, die als einträgliche Quellen der Akkumulation als staatliche Monopole betrieben wurden.

Die merkantilistische Handels- und Gewerbepolitik Preußens war seit Anbeginn machtpolitisch motiviert. Friedrich II. strebte seit seinem Regierungsantritt ehrgeizig danach, Preußen zur Großmacht zu erheben. Dieser Macht- und Agressionspolitik hat er bekanntlich seine »Aufgeklärtheit« bedenkenlos geopfert, besonders in den Zeiten seiner verwüstenden Annexionskriege. Es zeigte sich in der Folge, daß der preußische Militarismus in seinen alle Lebenssphären durchdringenden Auswirkungen die Ansätze des bürgerlich-demokratischen Fortschritts im Lande entscheidend behinderte, den Prozeß geistiger Emanzipation andererseits jedoch auch unterstützte.

Die Idylle von Rheinsberg, in der Friedrich II. als Kronprinz die »Considérations sur l'etat présent du corps politique de l'Europe« (1738/39) und den »Antimachiavel, ou Examen du Principe de Machiavel« (1739) geschrieben hatte, ging 1740 zu Ende. Der König frönte zwar weiterhin den Künsten, entwickelte sich aber mit zunehmenden Jahren immer ausgeprägter zu einem Staats- und Kriegsmann, der sein ganzes Streben in die Demonstration seiner Macht investierte. Als »aufgeklärter Monarch« zeigte er sich nur noch in den engeren Tafelrunden von Sanssouci in einer scheinbar verbürgerlichten Privatsphäre. Hier pflegte er das geistvolle Gespräch mit Auserwählten, wie Algarotti, d'Argens, Maupertuis, Gästen wie d'Alembert und Lamettrie. Hier wohnte er auch von 1750–53 mit Voltaire zusammen, zu dem er in Rheinsberg die ersten Kontakte geknüpft hatte. Als Voltaire Preußen fluchtartig verließ, nachdem er gemerkt hatte, daß es keinesfalls das Idealland der Aufklärung in Europa war, wollte ihn der Monarch inhaftieren lassen.

Daß bei Friedrich II. die französische Kultur und Sprache den Ton bestimmte, war keine Besonderheit, sondern seit etwa 1700 an fast allen deutschen Fürstenhöfen üblich. Entscheidend war vielmehr die tiefe Kluft des ersten Vertreters der feudalen Oberschicht zum Kultur- und Geistesleben des eigenen Volkes, genährt durch die Ansicht, daß es keineswegs auf der Höhe der gesamteuropäischen Entwicklung stehe. So ergaben sich auch keine Beziehungen zwischen dem Souverän und Persönlichkeiten wie Klopstock, Lessing, Herder oder dem jungen Goethe, Johann Sebastian Bach, Händel oder dem jungen Mozart.

17 G. W. v. Knobelsdorff, Baumallee,
Zeichnung aus einem Skizzenbuch, vor 1745.
Staatl. Schlösser u. Gärten Potsdam-Sanssouci

Friedrich II. beschäftigte sich in der Abgeschlossenheit seines Weinbergschlosses unermüdlich als »erster Diener des Staates« neben seinen Regierungsgeschäften mit Politik, Geschichte, Staatslehren, Moralphilosophie und Ethik, Literatur und Architektur; er dichtete, komponierte Kantaten, Opernarien, Flötensonaten und Märsche. Je mehr er jedoch als König, Finanz-, Kriegs-, Innen- und Außenminister in einer Person regierte und jeden Posten seines Staatshaushaltes mißtrauisch und pedantisch kontrollierte, um so mehr erstarrte er, frühzeitig mit Gicht und anderen Leiden behaftet, im Phatos seiner Macht, um so mehr wurde er von seinen ehemaligen Vertrauten gemieden.

Diese Zeitumstände bildeten den Hintergrund für Knobelsdorffs Schaffen. Neuruppin, Rheinsberg, Berlin und Potsdam waren die Hauptschauplätze seines Wirkens. Es waren die Kontaktsphären, in denen er die Wandlungen des Souveräns miterlebte, der trotz mancher vorausschauender Denkweisen immer wieder zu konservativen Lösungen zurückkehrte.

Eigener Adelsstolz brachte Knobelsdorff häufig in Konflikte, weil er nicht über die verachtete, aber trotzdem gewünschte Gewandheit der Höflinge des 18. Jahrhunderts verfügte. An seinen Aufgaben wachsend, trat er Friedrich II. als selbstbewußter Künstler und Baumeister eigensinnig, belehrend, starrköpfig und teilweise ausfällig entgegen. Diese Reaktionen häuften sich besonders nach längeren Zeiten der Abwesenheit des Regenten während jahrelanger Kriegsführungen, in denen der für alles verantwortliche Surintendant überzeugt war, sein Bestmöglichstes gegeben zu haben.

Knobelsdorffs Einzelbauwerke, die Ausstattungen seiner Innenräume, die von ihm gestalteten Straßen, Plätze, Gärten und Parks entsprachen durchaus noch dem spätbarocken

18 G. W. v. Knobelsdorff, Waldlandschaft mit zwei Wanderern, Zeichnung aus einem Skizzenbuch, vor 1745.
Staatl. Schlösser u. Gärten Potsdam-Sanssouci

19 G. W. v. Knobelsdorff, architektonische Skizze von der Italienreise, 1736–37. Staatl. Schlösser u. Gärten Potsdam-Sanssouci

Willen nach großartiger künstlerisch-architektonischer Gesamterscheinung. Sie erfüllten den Wunsch des Auftraggebers nach Monumentalität und malerischer Wirkung. Solange er unmittelbar an der Erfüllung der Bauinteressen des Königs beteiligt war, verstand er es, vielen seiner Ideen und Entwürfe Geltung zu verschaffen, indem er malerische, plastische und strenger klassisch-barocke Architekturauffassungen genial miteinander verband. Zu seiner Kunst gehörte nicht nur die »Wiederherstellung des antiken Geschmacks« in Formen, die schon römische Imperatoren bevorzugt hatten, sondern auch ein äußerst phantasievoller Rokokostil. Dieses Rokoko, das Ende der 30er Jahre des 18. Jahrhunderts von Frankreich übernommen und in Deutschland perfektionistisch weiterentwickelt wurde, zeigte sich damals nicht nur am dekorativen Element der Innenraumkunst oder an Kleinarchitekturen in Parks. Es erwies sich auch seit den 40er Jahren in einer Rückwendung von den imposanten großen Schloßanlagen zu kleineren »privaten« feudalen Landsitzen. Zu den begehrten neuen Baulichkeiten dieses neuen Typus gehörten Lust- und Jagdschlößchen, wie Amalienburg bei München, Solitude bei Stuttgart, Benrath bei Düsseldorf, Richmond bei Braunschweig oder das ehemalige Belvedere auf der Brühlschen Terrasse in Dresden.

Knobelsdorff erweiterte die Palette durch Sanssouci und setzte damit Potsdam in die erste Reihe der wichtigsten deutschen Rokokozentren neben München und Würzburg.

Zweifellos war Knobelsdorff auch ein talentierter Maler und Zeichner. Zu seinen frühesten nachweisbaren Gemälden gehören die beiden 1733 in Schwedt/Oder entstandenen und von ihm signierten kleinformatigen Bildnisse der Gräfin Friederike Dorothea v. Schlippenbach und des Pagen v. Münsterberg. Im Jahre 1736 schuf er die ebenfalls signierten und datierten Halbporträts des Karl Wilhelm v. Kleist und der Eva Eleonore v. Kleist für die Familiengalerie des Kleistschen Herrenhauses in Zützen/Niederlausitz.

Die Bildnismalerei hat ihn bis 1748 immer wieder beschäftigt. Die Darstellung der »Schönin«, seiner späten Lebensgefährtin Sophie Charlotte Schöne, ist das letzte überlieferte Beispiel. Abgesehen von einigen gemalten Landschaftsdarstellungen, hat Knobelsdorff jedoch mit Vorliebe als Zeichner gearbeitet. Er bevorzugte die räumlich-perspektivische Wiedergabe ebenso wie die malerische Komposition, bei der er oftmals die Bauten in ihrer Umgebung und besonderen landschaftlichen Einordnung zu zeigen bemüht war. Anfangs hat er meist nur dünnlinig und flüchtig skizziert mit teilweise noch falschen Perspektiven. Später festigte sich sein Stil, zunehmend belebt durch Licht- und Schattentöne. Die Staffagefiguren modellierte er kaum, sondern beschränkte sich in der Regel auf eine mehr schemenhafte Andeutung ihrer jeweiligen Bewegungsphasen. Für sein architektonisches Empfinden sprechen insbesondere die Bauzeichnungen. Die berühmte Dedikationsmappe mit Plänen für das Berliner Opernhaus, die Risse für den Umbau des Dessauer Schlosses sowie noch vorhandene authentische Skizzenbücher und signierte Einzelblätter erlauben weitere stilistische Vergleiche, aber teilweise auch recht umstrittene Zuschreibungen unsignierter Blätter.

Knobelsdorffs Bauzeichnungen entstanden überwiegend mit der dünnen Feder in nüchterner, sauberer Reißbrettarbeit. Sie sind keineswegs laienhaft, sondern auch konstruktiv durchdacht. Hellgraue oder bräunliche Schattierungen durch aufgetuschte Wasserfarben brachten Details zu plastischer Wirkung. Viele Einzelheiten, Ideen, unausgeführte oder variierte Vorentwürfe hatte er zuvor in seinen Skizzenbüchern gesammelt. Eines dieser Hefte trug er ständig verfügbar in einer besonderen Innentasche seines Rockes bei sich. Die von seinen nächsten Mitarbeitern, Johann Georg Füncke, C. H. Horst und Johann Friedel, »ins reine« gezeichneten Baurisse unterscheiden sich in ihren speziellen Strichführungen von denen Knobelsdorffs. Exakte Identifikationen der einzelnen Handschriften, besonders der des Andreas Krüger, stehen noch immer aus. Die komplizierten Untersuchungen sind dadurch erschwert, daß viele der bereits im 19. Jahrhundert zusammengetragenen zeichnerischen Dokumente während des Zweiten Weltkrieges erneut in viele, teils unrechtmäßige, teils unbekannte Hände verstreut wurden.

Die vorliegende Darstellung beschäftigt sich vor allem mit dem architektonischen Werk des preußischen Baumeisters. Die erhaltenen Schlösser, Parkanlagen und Wohngebäude, die unter direktem oder mittelbarem Einfluß des hervorragenden Baukünstlers Georg Wenzeslaus v. Knobelsdorff in Berlin, Potsdam, Rheinsberg, Neuruppin und Mosigkau entstanden, gehören heute zum anerkannten Bestandteil der Weltkultur und zu Hauptanziehungspunkten vieler Millionen Besucher des In- und Auslandes. Sie liegen fast ausschließlich auf dem Territorium der Deutschen Demokratischen Republik. Planmäßig werden jährlich erhebliche Mittel aus dem sozialistischen Staatshaushalt für die weitere Erhaltung und Pflege dieses gewichtigen Erbes zur Verfügung gestellt. Hochspezialisierte Bau- und Kunsthandwerker, erfahrene Restauratoren und engagierte Wissenschaftler vieler Disziplinen sind ständig bemüht um die gesellschaftlich nützliche Erschließung und Erhaltung der Bau- und Kunstdenkmäler, die sich vom Einzelbauwerk über das Ensemble bis zum Gesamtzusammenhang städtebaulicher und landschaftsbezogener Einordnung erstreckt.

20 G. W. v. Knobelsdorff, Fassadenzeichnung für den Umbau des Dessauer Schlosses, um 1747

ERSTE PERIODE
im Leben Knobelsdorffs – seine Herkunft und Ausbildung bis zum Eintritt in den »poetischen Kreis« von Neuruppin (1714–1737)

Herkunft, Jugend und Ausbildung

Der erste Aufenthalt in Dresden

Erste Bauaufgaben in Neuruppin

Die Italienreise Knobelsdorffs

21 Ansicht von Krossen (Krosno) an der Oder,
ehemaliger Hauptort der Neumark, Heimatstadt
Knobelsdorffs,
·Darstellung des frühen 19. Jh.

Herkunft, Jugend und Ausbildung

Georg Wenzeslaus v. Knobelsdorff entstammte einem ursprünglich in Schlesien, später in der Mark Brandenburg ansässigen protestantischen Adelsgeschlecht. Als er am 17. Februar 1699 auf dem Landsitz in Kuckädel (Kukadło, Polen), 10 Kilometer südlich der Oderstadt Krossen (Krosno) als ältester Sohn geboren wurde, war sein Vater Georg Siegmund v. Knobelsdorff gerade mit dem Neubau eines Herrenhauses im benachbarten Kossar (Kosierz) beschäftigt. In diesem massiven, relativ anspruchslosen eingeschossigen Dreiflügelbau des frühen Barock verlebte Georg Wenzeslaus mit noch drei Brüdern und drei Schwestern bis zum 14. Lebensjahr seine nicht sehr anspruchsvolle Kindheit.

Die Besitzungen der Familie lagen in der Wald- und Wiesenlandschaft südlich der Oder und östlich der Bobermündung, einem fruchtbaren Gebiet, das unter brandenburgischer Herrschaft stand und dessen vorwiegend agrarische Wirtschaft zu Beginn des 18. Jahrhunderts durch Töpferei, Textilherstellung und Flußschifferei aufgewertet wurde.

Nachdem Berlin im frühen Stadium des preußischen Absolutismus seit der Regierung des Kurfürsten Friedrich Wilhelm anstelle der Provinzstädte die gesellschaftlich führende Rolle als Residenz übernahm, suchten auch die märkischen Grundherrn in stärkerem Maße Kontakte zur Hauptstadt.

Knobelsdorffs Vater zählte zu den namhafteren Angehörigen des Landadels, die auf Grund eines militärischen Ranges in der preußischen Armee von vornherein in engerem Kontakt zum preußischen Hof standen. Die um 1699 veranlaßte »zeitgemäßere« Umgestaltung seines Herrschaftssitzes in einfachen Stilformen des beginnenden 18. Jahrhunderts galt nicht zuletzt auch der Unterstreichung seines gesellschaftlichen Prestiges. Als er 1713, im Jahr der Thronbesteigung Friedrich Wilhelms I., verhältnismäßig zeitig starb und die Mutter Ursula Barbara v. Knobelsdorff sich erneut verehelichte, nahmen sich deren Eltern sowie der Oberforstmeister Hans v. Knobelsdorff, ein Vetter und Pate, der weiteren vormundschaftlichen Erziehung an.

Da die Söhne des Oberforstmeisters bereits als Offiziere in der Armee des »Soldatenkönigs« dienten, brachte er nach Ablauf eines Jahres den Fünfzehnjährigen als Gefreitenkorporal in einem Infanterieregiment der Odergarnison Küstrin (Kostrzyn) unter. Damit war für Knobelsdorff die durchaus standesgemäße Militärlaufbahn begründet. Sie galt als »ehrenvoll«, weil sie die militärische Herrenklasse des Adels zu bestätigen suchte und außerdem den materiell schlechter gestellten oder auch den nicht erbberechtigten Söhnen des mittleren und niederen Adels zu einer anerkannten Staatsstellung mit ausreichender Versorgung verhalf. Friedrich Wilhelm I. ließ damals alle bürgerlichen Offiziere, deren »Aufführung und Herkommen sich für die ehrenvolle Laufbahn nicht schickte«, aus der Armee entfernen und eine Monopolisierung der Offiziersstellen für den Adel vornehmen.

Im Verlauf des fortgeschrittenen Nordischen Krieges, nach der Kriegserklärung Brandenburg-Preußens an Schweden im Jahre 1715, wurde der junge Knobelsdorff seinem schon vorher in Mecklenburg und Vorpommern stationierten Regiment zugeteilt. Unter dem Befehl des Fürsten Leopold I. v. Anhalt-Dessau – den man den »Alten Dessauer« nannte – erlebte er dort die Zerschlagung der Vormachtstellung Schwedens, die militärischen Auseinandersetzungen um die Ostseeinseln Rügen, Usedom und Wollin und um andere Territorien des Küstenbereichs. Unter anderem nahm er von August bis Dezember 1715 an der mehrmonatigen Belagerung der von den Schweden besetzten Festung Stralsund teil. »Hier zeichnete er sich aus«, bestätigte Friedrich II. später, »aber die Strapazen des rauhen Feldzuges und der bis an die Schwelle des Winters fortgesetzten Belagerung zerrütteten seine Gesundheit . . . Er bekam einen Bluthusten, bezwang die frühe Krankheit aber, und diente trotz seiner zarten Gesundheit bis 1730 (nachweisbar 1729, Verfasser) weiter«.[6]

Bis zum Stockholmer Friedensschluß 1720 hielt sich Knobelsdorff mit der Küstriner Einheit in verschiedenen Garnisonen der Uckermark auf. Im Oktober 1723 avancierte er zum Fähnrich – einer militärischen Dienststellung zwischen Unteroffizier und Offizier. Fünfeinhalb Jahre später, im April 1728, wurde er dann zum Seconde-Lieutenant befördert.

Vom Juli 1728 bis April 1729 befand sich sein Regiment in der Nähe von Fürstenwalde/Spree, anschließend erfolgte die Verlegung nach Berlin. Hier reichte er zwei Monate später, im Juni 1729, seinen Abschied ein. Die Tatsache, daß diesem Gesuch eines 30jährigen preußischen Offiziers mit »Felderfahrung« zugestimmt wurde, nachdem er zuvor noch zum Capitain oder Hauptmann der Infanterie ernannt wurde, läßt die Schlußfolgerung zu, daß seine später vielfach als offene Lungentuberkulose interpretierte Krankheit bereits ein bedenkliches Stadium erreicht hatte. Der alleinige Wunsch, sich vorwiegend der Malerei zu widmen, der er sich in freien Stunden autodidaktisch verschrieben hatte, wäre wohl kaum als Entlassungsgrund akzeptiert worden. Denn über das Ausscheiden von militärischen Rangpersonen aus den Reihen und Zwängen des preußischen Heeres, das zu diesem Zeitpunkt gerade von 40000 auf 45000 Mann aufgestockt wurde, hatte allein Friedrich Wilhelm I. zu entscheiden. Wenn dieser das Zeichnen und Malen unter den Kunstbetätigungen gerade noch als »nützlich« bezeichnete, weil er sie selbst in geringem Maße beherrschte und als Ablenkung bei schmerzendem Krankheitsbefall seiner Podagra ausübte, so brachte er bekanntermaßen jeder »Schöngeisterei«, wie er es nannte, unverhohlenen Haß entgegen.

Der Zeitpunkt der ersten Kontakte Knobelsdorffs zum Kronprinzen Friedrich ist bisher nicht geklärt, fällt aber wahrscheinlich in die Berliner Zeit vor Juni 1729. Es bleibt nicht ausgeschlossen, daß sich der damals 17jährige selbst für Knobelsdorffs »Ausscheiden in Ehren« verwendete. Nach A. B. Königs 1792 verfaßten »Historischen Schilderungen von Berlin« soll ihn Friedrich Wilhelm I. als Lehrer für den 13 Jahre jüngeren Thronfolger eingestellt haben.[7]

Es ist erwiesen, daß das preußische Oberhaupt für derartige Aufgaben nur »gediente Leute« engagierte, also grundsätzlich die militärischen Ränge den zivilen überordnete. Offensichtlich erkannte er in Knobelsdorff einen vertrauenswürdigen Offizier mit einem Bildungsgrad, der der Erziehung des Kronprinzen angemessen war. Diese Funktion ging zweifellos über die eines »Zeichenlehrers« hinaus.

Knobelsdorff hatte sich seit der Küstriner Zeit, um der Gleichförmigkeit des Kasernenlebens und Rekrutendrills zu entgehen, mit Zeichnen und Malen beschäftigt. Darüber hinaus erwarb er sich gute Kenntnisse in der Perspektive, der Geometrie, der Anatomie und auf dem Gebiet der Architektur. Der Hinweis Friedrich II., er hätte sich in Berlin auch dem Zeichnen »nach Gipsfiguren«[8] gewidmet, könnte auf Studien in der Berliner Mal- und Zeichenakademie deuten – einer Einrichtung, die nach drastischer Kürzung ihrer Mittel und weitgehender Reduzierung ihres vormals recht stattlichen Lehrkörpers in der Regierungsperiode Friedrich Wilhelms I. gerade noch geeignet war, handwerkliche Fähigkeiten in den Gattungen der bildenden Künste zu vermitteln. Im Zusammenhang mit Knobelsdorffs Berliner Studien wird der preußische Hofporträtmaler Friedrich Wilhelm Weidemann (1686–1750) genannt, der seit 1718 die Malakademie leitete, seit 1730 einen Lehrauftrag als Professor für Perspektive erhielt und der insgesamt »wegen seiner niedrigen Preise« vom Souverän äußerst geschätzt wurde.

Die eigentliche Entwicklung Knobelsdorffs zum Kavalierarchitekt hat sich dann offensichtlich unter maßgeblicher Förderung des preußischen Königshauses bis etwa 1732 erstreckt. Zwischen 1729 und 1730 nahm Knobelsdorff auf Vermittlung des Kronprinzen erste Kontakte zu dem in Berlin lebenden französischen Maler Antoine Pesne (1683–1757) auf. Aus dieser Begegnung resultierte eine zeitlebens andauernde freundschaftliche Verbundenheit. Bei Pesne qualifizierte sich Knobelsdorff in den Techniken Öl, Zeichnung und Pastell. Diese Ausbildung befähigte ihn, sich in der Folge mit fast allen Genres zu befassen, vom Porträt über das Historienbild bis zur Blumenmalerei und Gestaltung dekorativer Ornamentik.

Man ist auch heute noch geneigt, diese Arbeiten stilistisch mit Claude Lorrain, Antoine Watteau oder dem Holländer Jakob van Ruysdael zu vergleichen. Seine auffallenden künstlerischen Fähigkeiten führten seit Anbeginn dazu, in ihm einen zukünftigen talentierten Maler des Spätbarock zu sehen. Wenn er sich nicht in Rheinsberg für die Baukunst entschieden hätte, wäre er mit großer Sicherheit diesem Ziel zugestrebt.

Vermutlich hat neben Pesne auch der Kupferstecher, Radierer und Pastellmaler Georg Friedrich Schmidt (1712–75) Anregungen an Knobelsdorff vermittelt. Schmidts Rückkehr aus Frankreich, wo man ihn inzwischen zum Mitglied der Pariser Akademie ernannt hatte, nach Berlin wird häufig mit freundschaftlichen Beziehungen zu Knobelsdorff motiviert.

Die Kontakte zwischen Knobelsdorff und dem Kronprinzen waren 1730 vorübergehend unterbrochen, als sich Friedrich durch einen mißglückten Fluchtversuch in das französische

Straßburg der Willkür seines Vaters entziehen wollte. Der Zeitraum zwischen der Inhaftierung des Thronfolgers bis zu dessen Rehabilitierung und Übersiedlung im April 1732 nach Neuruppin wurde von Knobelsdorff zur weiteren Vervollkommnung seiner Kenntnisse in Geschichte, Mythologie, Physiologie, Mathematik, Optik und Mechanik genutzt. Seine Architekturkenntnisse vertiefte er durch Unterricht bei den preußischen Baumeistern A. v. Wangenheim und Johann Gottfried Kemmeter d. J. (gest. 1748) in Berlin. Der erstere war ein versierter Lehrer für Proportion und Perspektive, der den Kodex des Andrea Palladio beherrschte, der andere ein in der Praxis bewährter Landbaumeister, der unter Martin Böhme, einem Mitarbeiter Schlüters, und unter Jean de Bodt ausgebildet wurde.

Man geht nicht fehl, in beiden Künstlern ausschlaggebende Anreger für die später von Knobelsdorff eingeschlagene Architekturrichtung zu erkennen.

Der erste Aufenthalt in Dresden

1732, ein Jahr vor dem Tod Augusts des Starken, weilte Knobelsdorff einige Monate in Dresden. Das auf Paris ausgerichtete glänzende Kunstleben am Hofe des sächsischen Kurfürsten und polnischen Königs, seine sich ständig vergrößernden kostbaren Sammlungen von Gemälden, Porzellanen, Goldschmiedearbeiten, Werken der Bildhauerei und der Kleinkunst, besonders aber die außerordentliche Fülle der Bauvorhaben des 18. Jahrhunderts prägten die Residenz zunehmend als eine Hauptstadt von europäischem Rang, als eines der bedeutendsten Zentren deutschen landesherrlichen Absolutismus.

Für Knobelsdorff war dieser erste Dresden-Aufenthalt zweifellos eine Zeit der Begegnung mit verschiedenartigen Kunst- und kunsthandwerklichen Strömungen, die von vorzüglichen Hofkünstlern aus Deutschland, Italien, Frankreich und den Niederlanden getragen wurden. Hier lernte er u. a. auch den damals vielbeschäftigten Porträtmaler Adám Mányoki (1673–1756) kennen. Dieser hatte schon 1703–07 und 1710 für Friedrich Wilhelm I. in Preußen zahlreiche Offiziersbildnisse geschaffen und nach längeren Unterbrechungen – bedingt durch Aufenthalte in seiner Heimat Ungarn, in Holland, Danzig (Gdańsk) und Berlin – 1713–23 und 1738–56 als sächsischer Hofkünstler Persönlichkeiten des Adels porträtiert. Er malte damals auch Knobelsdorff. Das 1732 entstandene Ölbild ist die früheste überlieferte Darstellung des Baumeisters im Alter von 33 Jahren.

Hier in Dresden lernte Knobelsdorff viele Neuerungen der Baukunst kennen. Friedrich August I. von Sachsen suchte jede Gelegenheit, Reichtum und Macht durch kostspielige Bauvorhaben großen Ausmaßes zur Geltung zu bringen. Auf architektonischem Gebiet vollzog sich damals eine merkliche Wendung von der mehr süddeutsch bestimmten Barockbaukunst Pöppelmanns und Permosers zur stärker französisch beeinflußten Stilrichtung des Zacharias Longuelune. Der oftmals als »Vater des Klassizismus in Sachsen« bezeichnete Architekt hatte seine Ausbildung unter Antoine Lepautre an der Pariser Akademie empfangen. Bevor er nach Dresden kam, war er in Preußen unter Jean de Bodt am Berliner Zeughaus beschäftigt. Nach seiner Berufung als sächsischer Oberlandbaumeister im Jahre 1725 gab es nur wenige Bauten zwischen Dresden und Warschau, an denen er nicht beratend oder direkt beteiligt war. Er und seine bedeutendsten Schüler, die Hauptmeister des »Sächsischen Rokoko«, Johann Christoph Knöffel (1686–1752) und der Architekt und sächsische Theoretiker des Klassizismus, Friedrich August Krubsacius (1718–89), trugen durch Bauten, Entwürfe und Schriften wesentlich zur Herausbildung des Frühklassizismus in Deutschland bei.

Es verwundert nicht, daß Knobelsdorff vor allem Kontakte zu den profilierten Vertretern der älteren Generation suchte, zum 63jährigen Longuelune, aber auch zu dessen Landsmann, dem 62jährigen de Bodt, der bis 1728 in Berlin und Potsdam gewirkt hatte, bevor er Nachfolger des Dresdner Generalintendanten der Zivil- und Militärgebäude, Graf Wackerbarth, wurde.

Beide vertraten am augenfälligsten die klassischen Akzente der französischen Architektur.

Knobelsdorff fand Gelegenheit, sie an den Schloß- und Parkanlagen von Großsedlitz (1723–26, Longuelune und Knöffel) zu studieren und an den Erweiterungen von Schloß Moritzburg (1723–36, Longuelune, Pöppelmann und de Bodt). Er begegnete ihnen aber auch in Dresden selbst auf der Neustädter Seite an der städtebaulich wichtigen Fortsetzung der Barockachse der ehemaligen Hauptstraße (1724–32, heute Straße der Befreiung) mit dem Blockhaus (1732–37, Longuelune) und der Dreikönigskirche (1732–39, Pöppelmann und Bähr), sowie an den Erweiterungen des nahegelegenen Japanischen Palais (1727–28, 1741, Pöppelmann, Longuelune und de Bodt). In diesen Bauwerken vollzogen sich Umsetzungen architektonischer Großmachtträume und Barockkonzeptionen des 18. Jahrhunderts, an die in Preußen unter Friedrich Wilhelm I. noch nicht zu denken war, von denen aber sein Nachfolger Friedrich II. schon als Kronprinz beeindruckt war, als er 1728 mit seinem Vater erstmals als Sechzehnjähriger den »lustigsten und lockersten Hof der damaligen Welt« besuchte.

Es ist daher nicht ausgeschlossen, daß Knobelsdorffs Orientierungen in Dresden auf direkte Veranlassung des Kronprinzen erfolgte.

22 Dresden, Stadtplan aus der Vogelschau, Mitte 18. Jh.

23 Ansicht von Dresden, Gemälde von Bernardo Belotto, gen. Canaletto, 1748. Gemäldegalerie Dresden

Erste Bauaufgaben in Neuruppin

Nachdem Knobelsdorff aus der sächsischen Metropole zurückgekehrt war, gehörte er seit etwa Ende Juni 1732 zum engsten Kreis des preußischen Kronprinzen in der märkischen Land- und Garnisonstadt Neuruppin. Ruppin, wie sie damals hieß, zählte noch im 18. Jahrhundert zu den Hauptorten der sich aus vielen Landschaften zusammensetzenden Mark Brandenburg. Dieser Aufenthaltsort war dem Thronfolger nach der Rehabilitierung durch Friedrich Wilhelm I. zugewiesen worden. Als Oberst, später als Kommandeur eines Infanterieregiments, seit März 1732 zwangsweise liiert mit der dem habsburgischen Kaiserhaus verwandten Prinzessin Elisabeth Christine v. Braunschweig-Bevern, widmete er sich hier, von seinem Vater streng kontrolliert, gleichsam in einer Bewährungsphase – und wie die Quellen bescheinigen – mit Gründlichkeit seinen militärischen Verpflichtungen. Daneben beschäftigten ihn die französische Literatur, antikes Schrifttum in französischer Übersetzung und andere, sich zunehmend geistig differenzierende Interessen. Im Vordergrund stand die Musik, speziell der Flötenunterricht bei dem aus Dresden herbeigerufenen bedeutenden Komponisten, Instrumentalisten und Musiktheoretiker Johann Joachim Quantz.

Ein noch zwanglos arrangierter »poetischer Kreis« junger Angehöriger des Offiziersstandes und des Landadels teilte seine »Zerstreuungen« – wie er selbst in einem Brief an seine Schwester Wilhelmine v. Bayreuth schrieb, in einer seinen Wünschen entsprechenden Atmosphäre der »Ruhe, die man bei Hofe nicht kennt«.[9]

In dieses neue Fluidum, das als Vorstufe des wenige Jahre später entstandenen »Rheinsberger Freundeskreises« betrachtet werden kann, trat Knobelsdorff nun ein.

Er hatte bis dahin in stärkerem Maße die Kavalierfunktion als Lehrer des hochgestellten, aber in seiner Lebensführung gegenüber anderen Fürstensöhnen knapp gehaltenen Hohenzollernsprosses wahrgenommen. In der Neuruppiner Zeit entwickelte er sich mehr zum beratenden Freund des Kronprinzen, nachgewiesenermaßen durch seine im Gegensatz zu vielen Höflingen des Absolutismus stehenden Charaktereigenschaften, wie die oftmals gerühmte »Offenheit« seiner Verhaltensweisen, sein starkes Selbstbewußtsein als Angehöriger des Adels, auffallende Denkschärfe sowie die Vielseitigkeit seiner Kenntnisse und künstlerischen Fähigkeiten.

Dieses engere persönliche Verhältnis zum Kronprinzen bereitete den Boden für das architektonische Erstlingswerk Knobelsdorffs: die Anlage des Tempel- oder Prinzengartens an der mittelalterlichen Stadtmauer im nordwestlichen Abschnitt der Neuruppiner Wallanlagen. Brasch hat die Situation auf seinem Stadtplan nach dem Brand von 1787 dargestellt.

In Ergänzung der spartanischen Dienstwohnung des Thronfolgers, zu der zwei aneinandergrenzende ehemalige Bürgerhäuser umgebaut wurden, entstand hier am Stadtrand zwischen 1732 und 1736 auf engstem Raum ein spätbarocker Miniaturpark, der in poetischer Anlehnung an einen antiken Landsitz in Epirus »Amalthea« genannt wurde.

Durch Umwandlung der anschließenden Wallbereiche in ein schattiges Glacis erfolgte die noch heute bestehende Einfügung in einen erholsamen, die Altstadt umgebenden Grüngürtel. Hainbuchenhecken und Taxusbäume, Steinplastiken und Ziervasen sorgten für eine regelmäßige, geometrisch angeordnete Gartengestaltung zeitgemäßer Art, enthielt aber auch die frühen Elemente des Landschaftsgartens, der im Resultat neu erwachenden Naturgefühls die allmähliche Überwindung der feudalabsolutistischen Subordination der Natur andeute.

In diesen Garten fügte Knobelsdorff 1735 einen kleinen runden Apollotempel ein, das erste Werk seiner baumeisterlichen Laufbahn.

Der Monumentalität ausstrahlende, allseitig offene Monopteros mit seinen acht toskanischen Säulen gehört zu den frühesten »klassizistischen« Erscheinungsformen in Deutschland. Seine Gestalt lehnt sich an Entwürfe Vignolas, Scamozzis und Palladios an, mit deren Lehrmeinungen und Architekturbüchern sich Knobelsdorff offensichtlich intensiver nach dem im Frühjahr 1732 erfolgten Dresden-Aufenthalt befaßte.

Wie die Gartenarchitektur, die Grottenidee im Untergeschoß des Tempels und die kuppelbekrönende Barockplastik des Apollo beweisen, handelt es sich um keinen reinen Klassizismus, sondern vielmehr um die Verarbeitung eines palladianistischen Tempietto-Motivs in Verbindung mit Ideen des Rokoko. Durch dieses kleine Gebäude war seit Anbeginn das architektonische Schaffen Knobelsdorffs, seine grundsätzliche formästhetische Auffassung, die alle seine späteren Entwürfe und Bauten prägen sollten, fast programmatisch formuliert.

Der Gedanke des Apollotempels wurde später in Rheinsberg erneut aufgegriffen, zuletzt lange nach Knobelsdorffs Tod im Zusammenhang mit der Gestaltung des Rehgartens am Neuen Palais von Sanssouci, wo Karl v. Gontard 1768 nach Skizzen Friedrichs II. nochmals einen Freundschaftstempel in ähnlicher Art errichtete. Ob Voltaires 1732 verfaßtes und damals sehr bekanntes Gedicht »Le temple de l'Amité« für diese Bauten ausschlaggebend war, ist schwer zu ermessen, aber nicht auszuschalten.

Auch während der anschließenden Rheinsberger Jahre widmete sich der Kronprinz der von ihm geschätzten Einsamkeit und damit des öfteren dem besonderen Reiz des Tempelgartens, in dem er neben Gewächsen aus anderen Klimabereichen auch Weinreben, Kirschbäume und Melonen anpflanzen ließ.

Die im letzten Drittel des 18. Jahrhunderts vorgenommene Vermauerung der Säulenabstände entstellte die ursprüngliche Bauidee Knobelsdorffs und verwandelte das denkmalartig aufgefaßte »Monument der Huldigung an den mythologischen Schirmherrn der Schönen Künste« in ein heizbares Lusthaus mit angeschlossenem Küchenbau. 1830 stattete es der aus Neuruppin stammende angesehene Berliner Historien- und Genremaler Wilhelm Gentz (1822–1890) mit einem Deckengemälde aus, das mit der Darstellung der von Amoretten und Najaden umgebenen Venus Bezug auf die gewandelte Funktion des Bauwerks nahm. 1853–56 erfolgte eine weitere durchgreifende Umgestaltung des gesamten Tempelgartenbereichs nach Entwürfen des Berliner Architekten Karl v. Diebitsch (1819–69), einem Anhänger maurischer Stilformen, der u. a. auch das orientalische, heute als Café genutzte Gartenhaus in die Anlage einfügte.

Seit dem 18. Jahrhundert enthält der kleine Park einige bedeutendere Werke sächsischer Barockplastik. Hervorzuheben sind zwei um 1719 entstandene Satyrfiguren von Christian Kirchner, drei etwa zeitgleiche Darstellungen fürstlicher Persönlichkeiten aus dem Schaffensumkreis des Bildhauers Benjamin Thomae, weiterhin die 1764 und 1769 von Gottfried Knöffler geschaffenen Darstellungen von »Flora« und »Bacchus«, einige Vasen sowie neun Figuren aus einem Jahreszeitenzyklus. Ein Teil dieser dekorativen Ausstattungsstücke des

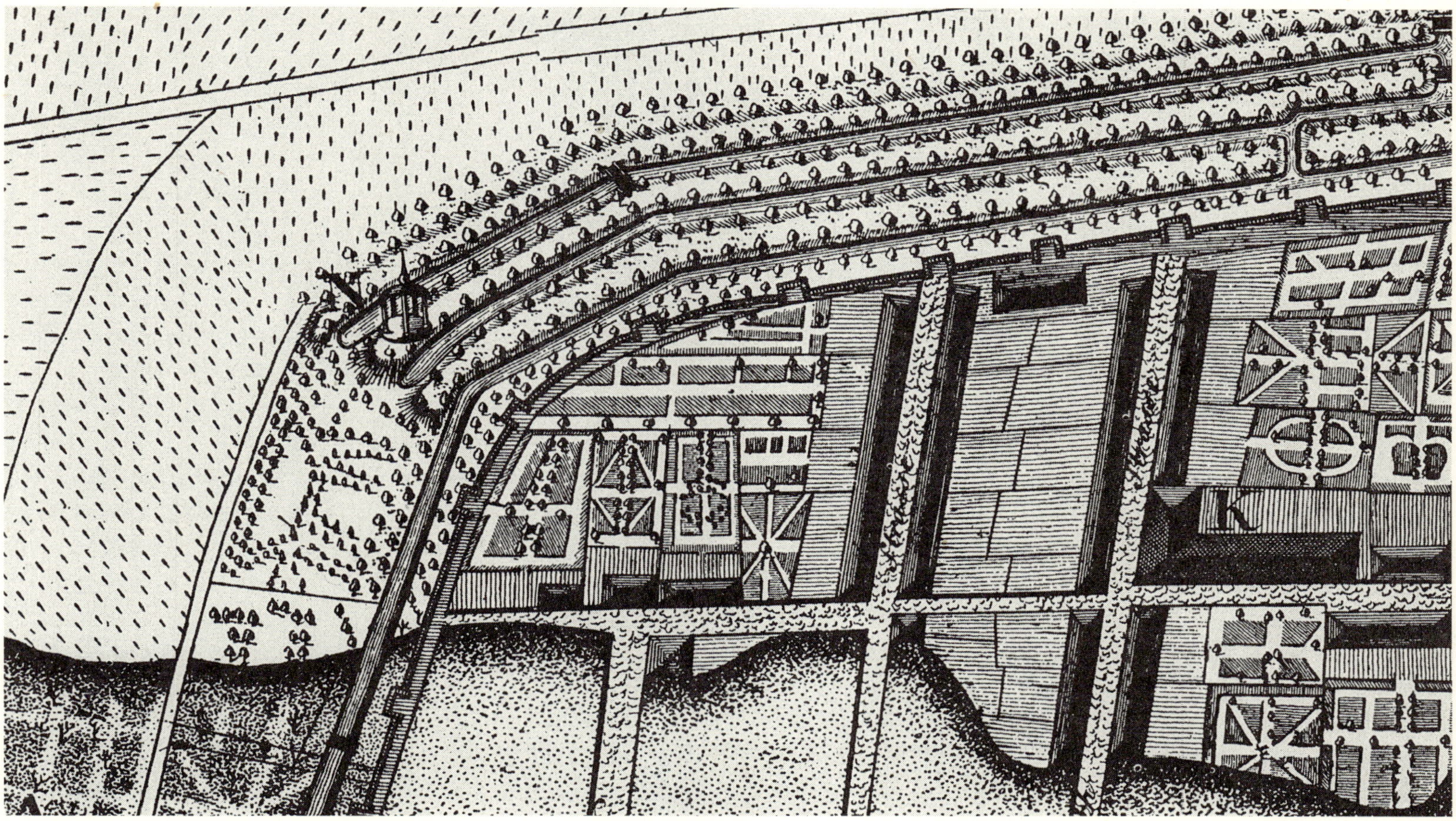

24 Neuruppin, Darstellung des Tempelgartens auf einem Ausschnitt des Stadtplanes von Bernhard Matthias Brasch, 1789

Neuruppiner Tempelgartens war schon unter Knobelsdorff aufgestellt worden, andere hatte Gentz später aus dem Dresdner Großen Garten erworben.

Für Knobelsdorffs Profilierung als Bau- und Gartenkünstler waren die wenigen Jahre in Neuruppin von entscheidender Bedeutung. Der angehende preußische Souverän traf hier in systematischer Vorbereitung seiner späteren Regierungsübernahme die Wahl seines künftigen Surintendanten für Bauwesen und veranlaßte eine Reihe von Maßnahmen zu dessen weiterer Qualifizierung.

1734 lernte Knobelsdorff als Begleiter Friedrichs die preußischen Rheingebiete kennen. Antoine Pesne hat ihn damals als Hauptmann in Regimentsuniform dargestellt, mehr als Mann des Geistes, weniger als preußischen Offizier außer Dienst. Das Bild zeigt eine noch immer jugendliche Erscheinung voller Energie, die vergessen läßt, daß er bereits von vermutlich unheilbarer Tuberkulose gezeichnet war.

Außerdem besuchte Knobelsdorff 1734 im Auftrage des Kronprinzen die Markgräfin v. Ansbach-Bayreuth.

Wenn auch die Bischofsitze in Würzburg und Bamberg zu den glanzvollen Orten des Barock in Franken gehörten, so bemühten sich die mittel- und ostfränkischen Hohenzollerngrafschaften Ansbach und Bayreuth ebenfalls seit Beginn des 18. Jahrhunderts um die architektonische Aufwertung ihrer Hofhaltungen. Von großem Einfluß war die Wirksamkeit Paul Deckers (1677–1713), der einige Jahre in der Werkstatt des Andreas Schlüter tätig war, an den Schlössern in Erlangen und Bayreuth mitarbeitete und als führender Theoretiker das Ideal prunkhafter Residenzschlösser, Lusthäuser und Gartenanlagen 1711 in der Prachtausgabe seines »Fürstlichen Baumeisters« veröffentlicht hatte. Knobelsdorff verzichtete vermutlich nicht auf die Gelegenheit, sich in Bayreuth mit der klassisch strengeren Architektur holländischer Prägung vertraut zu machen, die sich formenmäßig und politisch von der kraftvolleren Baukunst der katholischen Nachbargebiete zu distanzieren suchte und durch Baumeister, wie Charles Philippe Dieussart, Johann Lorenz, Wilhelm Ränz d. J. und Karl v. Gontard vertreten wurde.

Die Italienreise Knobelsdorffs

1736–37 unternahm Knobelsdorff von Neuruppin aus auf Veranlassung des Kronprinzen und in Begleitung eines Grafen v. Virmond eine mehrmonatige Italienreise. In Vorbereitung auf die Rheinsberger Aufgaben sollte er sich dort wie andere Kavalierarchitekten seiner Zeit dem Studium der Architektur, der schönen Künste und dem Reiz der südlichen Landschaft widmen. Außerdem sollte er sich im Hinblick auf den später geplanten Bau eines Opernhauses vor allem mit dem damals richtungsweisenden italienischen Theater, seinen Baulichkeiten und Bühnentechniken vertraut machen sowie in geheimer Mission eine Anzahl guter Sänger, Tänzer und Musiker anwerben.

Friedrich erwartete, wie aus dem Briefwechsel mit seiner Lieblingsschwester hervorgeht, den baldigen Tod des kranken Friedrich Wilhelm I. Voller Aussicht auf die baldige Besteigung des Thrones schenkte er der weiteren gründlichen Ausbildung seines zukünftigen ersten Hofbaumeisters verstärkte Aufmerksamkeit.

So reiste Knobelsdorff damals nach Rom, Florenz und Venedig. Die genaue Route und ihre Zwischenstationen sind nicht bekannt. Vom November 1736 bis Januar 1737 hielt er sich »aus der Gegend um Neapel kommend« in Rom auf.

Die Hauptstadt des einstigen römischen Weltreiches und ihre Umgebung waren von den Überresten der Antike ebenso geprägt, wie von den Palästen, Villen, Kirchen, Plätzen und Gärten der Renaissance und des Barock, zu deren Schöpfung Künstler wie Michelangelo, Bramante, Rosselino, A. da Sangallo, Peruzzi, Ammanati, Vignola, Vasari, D. Fontana, Maderna, Borromini und Bernini beigetragen hatten. Das Interesse galt in dieser Zeit weit weniger dem antiken Rom, sondern vor allem den bedeutenden Leistungen des italienischen Hochbarock. Die Romreise war Bestandteil der »Kavalierstour«. Absolutistische Architektur von »cäsarischer Macht und Größe«, die italienische Oper, italienische Musik und Festgebräuche fanden seit dem Ende des 17. Jahrhunderts in steigendem Maße Aufnahme in das fürstliche Gesellschaftsleben in Deutschland. Sie waren ebenso bedeutsam wie die besuchsweise Erkundung des »neuesten Geschmacks« am Hofe des französischen »Sonnenkönigs«. H. Schmitz schrieb schon 1922: »Wir müssen uns sehr hüten, bei Knobelsdorff unmittelbares Zurückgreifen auf die Antike zu suchen; er war nur mit Umbildung konfrontiert, hat Römer und Griechen nur in moderner italienischer und französischer Verkleidung gesehen. Darin stand er auf einer Stufe mit Bernini.«[10]

Knobelsdorff hat in der Tat vor allem den Petersdom und Berninis Kolonnaden als geniale städtebauliche Lösung bewundert. Man kann jedoch seinen Zeichnungen entnehmen, daß ihn die Begegnung mit dem Altertum ebenfalls beschäftigte. Er war darauf nicht unvorbereitet, denn die 1743 abgebrannte Berliner Kunstakademie besaß neben einer größeren Kupferstichsammlung, in der antike Zeugnisse dargestellt waren, eine beachtliche Sammlung von Antiken-Abgüssen, nach denen Knobelsdorff offensichtlich um 1729 gezeichnet hatte. Sein Freund Antoine Pesne hatte 1705–10 ebenfalls künstlerische Erfahrungen in Rom, Neapel und Venedig sammeln können.

In einem charakteristischen Brief berichtete Knobelsdorff aus Rom kurz vor seiner Weiterreise nach Florenz in der ihm eigenen »lauteren Art« dem Kronprinzen eine Reihe von Eindrükken. Man kann sie gleichsam als Resümee seiner Beobachtungen auffassen. Man liest dort unter anderem: »Die Antiquen Gebäude und Mahlereien sind in der größten Menge, doch in drei Monathen läßt sich Vieles besehen, wozu sonst die Römer so viele Jahre bestimmen. Bey den Antiquen kann man gantz merklich wahrnehmen, wieviel die Griechen die alten Römer in dieser Kunst übertroffen und wie viel die Heutigen noch unter ihre Vorhaben sind. Bey denen Gebäuden hat es gleiche Bewandniss, nur ist zu bejammern, daß der erste Christl. Kayser Constantinus magnus nicht solchen guten Gusto (Geschmack) in denen Wissenschaften, wie in der Religion gehabt, alle heydnischen Tempel zerstören und von diesen vortrefflichen Trümmern dem wahren Gott so schlechte und miserable Kirchen bauen lassen, dass man sich wundern muss, wie bey dem Aufgang des Lichts des Glaubens der Verstandt in allen übrigen Wissenschaften in solche Finsterniss geraten, dass er sich würklich noch bis diese Stunde bey den Italiänern nicht wiederholen kann. Ihr größtes Wissen besteht in einer Arglist, den Nächsten zu berücken . . . Der Reichtum des hiesigen Adels übertrifft alle Nationes, er besteht aber meystens in Malereyen und Statuen, so vor lauter Wunderwerke bey den Italiänern gehalten werden, die gewohnt sind, sich selbst, Rom und alle darin befindlichen Sachen durch's Vergrösserungsglass zu betrachten, und wer etwas wieder Raphael und M. Angelo einwenden wolte, hat eher die Inquisition zu fürchten, als wenn er Jansenismus docirte; eine jede Antique, deren ein Principe manchmal etliche Hundert besitzt, ist Millionen werth, die Werke der alten Mahlers, deren gantze Gallerieen erfüllet, sind unschätzbar, und ein Christus, der in einer kalten Sibirischen Luft gen Himmel fährt, da alle Anwesenden auf dem Vordergrund sich über die cappriolen eines mit dem Teufel besessenen, verwundern, von Raphael gemahlt, gilt mehr als die gantze Welt.«[11]

Die Tatsache, daß er während des Romaufenthaltes mehrfach mit dem Gesandten von Malta auf der Jagd war, läßt schließen, daß er auch sonst Gelegenheit hatte, sich mit dem gesellschaftlichen Leben der italienischen Aristokratie bekannt zu machen. Er besuchte verschiedene Theateraufführungen; der Versuch der Abwerbung von Künstlern, wie beispielsweise die Gewinnung des berühmten Kastraten Cucci, scheiterte nicht nur in Rom, sondern auch in den übrigen Städten.

Im Februar 1737 hielt sich Knobelsdorff in Florenz auf, der Hauptstadt der mittelitalienischen Landschaft Toskana, die bis ins 16. Jahrhundert durch die baukünstlerischen Leistungen Albertis, Michelangelos, Brunelleschis und Benedetto da Maianos den Vorrang vor Rom innehatte.

Das geringe Verständnis des Preußen Knobelsdorff für die andersartige Mentalität der Südländer, ihre oft vorgetäuschte Frömmigkeit und klerikale Hörigkeit sowie eine schmerzhafte Armverletzung, die er sich zuzog, als sein Reisewagen unterwegs im Bologneser Gebirge umstürzte, korrigierten besonders im letzten Drittel seines Aufenthaltes die anfängliche Begeisterung für das »gelobte Land« und das ursprüngliche Vorhaben, auch noch Mailand und Turin aufzusuchen. Nach dem abschließenden Besuch der an Kunstwerken reichsten oberitalienischen Handelsstadt Venedig, in der neben Vincento Scamozzi und Jacopo Sansovino vor allem Andrea Palladio tätig war, dessen Werk später von großem Einfluß auf Knobelsdorff werden sollte, trat er am 13. März 1737 die Rückreise nach Rheinsberg an.

Zu den wichtigsten Dokumenten der Italienreise gehören zwei Skizzenbücher, das eine aus 87 Quartblättern bestehend, das andere nur noch ein angehefteter Torso aus 16 Blättern. Knobelsdorff trug derartige Skizzenbücher – wie schon erwähnt – ständig bei sich und erfaßte darin vieles baulich Interessierende im Hinblick auf eine eventuelle spätere Verwendbarkeit: Landschaften mit Architekturen, einzelne Bauwerke, zahlreiche Ruinen, Statuen und viele Details. Großen Wert legte er auf Teile von Fassadengliederungen, Säulenstellungen, Portale, Figurennischen, Attiken, Treppenlösungen, Fensterformen, Gesimse, Profile, Gebälke, Postamente, Bekrönungen aller Art, Wand- und Hofbrunnen.

25 Marmorschale

25–33 G. W. v. Knobelsdorff, architektonische Skizzen und Zeichnungen von der Italienreise, 1736–37.
Staatl. Schlösser u. Gärten Potsdam-Sanssouci

26 Barockes Portal

27 Treppenaufgang

28 Fassadenaufriß

29 Barocke Baudetails

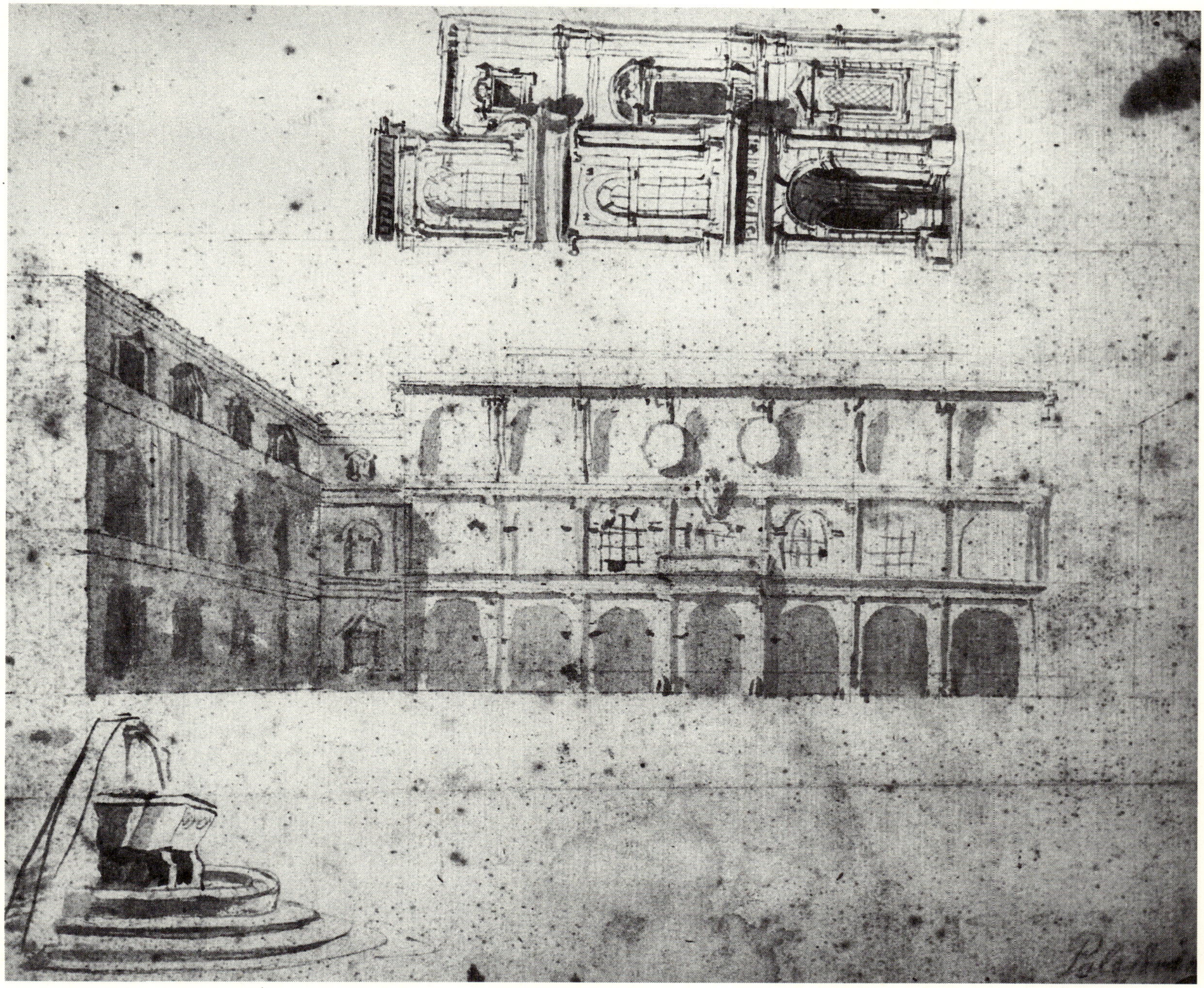

30, 31, 32 Architekturstudien

Auf einzelnen Blättern angegebene Namen, wie Vitruv, Palladio und Scamozzi, bestätigen die besondere Hinwendung gerade zu diesen Meistern und Theoretikern der Architektur. Man erkennt besondere Motive, unter anderem den Lateran, Tivoli, den Minervatempel, den Triumphbogen des Augustus in Rimini, die Cathena le Ferrara, ein Amphitheater, verschiedene Palazzi, die Dogana in Rom, die Bibliothek in Venedig und anderes mehr.

Die Skala seiner Darstellungen reichte von der schweren Barockzeichnung bis zur malerischen Wiedergabe atmosphärischer Stimmungsgehalte im Aquarell mit frühromantischem Empfinden, von der flüchtig skizzierten Situation bis zur Erfassung in scharflinigen Konturen einer bereits frühklassizistisch anmutenden Zeichnung. Die stimmungsvollen Bezüge zur italienischen Natur und Landschaft zeigten sich vor allem bei reinen Landschaftsschilderungen, wie beispielsweise einem Blick auf das Meer bei Ostia oder bei einer Ansicht des Apenningebirges. Dabei benutzte er verschiedenartige Techniken, insbesondere Schwarz- und Rotstift, Tusche und Sepia.

Es ist bekannt, daß sich Knobelsdorff in Italien neben der Baukunst vor allem auch für die Malweisen Michelangelos, Tizians und Correggios interessierte, wobei er sich über die Klarheit der Zeichnung der römischen Malerschule ebenso lobend aussprach, wie über das berühmte Kolorit der Venezianer.

Die Rückreise im März 1737 führte über Augsburg, wo er vermutlich den palladianistischen Bauten des Elias Holl seine Aufmerksamkeit schenkte. Anschließend hatte er der Markgräfin v. Bayreuth einen Besuch abzustatten, um auch dort über seine Reiseeindrücke zu berichten.

Es könnte sein, daß er sich auf diesem Wege das Schloß Pommersfelden ansah, dessen 1716–17 von Lucas v. Hildebrandt angelegtes Treppenhaus zu den großen gefeierten Neuheiten des deutschen Barock gehörte. Skizzen, die über diesen Teil der Reise Auskunft geben könnten, sind nicht mehr vorhanden.

Als Knobelsdorff Anfang April 1737 wieder in Rheinsberg eintraf, stand er mit seinen Zeichnungen, von denen er bereits vorher einige auf dem Depeschenweg an den Kronprinzen übersandt hatte, und mit seinen Reiseberichten im Mittelpunkt des »Freundeskreises«.

33 Architekturdetails

ZWEITE PERIODE
Knobelsdorffs Schaffen in Rheinsberg (1737–1740)

Schloß Rheinsberg

Der Rheinsberger Park

Knobelsdorffs Beziehungen
zum »Rheinsberger Freundeskreis«

Wiederaufbau
der Stadt Rheinsberg

34 Rheinsberg,
Perspektive des Schlosses vom Seeufer,
Kupferstich von F.C. Ast, um 1738–40

Schloß Rheinsberg

Fast so, wie Theodor Fontane auf seinen einfühlsam beschriebenen Wanderungen durch die Mark Brandenburg mehr als ein Jahrhundert nach Knobelsdorffs Wirken das Rheinsberger Schloß und seine reizvolle Umgebung erlebte, stellt es sich auch heute nach wiederum mehr als 100 Jahren in seiner landschaftlichen Einbettung im Norden des zum Bezirk Potsdam gehörenden Kreises Neuruppin dar.[12]

Der preußische Kronprinz hatte den von schönen Eichen- und Buchenwäldern umgebenen ehemaligen Herrensitz »Klingenberg« am Ostufer des stillen Grienericksees auf langen Ausritten entdeckt, die er, dem nacheiszeitlichen Urstromtal des Rhin folgend, bis an die mecklenburgische Grenze unternahm. Es waren die malerischen Gebäude einer alten, 1566 umgebauten Wasserburg, die auf einem kleinen Sandwerder vor der märkischen Ackerbürgerstadt Rheinsberg lag. Beeindruckt durch die Romantik der Gegend, strebte Friedrich nach dem Erwerb dieses etwa 20 Kilometer von den Exerzierplätzen seines Neuruppiner Regiments entfernten, relativ einsam gelegenen Besitztums, um sich dort den Illusionen eines »heiteren, sonnigen, von keinen Widerwärtigkeiten getrübten Arkadiens Watteaus« hinzugeben.[13]

Das idyllische, aber inzwischen stark vernachlässigte Schloß, dessen wesentlichste Bausubstanz aus dem 16. Jahrhundert stammte, gehörte damals der hugenottischen Offiziersfamilie v. Beville, die der Kronprinz in Neuruppin kennengelernt hatte. Im März 1733 erklärte sich Friedrich Wilhelm I. bereit, die »Herrschaft Rheinsberg« für seinen Sohn anzukaufen. Zur ökonomischen Basis gehörten auch die Stadt, ein Vorwerk, die ärmlichen Bauerngemeinden Rheinsberg-Glienicke, Heinrichsdorf und Sonneberg, die Erbzinsgüter Köpernitz, Schlaborn und Warenthin sowie Wassermühlen, Glasschmelzereien, Teeröfen, zahlreiche Forsten und über 20 fischreiche Gewässer. Ab 1739 trug noch ein Trakehner-Gestüt zur Hebung der materiellen Einkünfte der Hofhaltung bei. Spezielle königliche Privilegien an die ansässigen Handwerker sollten die Einführung merkantilistischer Wirtschaftsformen auch in diesem rückständigen Gebiet fördern.

Knobelsdorff, der Friedrich auf mehreren Vorbesichtigungen begleitete, wird vermutlich den Kronprinzen in der Wahl dieses Ortes bestärkt haben. Daß auch er sich dem Reiz von Rheinsberg nicht entziehen konnte, beweist ein Landschaftsbild von 1734, auf dem er die Baugruppe des vom wehrhaften Rundturm beherrschten Adelssitzes noch vor Beginn der baulichen Veränderungen wiedergab.

Vom Juni 1734 bis zum Frühjahr 1737 beauftragte der preußische König den Hofbaumeister, Baudirektor Johann Gottfried Kemmeter, unter Hinzuziehung des Baumeisters A. v. Wangenheim, das Anwesen unter Einhaltung strengster Sparsamkeitsforderungen umzugestalten. Dabei galt es, das alte Herrenhaus, den Rundturm, den östlichen Torbau zur Stadtseite und ein ehemaliges, separat stehendes Brauhaus zu einer einfachen Wohnanlage mit rechteckigem Hof zu ergänzen. Diese Maßnahmen sollten den bescheiden zugemessenen Ansprüchen des Thronfolgers und seiner ersten selbständigen Hofhaltung entsprechen.

Kemmeter brach zunächst den 32 Meter langen Torbau an der Stadtseite über den noch mittelalterlichen Fundamenten ab und ersetzte ihn durch einen zweigeschossigen Trakt von 57 Meter Länge, den er unter dreifacher Risalitgliederung rechtwinklig mit dem nach Süden gelegenen, ehemaligen Herrenhaus verband. Nachdem dieses um ein Geschoß erhöht, nach Osten verlängert und in einer neuen 15achsigen Fassadengliederung mit Mittel- und Eckrisaliten an den zur Straße liegenden Teil angebunden war, erhielt der ehemalige Wehrturm eine geschweifte Haube als barockisierenden Abschluß.

35 Rheinsberg, Schloßanlage zur Zeit des Prinzen Heinrich v. Preußen, Kupferstich von B. Schwarz, nach 1774

Im August 1736 zog der Kronprinz, nachdem er die ersten drei Jahre nach der Heirat beim Ruppiner Regiment verbrachte, mit der ihm zwangsweise angetrauten Elisabeth Christine v. Braunschweig-Bevern in das Schloß ein. Kemmeters auf königliche Weisung vorgenommene und streng kontrollierte Bautätigkeit hatte eine karge, nüchterne Zweckanlage entstehen lassen, die sich kaum von den insgesamt wenig aufwendigen Schloß- und Gutsgebäuden der ersten Hälfte des 18. Jahrhunderts in Brandenburg-Preußen unterschied.

Diese Haltung entsprach keineswegs den künstlerischen und architektonischen Vorstellungen des neuen Nutzers, der sich einen vom Naturgefühl der Frühaufklärung bestimmten, ländlich abgeschiedenen Wohnsitz vorstellte, bei dem alle bestehenden landschaftlichen Voraussetzungen voll genutzt und zu einer Erlebnissteigerung führen sollten. Aus diesem Grunde forderte der Kronprinz, noch während Kemmeters Tätigkeit in vollem Gange war, Knobelsdorff auf, insgeheim geeignete Verbesserungsentwürfe auszuarbeiten. Sie sollten dem Außen- und Innenbau eine elegantere Note verleihen und als Basis für Um- und Erweiterungsbauten dienen.

Als Knobelsdorff Anfang April 1737 von der Italienreise zurückkehrte, übernahm er in engstem Kontakt zum Kronprinzen als neu bestallter »Bauintendant« die Leitung, die Koordinierung und einen Teil der Ausführung der künstlerischen Aufgaben. Mit der Vollendung des Rheinsberger Schloßbaues unter angehobeneren Qualitätsmaßstäben war Knobelsdorff nach dem Neuruppiner Tempelgarten erstmalig vor eine größere Bauaufgabe gestellt. Der Künstler befand sich mit nun-

36 Rheinsberg, Schloßanlage zur Zeit des Prinzen Heinrich v. Preußen, Kupferstich von B. Schwarz, nach 1774

mehr 38 Jahren im Vollbesitz seiner Leistungsfähigkeit, die nach Bestätigung strebte. Ein von Pesne zwei Jahre später gemaltes Bildnis zeigt ihn als Halbfigur mit silbernem Brustharnisch und dunkelrotem Samtkoller, die von Stulpenhandschuhen bedeckten Hände auf seinen Offiziersdegen gestützt, barhäuptig mit selbstsicherem Blick – in der Pose eines »Kavalierarchitekten von Rang«.[14]

Bei der Realisierung seiner künstlerisch-architektonischen Aufgaben unterstützten ihn die in der Praxis erfahreneren Bauinspektoren Christian Friedrich Feldmann und C. H. Horst und der in kunsthandwerklichen Dingen versierte Stukkateur und Ornamentschnitzer, Johann Carl Scheffler. Von entscheidendem künstlerischen Wert waren die Arbeiten des Plastikers Friedrich Christian Glume, des Porträt- und Historienmalers und gleichzeitig engen Freundes, Antoine Pesne. Bemerkenswert war auch der Anteil von Pesnes Schwager, Augustin Dubuisson (1700–71), von dem die meisten Supraporten mit Blumen- und Fruchtstücken stammen.

Knobelsdorff widmete sich voller Elan den neuen Aufgaben, zu denen auch die ebenso wesentliche Gestaltung des Schloßparks und der anschließenden Landschaftsräume zählte. Seine Ideenentwürfe, Baupläne und gärtnerischen Konzeptionen standen unter der noch frischen Verarbeitung von Renaissance- und Barockeindrücken, die er in Italien und auf der Heimreise über Süddeutschland sammeln konnte.

Knobelsdorffs Anregungen waren mit den Vorstellungen seines Auftraggebers in Einklang zu bringen, der bis dahin kaum aus Preußen herausgekommen war und seine Ideen entweder den einschlägigen Kupferstichwerken französischer, italienischer und englischer Theoretiker entnahm oder den Erinnerungen an Dresden, wo sich August der Starke und sein Nachfolger durch aufsehenerregende Baupolitik rivalisierend hervortaten. Die speziellen Kenntnisse Pesnes auf dem Gebiet der zeitgenössischen französischen Kunst haben offensichtlich zwischen seinen, des Kronprinzen und Knobelsdorffs Absichten vermittelnd gewirkt und so zu einer synthetischen Gesamtlösung hohen Ranges beigetragen. Es ist beachtlich, daß gemessen an den im Vergleich zu anderen Fürstensöhnen sehr begrenzten Mitteln des kronprinzlichen Etats letztlich doch ein hervorragendes Bauwerk entstand, das nicht nur den Wünschen Friedrichs, sondern dem anspruchsvollen Zeitgeschmack des ausgehenden Barock in Deutschland voll entsprach. In seiner architektonisch zurückhaltenden Eleganz kann sich die Anlage in Rheinsberg durchaus mit anderen Hauptwerken des deutschen Schloßbaues des 18. Jahrhunderts messen.

In einer perspektivischen Aufrißskizze des Schlosses aus nordwestlicher Sicht hat Knobelsdorff erstmalig seine Vorstellungen zum Umbau der Kemmeterschen Anlage entwikkelt. Sie sahen unter anderem eine geringere Höhe der Kolonnaden vor, eine andersartige Gestaltung des hier höher angesetzten Kolonnadensockels in Form gequaderter Rundbogenarkaden und Rundbogentüren. Einige Details der späteren Ausführung, wie beispielsweise die Umrahmungen der unteren Turmfenster, fehlen auf dieser Skizze.

Knobelsdorff verwandelte das winkelhakenförmige Gebäude Kemmeters durch Anordnung eines parallelen analogen Nordflügels, dem als Gegenstück zum südlichen, aufgestockten »Klingenbergturm« ebenfalls ein 8,50 Meter über das Hauptgesims hinausragender Rundturm vorgesetzt wurde. Auf diese Weise entstand bis zum Jahre 1739 eine äußerlich absolut symmetrische Dreiflügelanlage im französischen Sinne und in der uns noch heute überlieferten Gestalt.

Völlig »außer der Regel« war jedoch die Orientierung des über 800 Quadratmeter großen Cour d'honneurs, der sich nicht in der für den Absolutismus üblichen Weise zur Stadt als Empfangs- und Repräsentationsseite öffnete, sondern unter den speziellen landschaftsbezogenen Aspekten zum Gartenparterre auf der Seeseite. Eine transparente Kolonnade aus Doppelsäulen mit ionischen Kapitellen und einer Attika, die durch Vasen und Figuren geschmückt war, vermittelt als luftiger Abschluß des Ehrenhofes zwischen den beiden akzentuierenden Turmvertikalen. Über eine breite, geschwungene Freitreppe erschließt sich der Übertritt vom Cour d'honneur zum etwas tieferliegenden Parterre.

Die Ansicht der Gartenfront des Schlosses auf einer 1840 entstandenen Vignette Adolpf Menzels in Franz Kuglers bekannter »Geschichte Friedrichs des Großen«[15] zeigt die ursprünglich Wirksamkeit des Knobelsdorffschen Baues mit den damaligen Turmabschlüssen, die im Gegensatz zu den 1805 aufgebrachten, noch heute bestehenden Kegeldächern stark vorkragende Konsolgesimse mit leichten Balustraden trugen. Die vorher von Bernhard Schwarz geschaffene Folge der Schloßansichten entspricht ebenfalls dem durch Knobelsdorff geschaffenen Zustand.

Durch den architektonischen Kunstgriff der Verdoppelung des Turmmotivs und die gelungene Angleichung an die übrige Fassadengliederung entstand ein kompositionelles Gegengewicht zur kubischen Geschlossenheit des stadtseitigen Traktes. Diese Massenproportionierung wurde später noch ausgewogener, als Carl Gotthard Langhans im Auftrag des Prinzen Heinrich v. Preußen die pavillonartige Umgestaltung der Eckrisalite vornahm.

Nach Knobelsdorffs Veränderungen zeigte die Ostfassade des Schlosses einen geschlossenen flächigen Aufbau. Er verzichtete auf die bei süddeutschen Barockbauten aufwendigen Dekorationselemente und entschied sich zu Gunsten klar proportionierter Achsen- und Flächenordnungen, unterschied aber bereits hier zwischen der offizielleren Haltung der Eingangsfront und der mehr heiteren Gestaltung der Seeseite. Die Hauptbetonung der Ostfassade liegt auf dem Mittelrisalit mit dem Eingangs- und Durchfahrtsportal zum Ehrenhof. Indem Knobelsdorff das Corps de Logis um etwa 3 Meter erhöhte und über einem Mezzaningeschoß durch ein kräftiges, von Konsolen getragenes Hauptgesims sowie eine Attika abschloß, konzipierte er insgesamt eine architektonische, der französischen »architecture classique« angenäherte Haltung, die später auch seine Fassaden in Berlin, Potsdam und Dessau bestimmen sollte und die im Gegensatz zu den rokokohaften Ausstattungen der intimeren Wohnbereiche Friedrichs stand. Die vier auf dem Attikasims stehenden Plastiken von Glume bezogen sich als Allegorien der Rhetorik, Musik, Malerei und Bildhauerkunst vollinhaltlich auf die geistige Funktion des »Musensitzes« Rheinsberg.

Den von Kemmeter flach angelegten Mittelrisalit der Hofseite zog Knobelsdorff um etwa 4,50 Meter als Corps de Logis in den Ehrenhof hinein, um dort eine geräumigere Treppe anlegen zu können, die Kemmeter einsparen mußte.

Anstelle älterer Wirtschaftsgebäude und des alten Brauhauses entstand nach Knobelsdorffs Planung, von seinem Bauführer Horst ausgeführt, 1738–40 das sogenannte Kavalier- oder Domestikenhaus. Das zweigeschossige, mit tempel-

37 Rheinsberg, Skizze des Seeparterres mit Entwurf für eine Sonnenuhr, nach 1805

artig ausgebildeten Seitenflügeln versehene Gebäude nordwestlich des Schlosses und von diesem über eine Grabenbrükke erreichbar, wurde 1774 durch Carl Wilhelm Hennert im klassizistischen Stil umgebaut. In einem der Flügel befand sich das 1945 zerstörte barocke Rheinsberger Hoftheater.

Die symmetrische Schloßanlage mit der wirkungsvollen Ansicht vom Grienericksee – ein ideal anmutender, trotzdem realer Architekturprospekt, besonders aus der entfernten Sicht des ehemaligen Alten Weinbergs am jenseitigen Ufer – gilt mit Recht als frühes Hauptwerk friderizianischer Architektur. An ihm wurden viele Elemente entwickelt, die sich dann an späteren Bauten und Anlagen Knobelsdorffs in teils übernommenen, meist aber modifizierten Formen erneut zeigten. Besonders die Kolonnade, als spezielles Motiv des palladianistischen Klassizismus gleichermaßen in Italien, Frankreich, den Niederlanden und England seit dem 17. bis 18. Jahrhundert verbreitet, sollte zu einem Spezifikum seiner baukünstlerischen Aussagen werden. Auch das Motiv des Rheinsberger Parkeingangs, die Ideen des Bacchustempels oder der Bibliotheksraum mit rundem Grundriß fanden sich später wieder.

Knobelsdorffs Möglichkeiten in Rheinsberg stießen jedoch auch auf nachteilige Gegebenheiten, die auf den zum Teil recht derben barocken Vorleistungen Kemmeters beruhten und nicht korrigiert werden konnten. Sie spiegelten sich nach Abschluß des Umbaues in der Uneinheitlichkeit der Grundrißdisposition und den weniger gut aufeinander abgestimmten inneren funktionellen Beziehungen der einzelnen Raumgruppen wider. Sie äußern sich in extremer Weise in der abseits gelegenen Anordung des Hauptsaales und den unorganischen Beziehungen der besonders wichtigen Räume des 18. Jahrhunderts zum Treppenhaus.

Knobelsdorff verwandelte den größten Teil der von Kemmeter angelegten Enfilade – die in den absolutistischen Schloßbauten mit ihrer Abfolge von Räumen durch eine in Fensternähe liegende Reihung genau hintereinanderliegender Türen auf die ge-

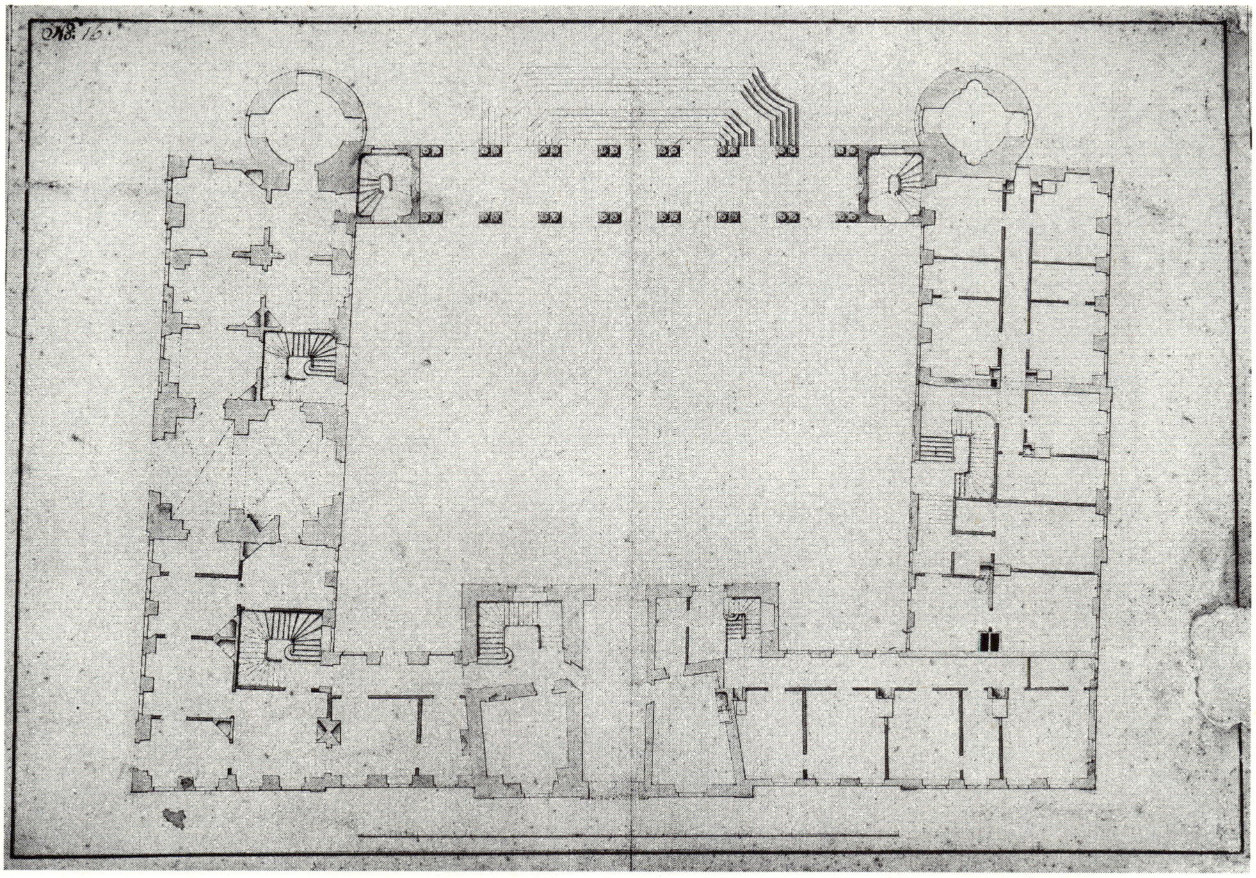

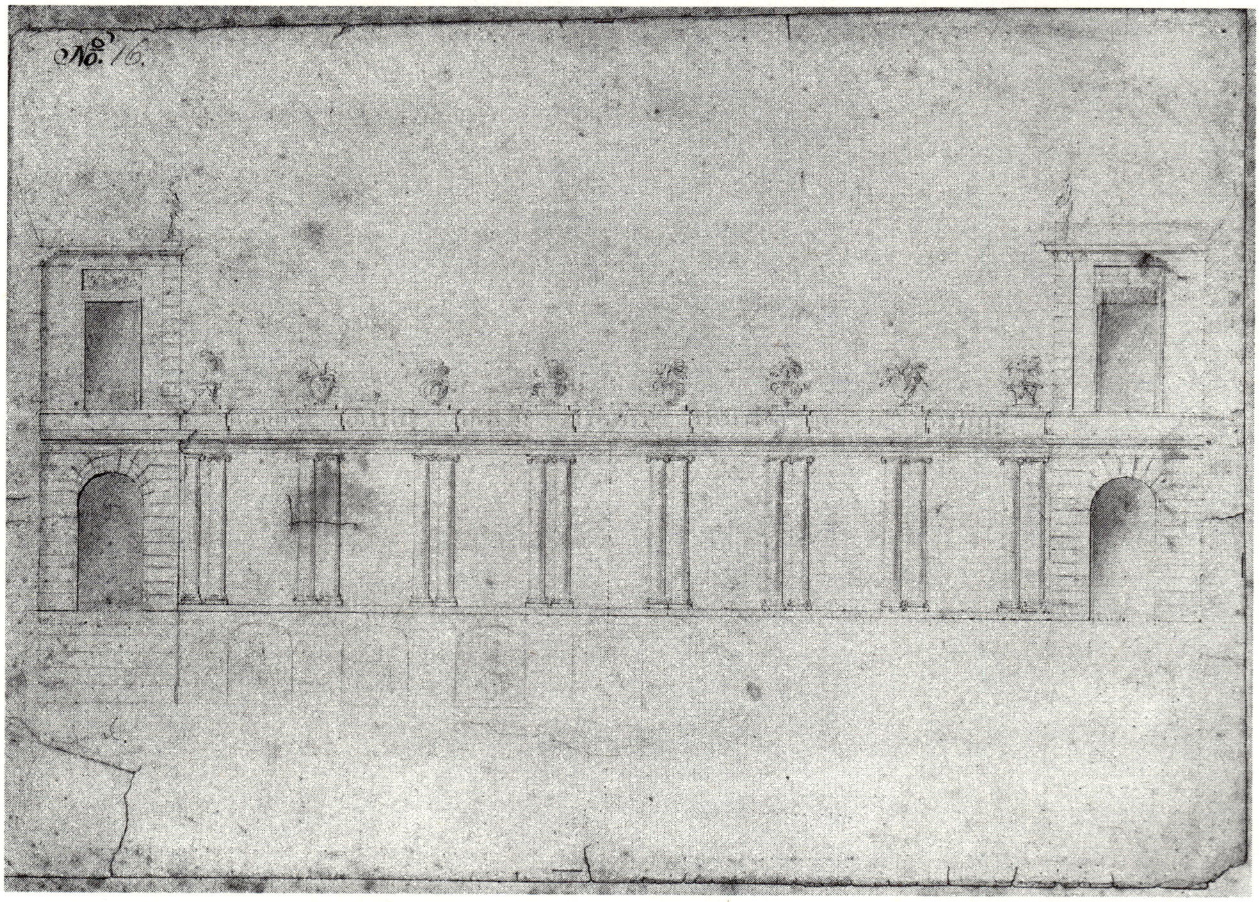

38 Rheinsberg, Grundriß der Schloßanlage, vermutlich von G.W.v. Knobelsdorff, um 1737–38. Staatl. Schlösser u. Gärten Potsdam-Sanssouci

39 Rheinsberg, Aufriß der Schloß-Kolonnade, G.W.v. Knobelsdorff, 1737. Staatl. Schlösser u. Gärten Potsdam-Sanssouci

sellschaftlichen Haupträume zuführte – in ein Korridorsystem. In weniger schöner Lösung erschloß er die Verbindung vom Vestibül im Mittelbau des Ostflügels zum Festsaal und den vorgelagerten Kabinetten des nördlichen Traktes. Im privaten Bereich des Südflügels blieb die Enfilade unangetastet.

Mit Bleistift gezeichnete Grundrisse der Rheinsberger Innenräume sind in einem der Skizzenbücher Knobelsdorffs enthalten. Es ist erwiesen, daß sich der Kronprinz mit jeder Phase des Um- und Ausbaues beschäftigte, in dieser frühen Zeit jedoch im Gegensatz zu späteren Jahren den Ansichten der Künstler stärker entgegenkam. Er bestand aber schon damals auf einer, seinen privaten Vorstellungen entsprechenden Raumordnung. So durchbrach die hier gewählte Innenraumdisposition das bis dahin übliche Barockschema französischer Prägung, das im »Louisquatorze«, dem offiziellen repräsentativen höfischen Stil auf dem Kulminationspunkt des Absolutismus Ludwigs XIV., noch auf das Schlafzimmer des Fürsten ausgerichtet war. Es bildete auch in Versailles noch vor dem Thronsaal den Mittelpunkt des täglichen Zeremoniells.

In Rheinsberg bestimmte dagegen die Einheit von Schreibkammer, Bibliothek und Turmkabinett die Raumverteilung und damit den intimsten, zurückgezogensten Bereich des sich mit Studien der Künste und Wissenschaften beschäftigenden aufgeklärten Kronprinzen. An zweiter Stelle waren es der Festsaal und die angrenzenden Kabinette, ein Ensemble, das weniger der Huldigung diente, als vielmehr der Diskussion künstlerischer und wissenschaftlicher Themen in der angeregten Atmosphäre der Tafelgesellschaft des ausgewählten »Freundeskreises«. Die sonstigen Funktionsbereiche des Schlosses wurden diesen beiden primären Zweckbestimmungen unterordnet, die Wohnung der Kronprinzessin ebenso, wie die Räume der Hofdamen, die sich überwiegend im Ostflügel mit Blickbeziehungen zur Stadt befanden. Das Erdgeschoß diente wie das Kavalierhaus der Hofgesellschaft und der Dienerschaft, während das Mezzanin des Corps de Logis den Kammerherren und den Gästen vorbehalten war.

Die aus 10 Räumen bestehende Zimmerflucht des Kronprinzen nahm den seewärts liegenden Teil des Südflügels ein. Der offizielle Zugang erfolgte über das gesonderte Erdgeschoßvestibül im Mittelrisalit der Rhinfront, auf das die nordsüdliche Hauptallee des Parks direkt zuläuft; eine zweite Tür des Vestibüls öffnete sich zum Ehrenhof. Ein weiterer Treppenaufgang, ausschließlich für Privatzwecke, führte von der Schreibkammer Friedrichs zur Kolonnade und von dort über den Ehrenhof in den Park. Den dritten Zugang bildete die Wohnung der Kronprinzessin, deren 5 Räume direkt an das Vestibül des Haupttreppenhauses im Mittelbau des Ostflügels anschlossen.

Zu den charakteristischen, unter Knobelsdorff entstandenen und weitgehend erhaltenen Interieurs aus den Jahren 1737–40 gehören das Arbeitszimmer mit dem Turmkabinett, das Audienzzimmer der Kronprinzessin, der Marmor- oder Spiegelsaal als größter Festraum und der dazugehörige Vorraum.

Das südliche Turmkabinett der ehemaligen Wohnung Friedrichs zählt trotz seines fehlenden ursprünglichen Mobiliars zu den bemerkenswertesten Räumen des Schlosses. Das kleine runde Zimmer mit herrlichem Ausblick nach Süden, Westen und Norden auf die landschaftliche Situation, um deretwegen der Kronprinz hier ansässig zu werden wünschte, spielte später eine wichtige Rolle bei der Anlage der Privatbibliothek im Weinbergschloß von Sanssouci. Ein Deckengemälde von Antoine Pesne bestimmte die inhaltliche Thematik dieses durch den Grundriß stark zentralisierten und damit konzentrierenden Raumes. Es zeigt eine Allegorie der Weisheit und Gelehrsamkeit. Sie wird verkörpert durch Minerva, die von Attributen und Genien der Wissenschaften, Künste und Literatur umgeben ist. Eine dieser Gestalten weist auf ein geöffnetes Buch, in dem die Namen des antiken Lieblingsdichters Horaz und des damals berühmtesten zeitgenössischen Philosophen der Aufklärung, Voltaire, eingetragen sind. Von letzterem befand sich außerdem ein lebensgroßes Bildnis an der Wand.

Bis in die 60er Jahre des 18. Jahrhunderts hat auch Prinz Heinrich v. Preußen das Kabinett als Bibliothek benutzt. Dann wurden die verglasten, reich verzierten und vergoldeten Bücher-Wandschränke, die einen entscheidenden Teil der Innenausstattung bildeten, herausgenommen und durch den Kunsttischler Weidner alles »von Neuem mit Boiserie (Holzvertäfelung) bekleidet«, wobei auch die Deckenmalerei von Pesne einer weniger gelungenen »Verschönerung« unterlag.

Neben der Bibliothek befand sich das Arbeitszimmer oder die »Schreibkammer« des Kronprinzen. Überlieferte Beschreibungen lassen das Fluidum des Interieurs nachempfinden, das durch silberbetreßte Vorhänge und Möbelbezüge aus violettem Atlas geprägt war. An den Wänden gehörten neben Spiegelblakern »vier holländische Stücke« zur Dekoration. Es handelte sich vermutlich um größere Gemälde mit Landschaftsdarstellungen. Über den Türen hatte Dubuisson Blumenstücke angebracht. Im Mittelpunkt des Raumes stand der versilberte, mit grünem Samt beschlagene Schreibtisch. Ein Fauteuil (Lehnstuhl französischer Art), vier Stühle, ein Nußbaumnotenpult für das Flötenspiel und ein sechsarmiger Deckenleuchter aus Kristall komplettierten die Einrichtung. Von den übrigen Wohnräumen Friedrichs ist bekannt, daß sie in helleren Farbtönen gehalten waren. Auch hier befanden sich Supraporten mit Blumenmalereien von Dubuisson. Beliebtestes innendekoratives

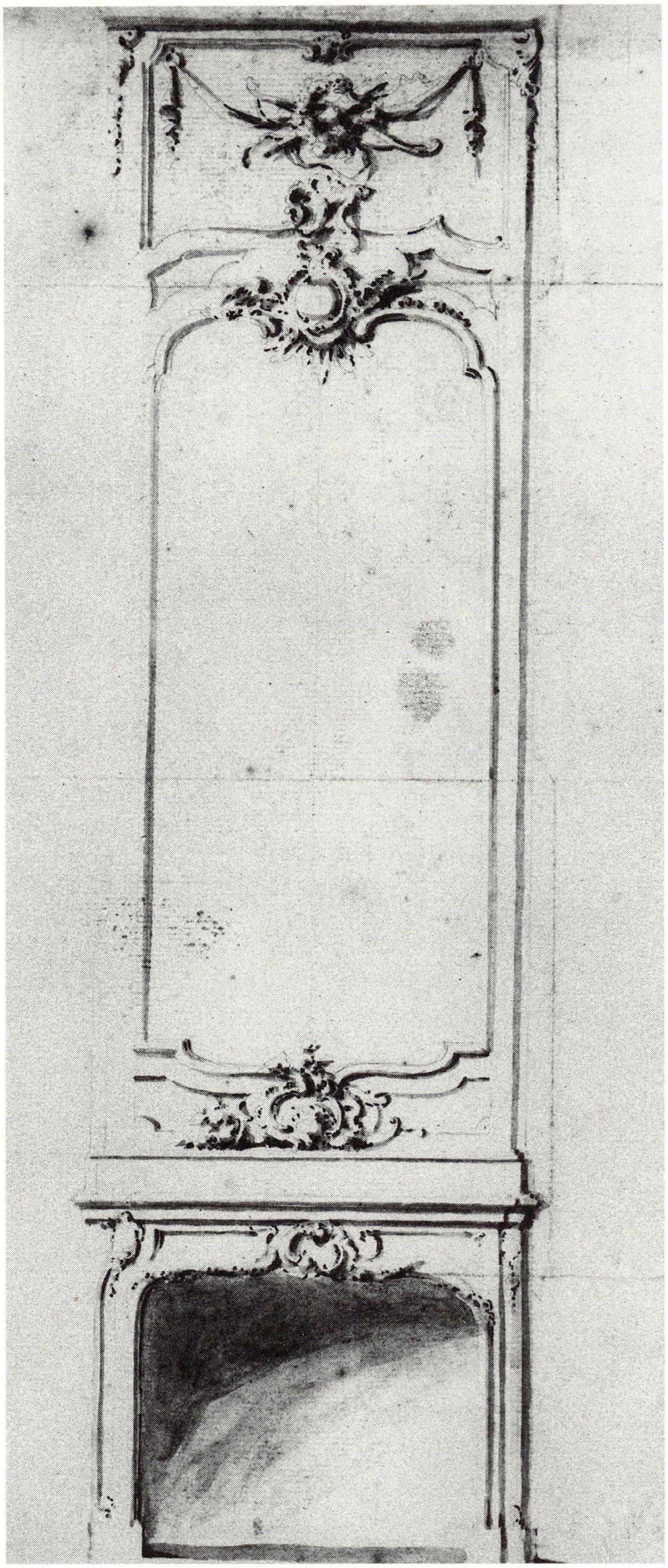

40 G. W. v. Knobelsdorff, Spiegel-Entwurf, vermutlich für das Rheinsberger Schloß, um 1737

Material war heller Stuckmarmor, der auch als Wandverkleidung des Festsaales, des Vorraumes zu diesem Saal und des Bacchuskabinetts im nördlichen Turm diente.

Schon im Vorraum des Festsaales beginnt als besonderer Auftakt die heiter-beschwingte Gestaltung und damit eine Folge erster größerer geschlossener Innenraumdekorationen nach Entwürfen von Knobelsdorff, in die auch Pesne unmittelbar einbezogen war. An den Wänden befanden sich bis 1860 zwei von Knobelsdorff geschaffene Gemälde, die Hennert[16] 1778 als »Feste von Schäfern und Bauern in galanten Bauernkleidern« bezeichnete und die später in die Sammlung der Schlösser und Gärten von Sanssouci übergingen. Das Deckenbild von Pesne zeigt eine Schar von Amoretten, die sich bemüht, Tauben vor den Wagen der Venus zu spannen, die sich aber gleichzeitig gegen Amor durchsetzen müssen, der bereits eine der Tauben gefangen hat und einer zweiten nachstellt.

Zwei Flügeltüren mit Schnitzereien von Friedrich Christian, Glume, ausgeführt von Fechner, die Szenen aus dem Leben der Ariadne und des Dionysos wiedergeben, öffnen sich zum anschließenden Marmorsaal. Dieser mit 12,40×9,60 Meter Grundfläche nicht allzugroße, im Grunde einzige Prachtraum des Schlosses gab in seiner ebenfalls heiter gelösten architektonischen Atmosphäre den geeigneten Rahmen für die musischen Veranstaltungen der Rheinsberger Hofhaltung.

Seine Fensterseiten sind durch tiefe, bis zum Saalboden herabreichende Fensternischen gegliedert, die mit ebenfalls großen, raumerweiternd wirkenden Wandspiegeln alternieren, deren vergoldete Festons sich wiederum als Nischenbekrönungen dekorativ fortsetzen.

An den Schmalseiten des Saales sind als Eckfassungen ebenfalls in Stuckmarmor ausgeführte ionisch-korinthische Pilaster angeordnet. Ihre vergoldeten Kapitelle tragen die umlaufende Deckenvoute, die an den vier Saalecken durch allegorische Embleme und in der Mitte jeder Wand mit Stuckmedaillons verziert ist. An jeder Schmalseite befinden sich zwei Türen, für die Friedrich Christian Glume vergoldete Reliefschnitzereien anfertigte. Das Feld zwischen den Türen beherrscht jeweils ein Marmorkamin mit darüberbefindlichem Spiegel. An den Seiten der Kamine waren ehemals Antikenbüsten auf Hermenpodesten angeordnet.

Dieser von Knobelsdorff gestaltete Saal gehört zu den bedeutendsten Festräumen des 18. Jahrhunderts im Norden der DDR. Zu seinem besonderen künstlerischen Schmuck trägt das stuckgerahmte Deckenbild von A. Pesne bei. Die 1740 als Sonnenaufgang gemalte allegorische Szene trägt die thematischen Bezeichnungen »Apoll vertreibt die Finsternis« oder »Die Nacht entflieht dem Tage«.

41 Schloß Rheinsberg, ehem. Schreibzimmer des Kronprinzen, Aquarell von A. W. Streikfuß, 19. Jh.

An Pesne, der trotz seiner Ausbildung als Historienmaler bis dahin fast ausschließlich als Porträtkünstler gearbeitet hatte, stellten die neuen Aufgaben der Innenraumgestaltung in Zusammenarbeit mit Knobelsdorff große Anforderungen, für die er in Rheinsberg ebenfalls erst Erfahrungen sammeln mußte. Die hier zum Teil noch fehlende Geschlossenheit der Gesamtkomposition bei derartig großen Formaten deuten auf dieses Problem, ebenso wie die technischen Schwächen, die sich mit Ausnahme des auf Leinwand gemalten Deckenbildes der Bibliothek im Erhaltungszustand der meisten Darstellungen zeigen, die a secco, das heißt mit Ölfarbe direkt auf den trockenen Putz gemalt wurden. Pesne hat, wie eine 1979 aufgefundene kleinere Ölskizze für das Deckengemälde des südlichen Turmkabinetts zu beweisen scheint, seine größeren Innenmalereien offensichtlich erst als Vorlage im kleinen angelegt.

Von Pesne stammt auch das Deckenbild des Bacchuskabinetts, das sich als Pendant zum südlichen Turmkabinett anschließend an den Marmorsaal in dem von Knobelsdorff errichteten Nordturm befindet. Das Gemälde zeigt, wie Ganymed der Venus eine goldene Schale mit Wein kredenzt. Durch diese Darstellung in der kühlen Raumatmosphäre des goldschimmernden Stuckmarmors der Wände, in die Attribute des Weingottes einkomponiert sind, erhielt der kleine Rundraum einen beinahe tempelartigen Charakter.

Dieses nördliche Turmkabinett und der Marmorsaal waren ebenfalls über den Freigang der Kolonnade mit dem Wohntrakt des Kronprinzen unmittelbar verbunden. Sie standen aber auch durch zwei Wendeltreppen mit dem Erdgeschoß und mit dem Ehrenhof in rasch erreichbarer Verbindung.

Eine dritte bemerkenswerte Deckenmalerei von A. Pesne schmückt mit der Allegorie »Mars nähert sich der Venus« das auch als »Rittersaal« bezeichnete ehemalige Audienzzimmer der Kronprinzessin.

Alle in die Architekturräume Knobelsdorffs einkomponierten Malereien zeigten bei ihrer Eingliederung in den dekorativen Formenapparat und in den sorgsam abgewogenen Farbtonstufen einen bemerkenswerten Zusammenklang der ästhetischen Empfindungen Pesnes, Knobelsdorffs, aber auch des Kronprinzen als Auftraggeber.

Als Rheinsberg 1744 geschenkweise an den 18jährigen Heinrich v. Preußen, den 14 Jahre jüngeren Bruder Friedrichs überging, erfolgten grundlegende Umbauten im Stil des Frühklassizismus, insbesondere unter der Leitung des Bauinspektors Feldmann. Zu weiteren Veränderungen führten Entwürfe von C. G. Langhans d. Ä., ausgeführt durch Carl Wilhelm Hennert und den Maler Bartolomeo Verona. Sie bezogen sich vor allem auf die Innenräume, aber auch auf Veränderungen der Turmabschlüsse, die Vergrößerung der Eckbauten des östlichen Hauptflügels, die Parkgestaltung und anderes mehr.

Den von Knobelsdorff erbauten eingeschossigen Marstall hat Hennert 1764 umgebaut, das Kavalierhaus 1774 durch Einbau eines Hoftheaters umfunktioniert. Ab 1786 war hier auch Georg Friedrich Boumann d. J. mit verschiedenen Aufgaben beschäftigt. Hennert hat 1778 in seiner »Beschreibung des Lustschlosses und des Gartens Sr. Königlichen Hoheit, des Prinzen Heinrich . . .« auf viele Details dieser Maßnahmen hingewiesen. Als Heinrich v. Preußen nach dem Siebenjährigen Krieg das von J. Boumann d. Ä. errichtete Palais Unter den Linden in Berlin (jetzt Humboldt-Universität) bezog, um ein vom König distanziertes eigenes Hofleben zu inszenieren, erkaltete sein Interesse am weit von Berlin entfernten Rheinsberger Schloß. 1843 fiel es der preußischen Hofkammer zu. Nachdem es noch im 19. Jahrhundert gelegentlich als fürstlicher Wohnsitz genutzt wurde, diente es bis 1945 als museale Einrichtung.

Seit 1945 befindet sich im Schloß das Diabetikersanatorium »Helmut Lehmann«.

Der Rheinsberger Park

Von der Mitte der Säulenhalle des Ehrenhofs gelangt man über neun Sandsteinstufen vom Schloß ins Gartenparterre des Rheinsberger Parks.

»Der Park«, so schreibt Fontane, »ist eine glückliche Mischung von französischem und englischem Geschmack, zum Teil planvoll und absichtlich dadurch, daß man die Le Nôtreschen Anlagen durch Partien im entgegengesetzten Geschmack erweiterte, zum Teil aber planlos und unabsichtlich dadurch, daß sich das zwang- und kunstvoll Gemachte wieder in die Natur hineinwuchs«.[18] Der Schloßpark wurde zunächst in regelmäßigen geometrischen Formen von Knobelsdorff und dem Hofgärtner Friedrich Sello angelegt. Wichtigster Ausgangspunkt war der Standort des Schlosses. Parallel zu dessen Seitenbegrenzungen ließ Knobelsdorff anstelle der noch vorhandenen mittealterlichen Wassergräben neue schmale und geradläufige Gräben anlegen, die unter Einbeziehung der Rhinmündung in den Grienericksee eine optische Rückverschiebung des Schlosses in den See assoziierten. Durch die Begradigung der Schloßgräben, des Rhinflusses und des Seeufers sowie durch Erhöhung und Befestigung des Terrains entstand eine fast rechtwinklige Plattform als Sockel des Schlosses und damit eine Situation, die möglicherweise durch ähnliche Beispiele in Oranienburg oder Moritzburg in Sachsen angeregt wurde.

Der verhältismäßig geringe Abstand des Schlosses vom Seeuferrand gestattete nur, ein flächenmäßig kleines Hauptparterre anzulegen und mit regelmäßigen barocken Ranken- und Blumenornamenten zu bepflanzen. Eine in der Mitte dieser Anlage konzipierte Fontäne kam offensichtlich nicht zur Ausführung. Erst um 1766 wurden hier unter Prinz Heinrich die Marmorplastiken des Bildhauers Giovanni Antonio Cybei »Apoll und die vier Elemente« aufgestellt. Dagegen gehörten seit Anbeginn Luxusboote des Kronprinzen, die in der wärmeren Jahreszeit in ständiger Bereitschaft am Ufer verankert lagen, zu den wichtigen gestalterischen Mitteln der Landschaftsszene zwischen Schloßkolonnade und See.

Abweichend vom herkömmlichen barocken Axialschema bot sich Knobelsdorff für eine groß angelegte Achsengliederung die gerade Verbindung des Mittelrisalits des südlichen Seitenflügels mit der alten Ruppiner Chaussee an. Diese um 90° aus der üblichen Symmetrieachse des Hauptbaues herausgedrehte, von der Stadt in die Landschaft abgewendete zentrale Allee führte über das südliche Parterre zu einer die Rhinmündung überquerenden Brücke und von dort nach einem kurzen heckengesäumten Wegestück zum ersten räumlichen Höhepunkt des Parks – dem ovalen Orangenparterre. Von Hecken umgeben, wurden hier in den warmen Monaten ringsum die Zitrusbäume der Orangerie

42 Plan von Schloß Rheinsberg und einem Teil des Parks, Lithographie von Wantelmann, 1839

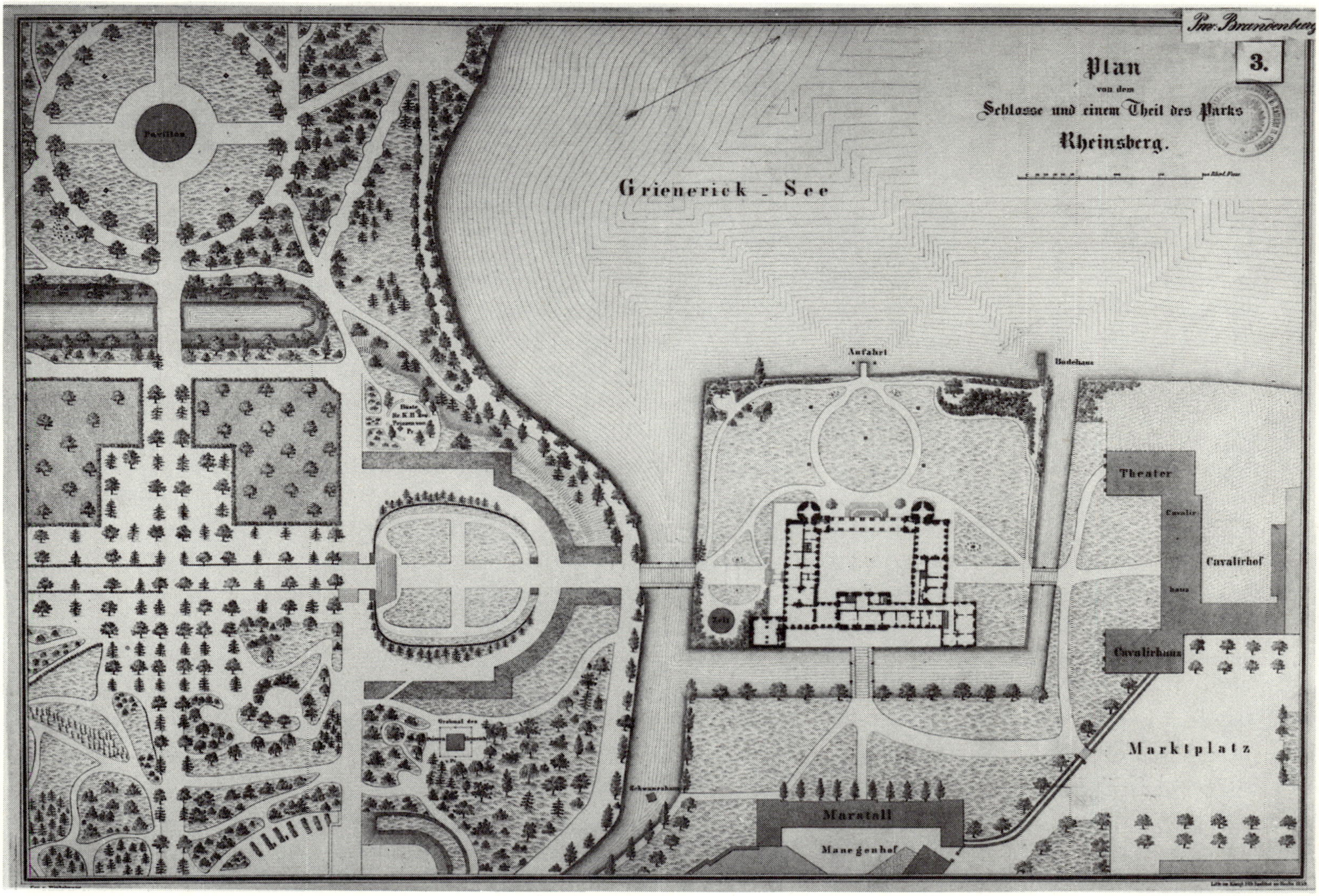

43 G. W. v. Knobelsdorff, Entwurf für ein Gebäude im Park von Rheinsberg, um 1737–40. Schlösser u. Gärten Potsdam-Sanssouci

aufgestellt und eine südlich anmutende Gartenregion geschaffen. Am Ende des Ovals führte eine von zwei Sphinxen flankierte Freitreppe in den eigentlichen Teil der mehrreihigen Baumallee.

Derartige Treppen gehörten zu den oft angewendeten barocken Motiven der Gartengestaltung des 18. Jahrhunderts. Der Entwurf stammt von Knobelsdorff; er wurde von Friedrich Christian Glume in Sandstein ausgeführt, ebenso wie die beiden reliefierten Figurensockel rechts und links des Rondells, auf denen ehemals die Plastikgruppen »Apoll und Daphne« und der »Raub der Proserpina« standen.

Der Bildhauer Friedrich Christian Glume, ein Sohn des preußischen Hofkünstlers und Schlüter-Schülers Johann Georg Glume, hatte wesentlichen Anteil an der weiteren Ausstattung des Rheinsberger Schloßparks, wo er, vom Stil des Spätbarock kommend, zunehmend zum Hauptmeister der preußischen Rokokoplastik heranreifte und sich das qualitätsmäßige Rüstzeug für seine produktivsten Jahre in Berlin und in Potsdam-Sanssouci erwarb.

Glume schuf auch 1740 nach Entwürfen Knobelsdorffs das äußere Hauptportal des Parks. Die paarigen korinthischen Säulengruppen mit Vasenbekrönungen enthalten zweifellos Erinnerungen an römisch-antike Ruinen Italiens. Mit den beiderseits zugeordneten allegorischen Figuren »Pomona« – Göttin der Feldfrüchte, und »Flora« – Göttin der Gartenfrüchte, ergibt sich eine Synthese von Spätbarock und klassisch-antiker Idealisierung. Dieses schöne Portal mit anschließenden niedrigen Seitenmauern, die in Viertelkreisen einen Rasenvorplatz begrenzen, öffnet von Süden her den Hauptweg zum Orangenparterre.

Knobelsdorff ließ diesen Teil der Hauptallee mit Doppelbaumreihen bepflanzen. Fichten- und Lindenpaare begleiten auf diese Weise in wechselnder Anordnung den Weg, der durch vier regelmäßige, heckengesäumte Karrees hindurchführt. In der Mitte der Allee weitet sich ein rechteckiger Platz. An dieser Stelle kreuzt im rechten Winkel eine etwas schmalere, durch nur zwei Baumreihen als der Hauptachse untergeordnet gekennzeichnete, aber doppelt so lange Querachse. Diese für die Parkgliederung ebenfalls sehr wichtige Verbindung erstreckt sich vom Parknebentor der Ostseite, wo der Hofgärtner Böhme den »Rosenplan« anlegte, bis zu einer Nebentangente in Höhe des westlichen Seeuferrandes und von dort weiter in gerader Führung, einen Erlenbruch durchschneidend, bis zu den Moränenhügeln des Boberow. Hier hatte Knobelsdorff als architektonischen Abschluß eine Grotte vorgesehen. Diese entstand jedoch erst 50 Jahre später als »Grotte der Egeria« im Zuge der weiteren Parkgestaltung um 1790 und als benachbarter Erlebnispunkt des 1768 errichteten »Proserpina-Altars«.

Im Sichtverlauf der Querachse des Rheinsberger Schloßparks liegt der heute nur noch zentralbauartig überlieferte Rest der Alten Orangerie. Dieser als »Salon« bezeichnete architektonische Torso mit einem Deckenbild von Pesne enthüllt sich als ehemaliger Mittelbau einer größeren, langgestreckten Anlage von insgesamt 11 Achsen.

Die vierachsigen Seitenflügel mit offenen, durch Schalenkuppeln abgedeckten Eckpavillons wurden 1790 abgetragen, um einen, dem entwickelteren Klassizismus gemäßeren, tempelartigen Baukörper entstehen zu lassen. Nach Knobelsdorffs ursprünglicher Konzeption war der Orangerie im Zentrum des größten Parkrondells die Rolle eines zwar dem Schloß untergeordneten, aber den Landschaftsraum maßgeblich mitprägenden kompositionellen Gegengewichtes zugedacht. Sie eröffnete wesentliche Sichterlebnisse am Schnittpunkt neuer Nebenachsen. Wie eine Skizze von Knobelsdorff und ein von Hennert ange-

44 G. W. v. Knobelsdorff, Entwurfszeichnung für den Bacchustempel im Park von Rheinsberg, um 1740. Staatl. Schlösser u. Gärten Potsdam-Sanssouci

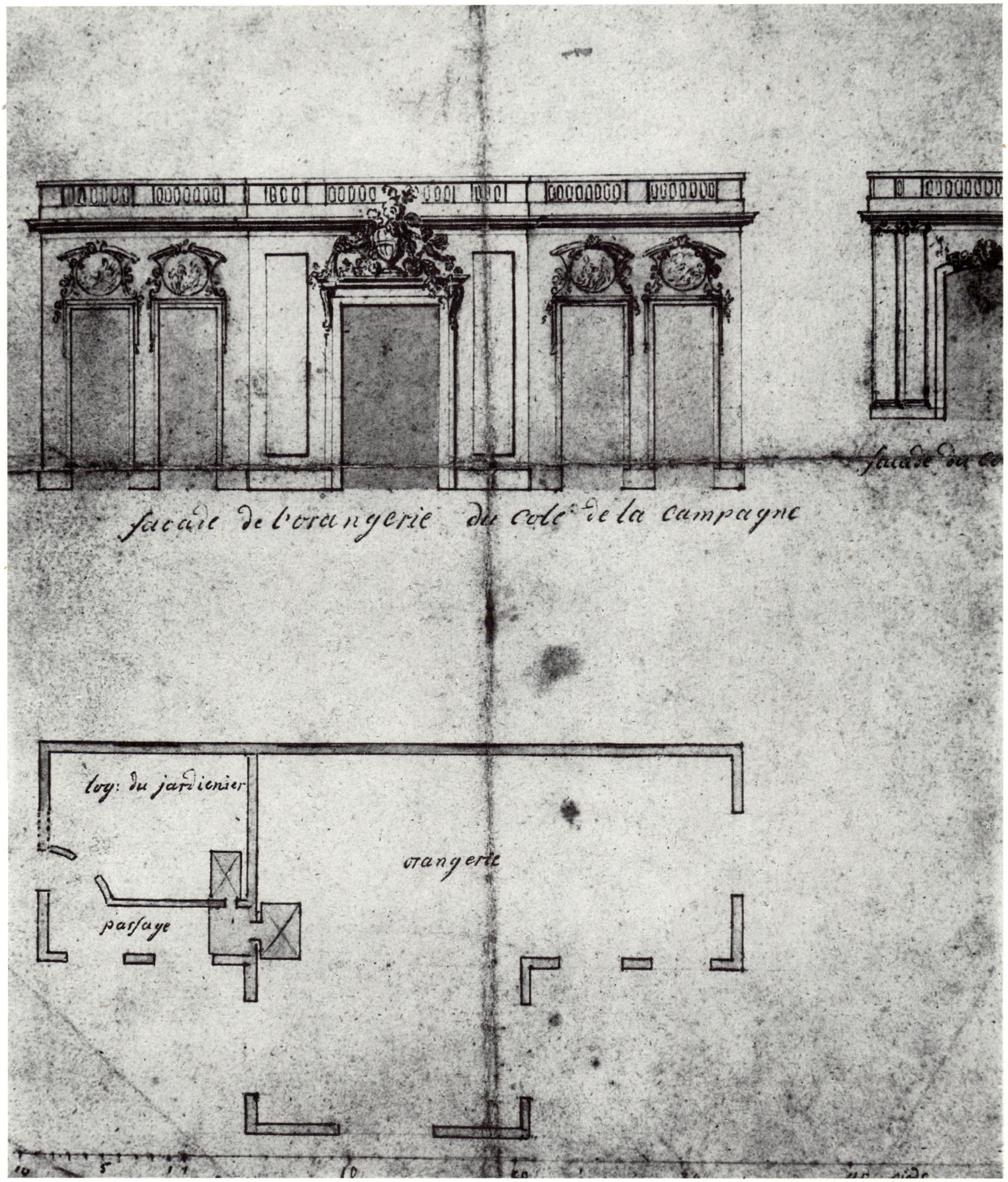

45 G. W. v. Knobelsdorff, Entwurf für die Rheinsberger Orangerie, um 1739–40. Staatl. Schlösser u. Gärten Potsdam-Sanssouci

46 G.W.v. Knobelsdorff, Parkmotiv mit musizierender Gesellschaft, vermutlich aus der Rheinsberger Zeit, um 1737–40

47 G.W.v. Knobelsdorff, Entwurf zu einer Kaskade, vermutlich aus der Rheinsberger Zeit, um 1737–40

48 G.W.v. Knobelsdorff, Blick auf Schloß und Park Rheinsberg aus südlicher Richtung, Zeichnung aus einem Skizzenbuch, vor 1745. Staatl. Schlösser u. Gärten Potsdam-Sanssouci

fertigter Aufriß zeigen, deutete die Alte Orangerie in ihrer architektonischen Transparenz, der durchgehenden Attika mit Figuren- und Vasenbekrönungen von Glume und in dem am Portaldurchgang der Mittelachse angewendeten »Palladiomotiv« auf die ausgesprochen palladianistische Grundhaltung des Baumeisters.

Zur Vorbereitung des Standortes für die Orangerie galt es einen ehemaligen versumpften Teichbereich zu kultivieren. Bei diesen Maßnahmen arbeitete Knobelsdorff besonders eng mit dem Hofgärtner Sello zusammen, der an dieser Stelle eine dammartige Aufschüttung vornahm. Sello und Heinze haben dann vor allem an der gärtnerischen Gestaltung des Terrains westlich der Hauptallee mitgewirkt.

Baron Bielfeld beschreibt, daß Knobelsdorff vorsah, den geringen Geländeabfall des südlichen Seeufers, dem Ehrenhof des Schlosses gerade gegenüberliegend, als eine dritte westliche Achse des Parks zur terrassieren, um am höchsten Geländepunkt als Dominante einen Bacchustempel aufzustellen. Seine eigenartige Form verglich Bielfeld mit einer »umgekehrten Punschbowle«, die auf 12 mit Satyrn besetzten Pfeilern ruhte.[19]

Die Ausführung des gesamten Projekts, das zu sofortigen Assoziationen des Vergleichs mit dem späteren Bau des Schlosses Sanssouci veranlaßt, wurde erst Ende der Rheinsberger Periode, ab 1740 begonnen, dann aber nach Knobelsdorffs Weggang abgebrochen. An diesem wunderbaren Fernsichtpunkt mit Ausblick auf die gesamte Schloßumgebung bis hin zum entfernter liegenden Rheinsberger See entstand später ein Jupiter-Freundschaftstempel. An die Stelle dieses um 1870 wegen Baufälligkeit abgerissenen Achteckpavillons trat eine Plastik der »Flora«, die seit den 30er Jahren des 18. Jahrhunderts auf dem Rheinsberger Marktplatz gestanden hatte.

Der westlich an diesen Hochpunkt anschließende Landschaftsbereich leitete als Naturpark unmittelbar in den natürlichen Waldbestand über.

An der Ruppiner Chaussee hatte Knobelsdorff südlich des Haupteingangs zum Park mit dem Bau von Treibhäusern und Orangeriegebäuden begonnen, die der Schloßgärtnerei axial zugeordnet waren. 1740 brachen jedoch die meisten dieser Vorhaben ab.

Während Glume noch ein Jahr länger in Rheinsberg arbeiten konnte, mußte Knobelsdorff sofort Friedrich II. in die Berliner Residenz folgen.

Friedrich war von den Schönheiten natürlicher und gärtnerisch angelegter Landschaftssituation im angestrebten Kolorit Watteauscher Naturdarstellungen voll angetan. Das geht auch aus seinen Korrespondenzen hervor, besonders aus den Briefen an seine Schwester, die Markgräfin v. Bayreuth, der er 1738 unter anderem Ansichten zusendete, die Knobelsdorff, vom bestehenden Zustand des Rheinsberger Schlosses und Parks ausgehend, gezeichnet oder gemalt hatte.

Als Heinrich v. Preußen in das Schloß einzog, ließ er vieles nach seinem Geschmack verändern, aber auch manche Anregung von Knobelsdorff in abgewandelter Form dann doch realisieren.

Nachdem Cybei um 1766 im Parterre des zum »Salon« umgewandelten Orangeriegebäudes die Marmorplastiken seiner »Vier Jahreszeiten« aufgestellt hatte, wurde besonders der Parkbereich beiderseits der Querachse und seitwärts der Hauptallee den neuen Auffassungen des sentimentalen Landschaftsgartens angepaßt und auch anderwärts neuartige Elemente, wie Chinoiserien, künstliche Ruinen, Erinnerungsmale, ein Naturtheater, und Eremitendörfchen sowie ähnliches in das Vorhandene eingefügt.

Eine merkbare Phase dieser Veränderungen, die Knobelsdorffs Handschrift zu verwischen begann, erfolgte unter dem Intendanten Baron v. Reisewitz zwischen 1757 und 1763. Aber auch durch C. W. Hennert ist im letzten Viertel des 18. Jahrhunderts der Parkanlage durch architektonische Staffagen und durch die Aufstellung zahlreicher Plastiken die Note des Senti-

49 Rheinsberg, Lageplan von Schloß und Park, heutiger Zustand

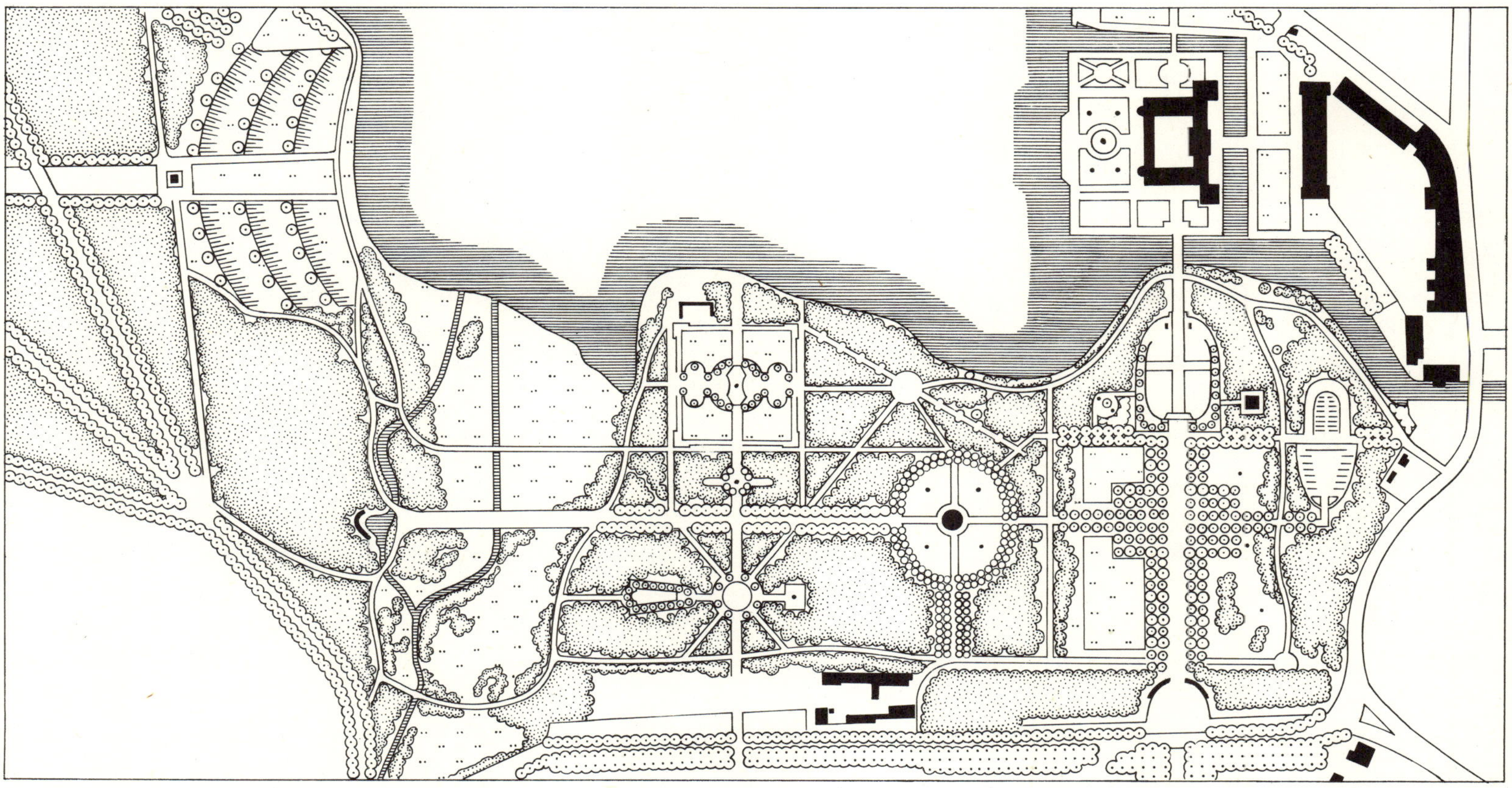

mentalen aufgeprägt worden. 1790 stellte Georg Friedrich Boumann d.J. den Obelisken als Erinnerungsmal des Siebenjährigen Krieges oberhalb der Terrasse des »Alten Weinbergs« am jenseitigen Ufer in der Achse auf, die Knobelsdorff mit einem Bacchustempel krönen wollte. Bis 1771 war das gesamte nordwestliche Landschaftsgebiet zwischen der Försterei Boberow, dem Ort Warenthin und dem Böbereckensee bis zum südlichen Ufer des Rheinberger Sees einschließlich der Remusinsel in das System eines weit dimensionierten Landschaftsparks integriert und mit vielerlei Erlebnispunkten ausstaffiert, die heute oftmals nur in Resten oder lediglich durch Überlieferung bekannt sind.

Nachdem die Gesamtanlage im Verlauf des 19. Jahrhunderts vernachlässigt wurde und viele Teile des Parks verwilderten, ist seit dem Bestehen der DDR versucht worden, die alten Konzeptionen unter denkmalpflegerischen Aspekten zu bewahren. Nach ersten Maßnahmen unter Leitung der Gartenarchitekten Walter Meißner und Franz Ehmke begannen 1975 unter Rücksichtnahme auf Bodenstruktur, Standortverhältnisse und vorhandenen Pflanzenwuchs weitreichende und planmäßige, in Etappen betriebene Rekonstruktionsarbeiten.

Knobelsdorffs Beziehungen zum »Rheinsberger Freundeskreis«

»Gewidmet Friedrich, der der Muße pflegt. 1739«, vermerkt eine lateinische Inschrift auf der Scheitelkartusche am östlichen, offiziellen Haupteingangsportal der Schlosses. Sie memoriert die ehemalige Rolle Rheinsbergs als fürstlicher »Musensitz« und Treffpunkt des »Freundeskreises«.

Der Kronprinz hatte diesen Kreis ausgewählter Gesellschafter 1736 begründet, um seinem seit frühester Jugendzeit gehegten Wunsch zu entsprechen, sich weitab vom unmittelbaren Einfluß seines Vaters den Künsten und Wissenschaften zu widmen, die am preußischen Hof in Berlin und Potsdam als nutzloses Tun verpönt waren. Im Vordergrund standen intensivere Beschäftigungen mit der aufklärerischen und freigeistigen Philosophie der Zeit und das Studium der Geschichte.

Abgesehen von der oftmaligen Idealisierung des gesellschaftlichen Inhalts der Rheinsberger Hofhaltung durch zeitgenössische und spätere Geschichts- und Literaturdarstellungen, gebührt diesem Kreis eine positive Bewertung, nicht allein durch die Tatsache, daß sich ein angehender absoluter Herrscher in damals recht moderner Form frühaufklärerische Kenntnisse anzueignen versuchte, sondern weil er damit auch auf andere Kreise der bürgerlichen Intelligenz in Preußen anregend wirkte.

In den vier Jahren bis zur Thronbesteigung Friedrichs II. im Jahre 1740, in denen auch Knobelsdorff nach der Italienreise in die lehrreichen Dispute und Beschäftigungen einbezogen war, bestimmten nicht nur Konzerte, Theateraufführungen und Maskeraden das Gespräch, sondern auch die französische Literatur, historische Schriften antiker und zeitgenössischer Schriftsteller, wissenschaftliche und philosphische Werke von Horaz, Cicero, Lucrez, Descartes, die Erkenntnisse von Tycho de Brahe, Kopernikus und Newton. Ein besonders enges Verhältnis bestand zu den philosophischen Auffassungen Voltaires und des deutschen Hauptvertreters der Aufklärung, Christian Wolff.

Friedrich, der sich in der heiteren Atmosphäre Rheinsbergs offensichtlich schon mit seiner zukünftigen Aufgabe als Regent auseinanderzusetzen begann, war besonders angetan von Wolffs Vorstellungen, nachdem er 1737 dessen »Vernünftige Gedanken von Gott, der Welt und der Seele des Menschen« gelesen hatte, eine Schrift, die sich wiederum stark auf den philosophischen Rationalismus von Gottfried Wilhelm Leibniz stützte. Diese Lehren, eingebunden in Schöngeisterei, Physik, Astronomie und damit verbundene Experimente als Beweismittel gegen metaphysisches Denken, prägten das Fluidum Rheinsbergs als höfischen Musenort der Aufklärung und machten ihn zu einer bemerkenswerten Enklave im preußisch-militärischen Obrigkeitsstaat.

I. Mittenzwei interpretiert die Aufklärung als »eine gesamteuropäische ideologische Bewegung, deren Vertreter in Auseinandersetzung mit dem überkommenen Weltbild von Antike und Mittelalter in philosophischer und literarischer Form Interessen der aufkommenden Bourgeoisie ausdrückten und an den überkommenen Zustand der Gesellschaft, an Kirche und an weltliche Feudalität, den Maßstab der Vernunft anlegten. Vernunft als das ursprüngliche kritische Vermögen der Menschen galt ihnen als diejenige Kraft, die die überlebte Ideologie der alten Ordnung und schließlich auch ihre politischen Einrichtungen im Sinne des Bürgertums umzugestalten in der Lage war«.[20].

Knobelsdorff, der sich seit den Jahren seiner Militärzeit zur Komplettierung seines Weltbildes vielseitigen Problemen dieser Zeit widmete, gehörte zweifelsfrei zu den profiliertesten Persönlichkeiten des Rheinsberger Kreises, in dem man sich Symbolnamen gab und in dem er sich vom »Gouverneur« Friedrich in schmeichelhafter Gleichsetzung mit dem italienischen Hauptmeister des Barock als »Chevalier Bernin« anreden ließ.

Die engere Tafelrunde bestand aus etwa 15 ständigen Teilnehmern, die bis auf den bürgerlichen Charles Étienne Jordan dem Adel angehörten. Zum festen Stamm zählten der weltgewandte, poetisch veranlagte Freiherr Dietrich v. Keyserlingk und der französische Gesandte, Marquis de la Chétardie, ehe er 1739 als Botschafter nach Petersburg ging.

Jordan bekleidete die sehr einflußreiche Position als Sekretär und persönlicher Berater des Kronprinzen. Er war der Sohn einer aus Frankreich eingewanderten hugenottischen Familie und hatte es als Gelehrter und kluger Übersetzer philosophischer Werke zu Ansehen gebracht und kannte viele führende Wissenschaftler in den Niederlanden, England und Frankreich.

Dem ehemaligen Lieblingsschüler des Hallischen Philosophen Wolff, Jean de Champs, hatte Friedrich die Funktion des Schloßkaplans übertragen. Aus dem militärischen Bereich stammten der Ingenieurmajor Senning, ehemaliger Lehrer des Kronprinzen in Kriegswissenschaft, ferner der Kürassiermajor v. Stille, ein sprachgewandter Gesellschafter und ausgezeichneter Flötist, des weiteren der Chevalier Isaak, Franz Egmont de Chasot und schließlich Hauptmann v. Fouqué aus dem Regiment des »Alten Dessauers«, der mit den Künsten und Wissenschaften vertraut war und als geschickter Arrangeur von Fest- und Theateraufführungen galt.

50 G.W.v. Knobelsdorff, Bosketts im Park des Schlosses Charlottenburg, Zeichnung, um 1740–48

Zu den profunden Kennern französischer Kunst und Architektur gehörte Knobelsdorffs Lehrer und Freund, Antoine Pesne. Er war vom Kronprinzen, als er ein Gemälde der preußischen Königin aus Potsdam überbrachte, sofort für Rheinsberg engagiert worden.

Auf musikalischem Gebiet wirkten führende Mitglieder der neubegründeten Rheinsberger Hofkapelle: der in seiner Zeit hoch angesehene Komponist und Kapellmeister Johann Gottlieb Graun, der Komponist und Flötist Johann Joachim Quantz, die Violinisten František und Jan Benda und der Oboist Fredersdorf, nicht zu vergessen der Cembalist und zweite Sohn Johann Sebastian Bachs, Carl Philipp Emanuel Bach.

Der Rheinsberger Kreis erhielt häufig neue Impulse durch die Anwesenheit bedeutsamer Gäste. Unter anderen wären hier zu erwähnen: Professor Formey vom Collège Français, der Forschungsreisende und Weltmann Lord Friedrich Baltimore, insbesondere der oft und längere Zeit anwesende Graf Francesco Algarotti aus Venedig, ein ausgezeichneter Kenner italienischer und westeuropäischer Kunst und Verfasser des »Newtonismus für Damen«. Er hielt sich 1739 erstmals in Rheinsberg auf und war damals intensiv mit Gemäldeeinkäufen für die von vielen Fürsten beneidete Galerie in Dresden beschäftigt; später, ab 1747 widmete er sich als Kammerherr Friedrichs II. in dessen Auftrag ähnlichen Aufgaben.

Gelegentlich weilte Baron Bielfeld in Rheinsberg, ein in Berlin ansässiger Sohn einer Hamburger Handelsfamilie. Seine schriftlichen Äußerungen über das gesellschaftliche Milieu am Hofe des Kronprinzen gehören zu den wichtigsten authentischen Quellen der Zeit. Sie berichten beispielsweise auch über den damals zum großen Ereignis erhobenen, äußerst aufwendig gestalteten Besuch Voltaires im Herbst 1740 in Rheinsberg. Der Philosophie des berühmten Franzosen, mit dem Friedrich seit der Rheinsberger Begegnung ständigen Gedankenaustausch pflegte, wurde bei den Tafelgesprächen eine Vorrangstellung eingeräumt. Noch vor der politischen Auseinandersetzung Preußens mit Frankreich um »gerechte Ausprüche am Rhein« übergab Voltaire über Keyserlingk, den der Kronprinz nach Cirey geschickt hatte, wo Voltaire lebte, seine jüngste Darstellung der »Geschichte des Zeitalters Ludwig XIV«, eine Schrift, von der Friedrich »berauscht« war. Außerdem hatte Voltaire seine »Philosophie Newtons« geschickt, die eine verstärkte Beschäftigung mit Problemen der Physik auslöste, zu der die Berliner Wissenschaftler Kirch und Lieberkühn durch spezielle Unterweisungen des Kronprinzen in Rheinsberg beitrugen. Im Ergebnis dieser Beschäftigungen hatte Friedrich 1739 den »Anti-Machiaveli« verfaßt – Kommentare zum 1512 erschienenem Werk »Il Principe« (Der Fürst) des florentinischen Staatsmannes Nicolò Machiavelli und dessen Lehre von der selbst über die Gesetzesordnungen hinausreichenden »Staatsräson«.

Friedrich bemühte sich in seiner Schrift um die Widerlegung der These Machiavellis, daß allein die Macht die Rechtsbasis der absoluten Monarchie sei. Mit eindeutigem Bekenntnis zur Lehre vom Gesellschaftsvertrag, die das »Gottesgnadentum« feudaler Herrschaft ablehnte, widmete er sich der bekannten Darlegung der »sittlichen Pflichten des regierenden Fürsten« und versuchte das Idealbild des aufgeklärten Absolutismus zu zeichnen, in dem der Regent »erster Diener im Staat« sein sollte. Die geschichtlichen Tatsachen zeigen, daß er von dieser Version 1740 nach der Regierungsübernahme völlig abrückte und zur typischen Form des preußischen Absolutismus gelangte, zu dem schon Friedrich Wilhelm I. durch seinen Militär- und Beamtenapparat den Grundstein gelegt hatte.

Knobelsdorff war in die Beschäftigungen des Kronprinzen mit den philosophischen Ansichten Voltaires voll integriert. Im April oder Mai 1737 malte er ein Porträt Friedrichs, das als Freundschaftsgeschenk für Voltaire bestimmt war und diesem durch Keyserlingk in Cirey an der lothringischen Grenze überbracht wurde.

1739 beauftragte der Kronprinz seinen Intendanten Knobelsdorff, eine große Mappe mit Illustrationen zu Voltaires »Henriade« anzufertigen. Die Kupferstiche sollten in einer auffälligen Prachtausgabe in Preußen verbreitet werden. Angeregt zu diesem Vorhaben wurde Friedrich durch die 1733–37 in London erschienene zweibändige Horaz-Ausgabe »Quinti Horatii Flacci Opera«, die der berühmte englische Stecher Johannes Pine illustriert hatte. Pine wurde gebeten, auch Knobelsdorffs Zeichnungen zu stechen, erklärte aber Algarotti, der zu entsprechenden Verhandlungen nach London geschickt wurde, daß er dazu sieben Jahre benötige. Angespornt durch einen Brief Voltaires, der sich damals gerade in Brüssel aufhielt, suchte der Kronprinz diese lange Zeit zu unterbieten, aber der plötzliche Tod des Königs ließ sehr bald neue Ereignisse wichtiger erscheinen.

Knobelsdorff hatte in Rheinsberg neben seinen architektonischen und gartenplanerischen Aufgaben keinesfalls seine alte Liebe zur Malerei vergessen. Im Mai 1737, kurz nach seiner Rückkehr aus Italien, mußte er sich beim preußischen Regenten in Potsdam melden. Ein Brief, in dem der Kronprinz vorgeschlagen hatte, die königliche Familie zu malen, wurde von Friedrich Wilhelm I. akzeptiert. Dieses Gruppenbild mit servierendem Mohr nach einer vorausgegangenen Zeichnung stand in der Nachfolge Pesnescher Darstellungen, die besonders durch hervorragende Stoffmalerei geprägt war. Es unterschied sich aber von Pesne durch größere Unmittelbarkeit und Leichtigkeit, geringere Monotonie der berufsmäßigen Malkunst und frischere

Züge des Gesichtsausdrucks. Hier klangen bereits Elemente an, die erheblich später für die Porträtkunst Anton Graffs (1736–1813) charakteristisch wurden.

Aus dieser Zeit stammen auch die ganzfigurige Ölskizze mit der Darstellung Friedrich Wilhelms I., das als Kniestück in Öl gemalte Porträt Friedrich Wilhelms I. in der Uniform seines Leibregiments und ein entsprechendes Ölbild der Königin Sophie Dorothea v. Preußen im roten Sessel.

Als Pesne dann Ende 1737 zu ständigem Aufenthalt nach Rheinsberg berufen wurde, trat auch für Knobelsdorff ein erneuter Auftakt bildkünstlerischer Betätigung ein. Aus dieser Periode sind die meisten seiner wenigen, noch heute erhaltenen Bilder hervorgegangen, unter anderem auch die in Öl ausgeführte »Italienische Landschaft«, die »Römische Landschaft« und »Schloß Rheinsberg und Umgebung«. Die 1738 entstandenen Rheinsberger Bildnisse des Kronprinzen, das Ölgemälde im blauen Rock mit Harnisch und Mohr als Träger des Purpurmantels und ein Brustbild mit nach rechts gewandtem Profil in Pastell erwuchsen aus den intimen, unmittelbaren persönlichen Kontakten Knobelsdorffs.

Sie überliefern ebenso wie die Porträts von Pesne und des Malers Johann Georg Ziesenis die unmittelbarsten Ähnlichkeiten, während fast alle Darstellungen späterer Jahre, in denen Friedrich II. derartige »Konterfeys« ablehnte, idealisiert wurden.

Nach Knobelsdorffs Zeichnungen entstand um 1738 auch die später von Glassbach gestochene Porträtwiedergabe des Ruppiner Arztes und Kreisphysikus Dr. Bernhard Feldmann.

51 Rheinsberg, Plan der nach Knobelsdorffs Entwurf wiederaufgebauten Stadt, Darstellung von C. W. Hennert, 1778

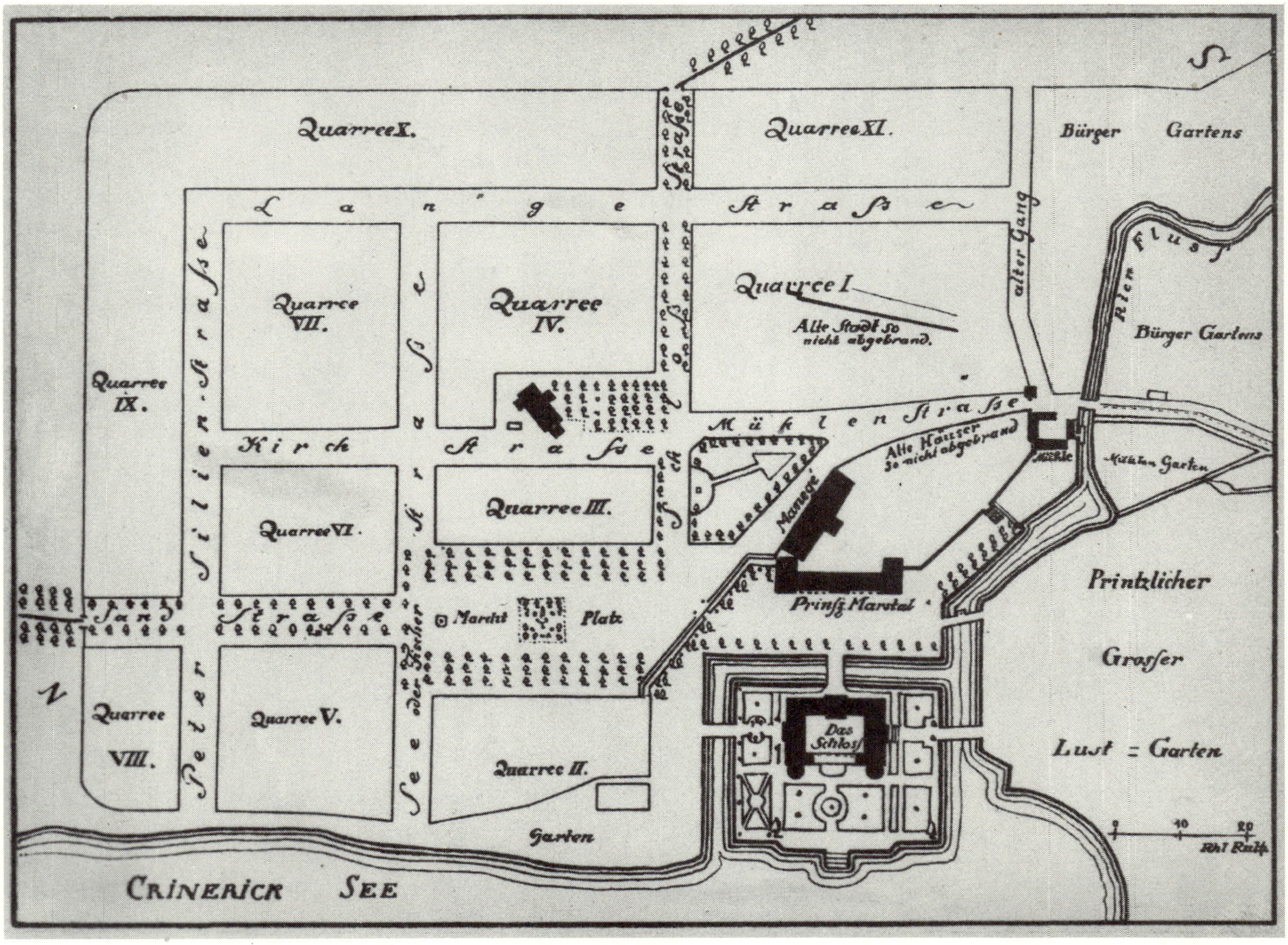

Aus dem Ende der Rheinsberger Zeit um 1739 stammen zwei dekorative Bilder, die bis 1860 in die Wände des Vorraums zum Marmorsaal eingelassen waren, sich aber heute im Neuen Palais in Potsdam befinden. Die »Tanzende Gesellschaft im Freien« und die »Musizierende Gesellschaft im Freien« à la Watteau war auch sonst in diesen Jahren ein beliebtes Thema Knobelsdorffs, das auch in einer Reihe von Zeichnungen anklang. Seine Aussagen bezogen sich immer wieder auf die Erfassung der Naturverbundenheit der Rheinsberger Gesellschaft, obwohl diese angestrebte Idylle des dortigen Hoflebens nicht frei von Eingriffen Friedrich Wilhelms I. blieb, der in seinem tiefen Mißtrauen gegen diese Art der Lebensführung seines Nachfolgers laufend durch Klatsch und Diffamierung bestärkt wurde und bei persönlichen »Inspektionen« bewußt hinters Licht geführt wurde.

Wiederaufbau der Stadt Rheinsberg

Die offizielle Seite des Rheinsberger Schlosses wendet sich der vorgelagerten Stadt zu. In dieser typisch märkischen Klein- und Ackerbürgergemeinde lebten im ersten Drittel des 18. Jahrhunderts etwa 700 Einwohner in niedriggeschossigen Lehmfachwerkhäusern, die sich an unregelmäßigen Straßenverläufen und Plätzen auf einer etwa acht Hektar großen Gesamtfläche mit Gärten bis zum Nordufer des Grienericksees hinzogen. Hennert hat 1778, als die ursprüngliche Situation längst nicht mehr existierte, in einer Rekonstruktion den alten Zustand des Stadtgrundrisses nachzuzeichnen versucht.[21]

Im Juni 1734 beorderte Friedrich Wilhelm I. das Generaldirektorium, unverzüglich Instandsetzungen der Häuser zu veranlassen, um die Residenz des Kronprinzen in einen »angemessenen Zustand« zu versetzen. Nachdem der Ort sechs Jahre später, im April 1740, durch eine Feuersbrunst bis auf wenige Gebäude an der alten Mühlenstraße und das isoliert stehende Schloß fast völlig zerstört wurde, entwarf Knobelsdorff noch im gleichen Jahr, als er bereits in seiner neuen Funktion als Oberintendant aller königlichen Schlösser und Gärten in Berlin tätig war, einen Plan für die Neubebauung der Stadt Rheinsberg. Er wurde nach seinen Angaben von Arnold »ins Reine« gezeichnet und anschließend von Feldmann ausgeführt.[22] Das Schema der heutigen Stadtanlage beruht noch immer auf diesem Plan. Er ersetzte die ehemalige Enge der mittelalterlichen Siedlung durch breitere Straßenführungen, neue Plätze und typische, rechtwinklig als Randbebauungen konzipierte Wohnquartiere des 18. Jahrhunderts. Dieser regelmäßige Schematismus ist auch bei anderen Immediatsstädten dieser Zeit anzutreffen, wie beispielsweise in Erweiterungsgebieten von Potsdam (1715–20, 1737–42), in Templin (1735), Kloster Zinna (1763), Berlin-Friedrichshagen (1764–77), Neuruppin (1788–1804) und anderen Orten Preußens.

In Rheinsberg waren es 11 »Quarees« in Gitterform, die nunmehr über die Dimensionen der alten Stadtgrenze hinausreichten. Die Sand- und die ehemalige Schloßstraße (heute Straße der Jugend) trugen den Charakter von Alleen. Obwohl das Schloß durch seine Lage, Größe und architektonische Ausstrahlung das Gesicht der nach absolutistischen Regeln niedriger gehaltenen Bebauung der Stadt mit den schlichten Traufhäusern beherrschte, war städtebaulich nicht der absolutistische Herrschersitz, wie sonst üblich, sondern der bürgerliche Markt das neue Zentrum der planerischen Komposition, assistiert vom Kirchplatz und dem unter nur geringer Plankorrektur angelegten Triangelplatz. Letzterer nimmt trotz Anordnung in der Achse des Schloß-Torgebäudes mit dem eingeschossigen, von Knobelsdorff erbauten Marstall (1764 umgebaut durch Hennert) und der ehemaligen Manege (2. H. 18. Jh., später Remise und Spritzenhaus) eine sekundäre Rolle ein. Diese Auffassung enthält zweifellos Aspekte der »Aufklärung«, obwohl in dieser Stadt der wichtigste Bau für bürgerliche Entscheidungen, das Rathaus, mit Sicherheit nicht »vergessen«, sondern planmäßig weggelassen wurde.

Die ein- und zweigeschossigen Traufhäuser in weniger feuergefährdeter Ziegelfachwerkbauweise können in ihren typisierten Grundrissen als Vorformen der 1751 unter Friedrich II. erbauten Weberhäuser in Nowawes (heute Potsdam-Babelsberg) angesehen werden.

Aus der ursprünglichen Bebauungszeit von 1740 erhielten sich in Rheinsberg typische, wenn auch teilweise umgebaute Gebäude an der Seestraße, in der Straße der Jugend, Langen Straße, Kirchstraße, Mühlenstraße und am Marktplatz.

Nach Arnold hatten Reisewitz und Langner die Planausführung fortgesetzt, auf deren Langwierigkeit noch 1765 im Quellenmaterial hingewiesen wird.

52 G.W.v. Knobelsdorff,
Bildnis Friedrich Wilhelm I. v. Preußen, 1737.
Staatl. Schlösser u. Gärten Potsdam-Sanssouci

53 G.W.v. Knobelsdorff, Römische Landschaft, um 1737.
Staatl. Schlösser u. Gärten Potsdam-Sanssouci

54 G.W.v. Knobelsdorff, Italienische Landschaft, um 1737.
Staatl. Schlösser u. Gärten Potsdam-Sanssouci

55–57 G. W. v. Knobelsdorff, Kinderporträt, Bauernhäuser und Mädchengruppe, Zeichnungen aus einem Skizzenbuch, vor 1745. Staatl. Schlösser u. Gärten Potsdam-Sanssouci

58 G. W. v. Knobelsdorff, Seenlandschaft mit Fischerin, Zeichnung aus einem Skizzenbuch, vor 1745.
Staatl. Schlösser u. Gärten Potsdam-Sanssouci

59 G.W.v. Knobelsdorff, Prospekt einer Stadt, Zeichnung aus einem Skizzenbuch, vor 1745. Staatl. Schlösser u. Gärten Potsdam-Sanssouci

60, 61 G.W.v. Knobelsdorff, architektonische Skizzen von der Italienreise, 1736–37. Staatl. Schlösser u. Gärten Potsdam-Sanssouci

62 G.W.v. Knobelsdorff, architektonische Skizze von der Italienreise, 1736–37. Staatl. Schlösser u. Gärten Potsdam-Sanssouci

63 G.W.v. Knobelsdorff, Landschaftsskizze von der Italienreise, 1736–37. Staatl. Schlösser u. Gärten Potsdam-Sanssouci

Folgende Seiten

64 Rheinsberg, Schloß von der Seeseite. Umgestaltung durch G.W.v. Knobelsdorff in Zusammenarbeit mit F.C. Glume, J.C. Scheffler, A. Pesne, A. Duboisson und anderen, 1737–41

65 Rheinsberg, Schloß von der Stadtseite

66 Rheinsberg, Schloß; Haupteingang im Mittelrisalit des Ostflügels mit Blick durch den Ehrenhof zum Grienericksee

69, 70 Rheinsberg, Schloß, Blick von der Kolonnade in den Ehrenhof und durch die Kolonnade auf das Parterre am Grienericksee

Folgende Seiten

71, 72 Rheinsberg, Schloß, Marmor-, Spiegel- oder Festsaal im Nordflügel,
Tür und Wandspiegel mit vergoldeten Reliefs von F.C. Glume

73–76 Rheinsberg, Schloß, Türrelief aus dem Marmorsaal mit Szenen aus dem Leben der Ariadne und des Dionysos

77, 78 Rheinsberg, Schloß, Marmorsaal, Deckengemälde »Apoll vertreibt die Finsternis« von A. Pesne, 1740 (Detail) und Wandspiegel

79 Rheinsberg, Schloß, dekorative Details der Eckfassung im Marmorsaal

80, 81 Rheinsberg, Schloß, Nebenräume des Marmorsaales, Wandgestaltungen mit Chinoiserien

Folgende Seiten

82 Rheinsberg, Schloß, Rittersaal im Corps de Logis

83 Rheinsberg, Schloß, Rittersaal
oder Audienzzimmer der Kronprinzessin mit
Deckengemälde »Mars nähert sich der Venus«
von A. Pesne, 1740 (Detail)

84 Ölskizze für ein Deckengemälde im südlichen Turmkabinett des Schlosses Rheinsberg von A. Pesne, vor 1740.
Staatl. Schlösser u. Gärten Potsdam-Sanssouci

Folgende Seiten

85 Rheinsberg, Schloß, Eckfassung im Muschelsaal des 2. Geschosses. Umgestaltung durch C. W. Hennert nach Entwürfen von C. G. Langhans, 1769

86 Rheinsberg, Schloß, ornamentale Decke im Muschelsaal

87, 88 Rheinsberg, Schloß, westliche Turmfront des Südflügels und Blick aus der Hauptallee des Parks auf den Südflügel

89, 90 Rheinsberg, Hauptparterre des Schlosses, Marmorplastiken aus dem Zyklus »Apoll und die vier Elemente« von G. A. Cybei, 1766

91 Rheinsberg, Blick durch die Kolonnade auf das Hauptparterre des Schlosses an der Seeseite

Folgende Seiten
92, 93 Rheinsberg, Schloßpark, Hauptallee in der südlichen Schloßnebenachse. Blick von einer korinthischen Säulengruppe des Hauptportals auf den Südflügel des Schlosses und Plastik der Früchtegöttin Pomona, nach Gesamtentwurf Knobelsdorffs ausgeführt von F.C. Glume, 1740–41

94 Rheinsberg, Blick vom Gegenufer des Grienericksees auf das Schloß

95 Rheinsberg, sogenannter Salon, ursprünglich Mittelbau der ehemaligen Orangerie in der Querachse des Parks, nach Entwurf Knobelsdorffs, 1740

96, 97 Rheinsberg, Schloßpark, Parterre des Salons mit Mormorplastiken des »Winter« und »Herbst« von G. A. Cybei, um 1766

Folgende Seite

98 Rheinsberg, Steinvase in der Querachse des Schloßparks

DRITTE PERIODE
Knobelsdorffs Tätigkeit in Berlin (1740–1745)

Ernennung zum ranghöchsten Baubeamten in Preußen

Die bauliche Erweiterung des Schlosses Charlottenburg

Die Neugestaltung des Berliner Tiergartens

Die Erweiterung des Schlosses Monbijou

Das Königliche Opernhaus

Das »Forum Fridericianum«

99 Berlin, Opernhaus und Opernhausbrücke,
Kupferstich von J. C. Krüger
nach Entwurf von W. C. Meyer, 1776

Ernennung zum ranghöchsten Baubeamten in Preußen

Zu Knobelsdorffs ersten Aufgaben nach der Abberufung aus Rheinsberg gehörte die prächtige Ausstattung der mehrtägigen Trauerfeierlichkeiten für Friedrich Wilhelm I., der am 22. Juni 1740 in der Potsdamer Garnisonskirche beigesetzt wurde. Bielfeld beschreibt den im Kircheninneren von Knobelsdorff aufgestellten Katafalk in Marmornachahmung als »ein Meisterstück von Architektur und Zeichnung« und charakterisiert ihn als von schwarzen dorischen Säulen getragenen Kuppeltempel, der es verdient hätte, »in Kupfer gestochen zu werden«.[23]

Als der Künstler dann im Juli nach Berlin kam, erwarteten ihn große Aufgaben, denn Friedrich II. war vom ersten Tage seiner Regierungsübernahme mit weitreichenden Plänen angefüllt, die vorsahen, Berlin als Hauptstadt der 1701 begründeten preußischen Monarchie durch architektonische und künstlerische Mittel entscheidend aufzuwerten. Er wollte an die städtebauliche Entwicklung anknüpfen, die unter Friedrich I. seit dem ausgehenden 17. Jahrhundert unter anderem zur Anlage hervorragender Monumentalbauten Schlüters und zur Neugründung barocker, karreeförmiger, dem Schloß axial zugeordneter Stadterweiterungen geführt hatte. Unter Friedrich Wilhelm I. war, abgesehen von der Vollendung des ehemaligen Stadtschlosses, kein wesentlicher Zuwachs zu verzeichnen. Die ab 1647 anstelle des alten kurfürstlichen Reitweges angelegte Straße Unter den Linden als direkte Verbindung zwischen Stadtschloß und Tiergarten entwickelte sich nach der Errichtung des Zeughauses (heute Museum für Deutsche Geschichte) zunehmend zur Magistrale der preußischen Residenz. Unter Friedrich II. verwandelte sie sich bis zum Brandenburger Tor in eine ausgesprochene Allee, die beiderseits mit Stadtpalais und mehrgeschossigen Häusern bebaut wurde. An dieser schon damals repräsentativsten Achse der Stadt gedachte man nach den Wünschen Friedrichs II. und den Plänen Knobelsdorffs als baulichen Höhepunkt ein »Forum Fridericianum« zu errichten, mit dem die Einheit von Königtum, Kunst und Wissenschaft dargestellt werden sollte, die sich der Auftraggeber schon als Kronprinz in den Rheinsberger Jahren zurechtgelegt hatte.

Für Knobelsdorff, der vermutlich auf den Augenblick der vollen Entfaltung seiner Fähigkeiten gewartet hatte, begann mit diesem neuen Abschnitt seines Schaffens in Berlin zugleich eine Periode höchster physischer Forderung, die auch fernerhin an jeden gestellt war, der Friedrich II. unmittelbar »zu Diensten« stand. Denn gleichzeitig mit dem Forum-Projekt, das schon im Juli 1740 durch die Vorbereitungen zum Opernbau in Angriff genommen wurde, mußten das Schloß in Charlottenburg als königlicher Wohnsitz und Schloß Monbijou als Witwensitz für die Mutter des Königs umgebaut und erweitert werden. Schloß Niederschönhausen war für Friedrichs verstoßene Gemahlin herzurichten. Im Berliner Stadtschloß waren die königlichen Gemächer neu auszustatten und bis zur Fertigstellung des Opernhauses ein provisorisches Schloßtheater einzurichten. Außerdem begann Knobelsdorff mit der gründlichen Umgestaltung des Tiergartens, mit der Anlage eines kleineren Lustgartens am Köpenicker Schloß und der Wahrnehmung vielfältiger kunst- und bauorganisatorischer Aufträge, die ihm der Souverän während seiner häufigen Abwesenheit in der Zeit des ersten Schlesischen Krieges pausenlos übertrug.

Der Vorbereitung der umfangreichen Aufgaben in Berlin diente eine kurzfristige Studienreise, die Knobelsdorff im Herbst 1740, vermutlich im Oktober, nach Paris unternahm. Sie schloß einen Zwischenaufenthalt in Dresden ein. Knobelsdorff sollte sich dort vor allem mit dem Theaterbau vertraut machen. Aber auch sonst sollte er den »neuesten Geschmack« zeitgenössischer französischer Baukunst »visitieren«, der in weitaus höherem Maße durch die Ideen der Aufklärung gekennzeichnet war, als in Preußen.

In der vordersten Reihe der französischen Architekten standen damals Claude Perrault, Robert de Cotte, Jules Hardouin-Mansart, Louis Levau, Germain Boffrand und der große Gartenschöpfer André Le Nôtre.

Knobelsdorff, von dem Friedrich II. betonte, daß er sich bei seinen Studien immer ganz der Aufgabe gewidmet habe, denn »er war zu wissensdurstig, um sich in anderer Gesellschaft, als der von Künstlern zu bewegen«[24], interessierte sich in Paris vor allem für das strenge Kolonnadenmotiv der Louvre-Fassade Perraults und für die von Mansart geschaffene Gartenfront des Schlosses Versailles. Hier in Frankreich beeindruckte ihn der »klassische« Charakter der Bauwerke; hinsichtlich Proportion, Funktion und Gestaltung imponierten ihm jedoch stärker die Außenarchitekturen italienischer Paläste. Die damals in Frankreich aufkommende Vorliebe für Kuppelrotunden in Anlehnung an das Pantheon spielte vor seiner Potsdamer Schaffensperiode noch keine nennenswerte Rolle.

Aus der engeren Begegnung mit der französischen Baukunst des 18. Jahrhunderts gibt es keine Skizzen von Knobelsdorff. Im allgemeinen scheint er auf dieser Reise stärker in den Bann der Malerei und Bildhauerkunst geraten zu sein. Denn als er im November 1740 über Flandern nach Berlin zurückkehrte, hatte er sich neben den Skulpturen des E. Bouchardon, A. Coysevox, F. Giradon, F. G. Adam, J. B. Pigalle und anderer insbesondere Malerei mit klassizistischen Tendenzen von Künstlern wie Ch. Lebruns, N. Poussin, H. Rigaud, S. Vouet, J. Raoux, Chardin, Vanloo usw. angesehen. In Holland beschäftigte er sich mit Rubens, van Dyck und Wouwerman.

Unmittelbar nach der Rückkehr ernannte ihn Friedrich II. noch im Verlauf des Jahres 1740 zum »Surintendant der Königlichen sämtlichen Schlösser, Häuser und Gärten« und zum »Directeur en chef aller immedianten Bauten in den sämtlichen Provinzen«.

Mit diesen Titeln wurde Knobelsdorff legitimer Sonderbeauftragter des Königs in allen Baufragen des preußischen Hofes. In dieser Funktion hatte er nunmehr dessen Anliegen, Ambitionen und persönlichen Bauwünsche zu vertreten. Obwohl er damit zum ranghöchsten Baubeamten aufgestiegen war, gehörte er vorläufig nicht zu den Staatsbeamten im Ministerrang, sondern hatte als Hofbeamter eine Funktion zwischen dem Monarchen und dem »Hohen General-Ober-Finantz-Kriegs und Domänen-Directorium« inne. Friedrich II., der sich darauf beschränkte, seine Staatsgeschäfte nur mit einigen wenigen vertrauten Kammerherren zu erledigen, sah in der Funktion des Surintendanten eine geeignete Möglichkeit, seinen absoluten Willen auf direktem Wege über den Kopf des Beamtenapparates, den sein Vater aufgebaut hatte, durchzusetzen.

Nach anfänglichen Komplikationen und auf besondere Bitte Knobelsdorffs legte er in einer Order vom 31. Juli 1742 dessen offizielle Stellung gegenüber dem Generaldirektorium fest. Um an maßgeblicher Stelle für die Bauangelegenheiten des Königs eintreten zu können, erhielt er ebenfalls Sitz und Stimme im Generaldirektorium. Außerdem wurden alle Kriegs- und Domänenkammern in Preußen angewiesen, ihm im Bedarfsfalle die Baubediensteten zu unterstellen. Seit 1742 trug Knobelsdorff den noch anspruchsvolleren Titel »Surintendant des bâtiments de Sa Majesté, Conseiller privé de guerre et des domaines, Honoraire de l'Académie Royale« oder »Oberintendant der Bauten Seiner Majestät, Geheimer Kriegs- und Domänenrat, Ehrenmitglied der Königlichen Akademie«. Mit reichlichen Vollmachten ausgerüstet, konzentrierte er sich auf die Koordination der vielseitigen parallelen und unter großem Zeitzwang durchzuführenden Bauvorhaben Friedrichs II.

Die bauliche Erweiterung des Schlosses Charlottenburg

Am 1. Juni 1740, dem Tag seiner Thronbesteigung, zog Friedrich II. in das Schloß Charlottenburg (heute Westberlin) ein, das er nach Rheinsberg als ersten Wohnsitz gewählt hatte, weil er in der ländlich geprägten Umgebung der damals noch selbständigen kleinen Ackerbürgerstadt geeignetere Möglichkeiten sah, sich im Bedarfsfall rasch dem bewegten Hofleben der Berliner Residenz entziehen zu können. Nicht unwesentlich war dabei die strikte Meidung von Begegnungen mit seiner Gemahlin, der er das 1704 durch Johann Friedrich von Eosander umgebaute Schloß in Pankow-Niederschönhausen zuwies.

Friedrich Wilhelm I. hatte kein Interesse an Charlottenburg gezeigt. Um so größer waren die Hoffnungen der dortigen Bürger auf eine, durch den Hof des jungen Königs stimulierte wirtschaftliche und gesellschaftliche Blütezeit. Sie sollte sich nicht erfüllen, weil Friedrich II. schon nach wenigen Jahren seine Vorliebe für das noch weiter entfernte, seenreiche Potsdam entdeckte, das er zu seines Vaters Zeiten haßte, wo er seit 1743 aber immer häufiger residierte. Doch zunächst waren ab 1740 die Umgestaltungen und architektonischen Erneuerungen des Charlottenburger Schlosses und der gleichzeitige Neubau des Königlichen Opernhauses in Berlin die vielversprechenden Ansätze der seit Friedrich I. wiederauflebenden staatsrepräsentativen Bautätigkeit in Preußen.

Den Kernbau des Charlottenburger Schlosses hatte Martin Grünberg 1659–99 nach Entwürfen von Arnold Nering errichtet. 1701 verwandelte der in Paris geschulte schwedische Baumeister Johann Friedrich von Eosander die Anlage in eine eindrucksvolle Cours d'honneur-Lösung, die durch Überkuppelung des Mitteltraktes und eine 143 m lange Orangerie im Westen besondere Akzente erhielt. Knobelsdorff blieb es vorbehalten, die Symmetrie des Gesamtkomplexes durch Anfügung eines östlichen zweigeschossigen »Neuen Flügels« zu vollenden. Anstelle einer ursprünglich von Eosander vorgesehenen zweiten Orangerie entstand hier sein langgestreckter Festsaaltrakt mit 14 Räumen beiderseits des Treppenhauses. Das räumliche Ensemble wurde gekrönt durch die »Goldene Galerie«, die fortan zu den künstlerisch bedeutendsten Festsälen des Rokoko in Deutschland gehörte. Die Innenraumdisposition des »Neuen Flügels« beruhte auf den strengen Reglements französischer Grundrißbildung, wie sie u.a. Blondel in seinem »Cours d'architecture« wiedergab.

Im Gegensatz zum Gebäudeinneren zeigten die Fassaden eine klassizierende, zurückhaltende Gestaltung nach französischem Vorbild. Durch die Obergeschoßzone in Glattputz und die rustizierenden Bänderungen des Erdgeschosses erfolgte eine gelungene Angleichung an die bereits vorhandenen älteren Bauteile des Schlosses. Knobelsdorff richtete sich auch in der Dimensionierung der Länge, Breite und Höhe des Flügels nach Eosanders Konzeption. Seine Architektur verzichtete in ihrer antikisierenden Form und in der Ablehnung des Ornaments am Außenbau auf dekorative und malerische Wirkungen. So ergab sich die organische Einfügung in die teilweise von ihm vorgenommene Neugestaltung der Parkumgebung, die ebenfalls seit dem Frühjahr 1742 parallel mit dem Innenausbau des »Neuen Flügels« in Angriff genommen wurde. Damals erfolgte auch die Verbreiterung der Chaussee, die Charlottenburg mit Berlin verband, und die Bepflanzung mit Linden, die extra aus Holland importiert wurden.

Während der Außenbau des Flügels bereits Ende 1743 eingeweiht werden konnte, dauerten die Innenarbeiten, besonders die dekorative Ausstattung der »Goldenen Galerie«, bis Oktober 1746. Johann August Nahl, den Knobelsdorff von Straßburg, wo er unter de Cotte und Lorrain tätig war, nach Preußen berufen ließ, führte nach Knobelsdorffs Anweisungen die Innendekorationen aus. Er mußte diese Arbeiten häufig unterbrechen, weil er zwischenzeitlich ab 1743 ebenso stark in Potsdam und Sanssouci beschäftigt war. Neben diesem »genialen Erfinder und Surintendant des Ornaments« wirkte ab 1741 auch Friedrich Christian Glume in Charlottenburg mit, nachdem er zuvor noch eine Reihe von Aufträgen in Rheinsberg abgeschlossen hatte. Antoine Pesne gehörte in seiner neuen Spezialisierung als Deckenmaler von Anfang an zu den engsten künstlerischen Mitarbeitern. Von den übrigen Spezialisten seien vor allem der Wandmaler Friedrich Wilhelm Höder, der aus Rheinsberg beorderte Carl Scheffler als Vergolder und ab 1747, nach Nahls Flucht, die Dekorateure Johann Michael Hoppenhaupt d.Ä. (1709– nach 1750) und dessen jüngerer Bruder, Johann Christian Hoppenhaupt (1719– etwa 1778/86) genannt.

Im Vergleich zu Rheinsberg waren die Charlottenburger Innenräume noch eleganter, die Bereicherung der Innenausstattung des Schlosses insgesamt kostbarer. Friedrich II. schätzte in dieser Zeit noch immer die Gemälde der französischen Meister Watteau, Lancret und Pater. Ihre Werke verstärkten einerseits die rokokohafte Gesamtnote der Innenausstattung, kontrastierten aber mit den klassisch-antiken Arbeiten, die der König aus der berühmten Sammlung des 1742 in Paris verstorbenen Kardinal Melchior de Polignac erwarb.

Die Möblierung änderte sich vor allem in der Zeit der Königin Louise. Im Zweiten Weltkrieg brannte der Knobelsdorffsche Flügel 1943 fast völlig aus. Die seit 1861 als Kunstmuseum dienenden Räume sind inzwischen zu großen Teilen unter Verwendung erhaltener Reste oder durch Kopien des ursprünglichen Zustandes im Stil des friderizianischen Rokoko wiederhergestellt. Noch nicht völlig abgeschlossen ist die denkmalpflegerische Rekonstruktion der »Zweiten Wohnung« Friedrichs II. östlich der »Goldenen Galerie«. Die gegenwärtige Ausstattung mit Möbeln, Gemälden, Plastiken und handwerklichen Kunstwerken des 18. Jahrhunderts besteht u.a. auch aus Exponaten, die aus dem ehemaligen Berliner Stadtschloß, dem ehemaligen Schloß Monbijou und dem Besitz der Staatlichen Schlösser und Gärten in Potsdam stammend, durch Kriegsauslagerungen nach Westberlin gelangten.

Die in den Charlottenburger Räumen ausgestellten Gemälde verdeutlichen die engen Beziehungen der deutschen Landschaftsmalerei des 18. Jahrhunderts zu Watteau und dessen

Umkreis. Sie charakterisieren ebenso die von Pesne abhängige Gruppe der Berliner Bildnis- und Landschaftsmaler, wie Falbe, David, Matthieu, Andreas Krüger, Thomas Huber, insbesondere aber auch die Malerei Knobelsdorffs. Für letzteren spricht die 1737 entstandene »Ansicht von Rheinsberg«, ein Gemälde in der idealen Naturauffassung Watteaus. Den Umschlag zur weiterentwickelteren Naturschilderung zeigt seine 1744 entstandene »Parklandschaft mit Liebespaar«, die durch subtile Erfassung des Stimmungsgehaltes an der Grenze vom noch »gekünstelten« barocken Park zur »ungekünstelten« freien Landschaft als Vorgriff auf das 19. Jahrhundert interpretiert werden kann.

Die meisten der allegorisch-historischen Deckenbilder von Antoine Pesne und von Johannes Harper, die auch zur thematischen Bestimmung der Raumaussage beitrugen, sind im Zweiten Weltkrieg unwiederbringlich vernichtet worden, darunter Pesnes »Raub des himmlischen Feuers durch Prometheus« im Treppenhaus, »Die zum Mahl vereinigten Götter« im »Weißen Saal« mit inhaltlichem Anklang an die Decke des Rheinsberger Marmorsaals, der »Amor mit der Fackel« im ehemaligen Schreibzimmer der »1. Wohnung« Friedrichs II. und die Darstellungen der »Poesie« und der »Minerva« in der Bibliothek.

1971–73 konnte die 42 m lange, über 11 Fensterachsen reichende »Goldene Galerie« als eine der ehemaligen Hauptschöpfungen Knobelsdorffs unter Verwendung alter Reste in rekonstruierter Form in grünem Stuckmarmor mit vergoldeter, von Wandfeld zu Wandfeld wechselnder phantasievoller Rokokoornamentik fertiggestellt werden. Das in Rheinsberg durch Plastikgruppen angedeutete Thema der »Vier Elemente« und der »Vier Jahreszeiten« ist auch in dieser Galerie Träger des ikonographischen Programms und im Einklang mit den Darstellungen von »Zephir« und »Flora« bestimmend für die frische, frühlingshafte, einer Naturlaube vergleichbare, allerdings recht kostbar nachempfundene Raumstimmung.

Die Wiederherstellung des 1748 vollendeten Treppenhauses war 1975 abgeschlossen. Dieser rechteckige Baukörper in Gestalt eines hallenartigen Vestibüls mit einer seitlich eingefügten Treppe trennte innerhalb des »Neuen Flügels« die Wohnräume des Königs von den Repräsentationsräumen und einer als »Appartement« für besondere Gäste angelegten Gruppe von Zimmern. Wie bei allen Baulichkeiten Friedrichs II. mit stärkerem Öffentlichkeitscharakter, prägte Knobelsdorff dieser Treppenhalle die Gemessenheit seiner klassizistischen Grundhaltung auf, wobei sich auch hier starke verwandtschaftliche Bezugspunkte zu Gestaltungselementen des Rheinsberger Marmorsaales aufdrängen.

Auf die glatten Wände der Untergeschoßzone folgt, in den grauen Marmor des Obergeschosses eingelassen, das Motiv gelblich abgesetzter ionischer Doppelpilaster mit vergoldeten Basen und vergoldeten Kapitellen. Auf dem abschließenden Stuckgesims tauchen in dieser Treppenhalle erstmals Figuren in Gestalt von Aurora, Apollo, Diana und der Allegorie der Nacht auf. Nahl schuf sie gleichsam als ideales Lebensprogramm des königlichen Hausherrn, obwohl Friedrich II. im Gegensatz zu den Rheinsberger Jahren während der Schlesischen Kriege keine Gelegenheit mehr fand, sich in so ausgiebiger Weise vom Morgen bis zur Nacht mit den Künsten und den Schönheiten der Natur zu befassen.

Der »Weiße Saal« stellt als Großer Speise- und Thronsaal des preußischen Königs mit 5 durchgehenden Fensterachsen die größte Raumeinheit des Flügels dar. Hier wurden u.a. die ornamental aufgefaßten Architekturmalereien Höders bei der Wiederherstellung nach alten Vorlagen kopiert. Die erhaltenen Türsturzreliefs von Nahl führen das in der »Goldenen Galerie« aufgenommene Thema der Vier Jahreszeiten weiter.

In der rekonstruierten Raumfolge der »1. Wohnung« Friedrichs II. sind vor allem das Schreibzimmer, die Bibliothek mit dem Vorzimmer und das Konzertzimmer hervorhebenswert. Auch sie gehören zu den entwickelten Raumschöpfungen des friderizianischen Rokoko. Die dekorative Ausstaffierung schuf Nahl nach Konzeptionen von Knobelsdorff.

Das »Schreib- oder Kleine Arbeitszimmer« des Königs ist mit hölzernen Wandvertäfelungen im weißen Grundton gehalten mit aufgesetzten vergoldeten Schnitzereien und Stuckornamenten. Es entsprach voll der geistig-ästhetischen Grundhaltung des Bauherrn und seines Baumeisters, die antikes Weiß und gleißendes Gold des Spätbarock synthetisch gegeneinander ausspielten. Auf den Supraporten weisen Puttos mit Attributen der Literatur und Dichtkunst, auf den Türflügeln vergoldete Medaillons mit Personifikationen antiker Kunst und Wissenschaften auf die Funktion des Raumes.

Das »Bibliotheksvorzimmer« wird durch Nahls Originalboiserie und das Schnitzwerk in Silberfassung auf graulila Untergrund bestimmt.

Im gestreckten, galerieartigen Raum der anschließenden »Bibliothek« tragen die boisierten Wände silberne Stuck- und Schnitzornamente auf hellgrünem Untergrund. Dieser Raum gewann ehemals seine besondere Note durch 6 mit Zedernholz fournierte Bücherschränke und 18 auf Konsolen ruhende Marmorbüsten und antike Bronzen, die zu den kostbarsten Stücken der Polignacschen Sammlung gezählt wurden.

Das »Konzertzimmer« leitet mit seiner weiß-grau gefaßten Holzvertäfelung und dem vergoldeten Deckenschmuck zu den Räumen der »2. Wohnung« Friedrichs II. über, die sich östlich der »Goldenen Galerie« befand. Die 1747 abgeschlossene dekorative Ausstattung von Johann Michael und Johann Christian Hoppenhaupt nach Entwürfen Nahls ist noch nicht wieder hergestellt.

Aus dem Briefwechsel Friedrichs II. mit seinem Vertrauten Jordan ist ersichtlich, daß Knobelsdorff die oberste Bauleitung in Charlottenburg und die Gesamtverantwortung für die Innenausstattung besaß. Der mit der Kriegsführung beschäftigte König schränkte seinen Baumeister in diesen ersten Jahren der Berliner Tätigkeit relativ wenig durch Eigenwilligkeiten in der Realisierung künstlerischer Ideen ein. Trotzdem zeigte er aus der Ferne seiner Feldlager auch an Charlottenburg hohes Interesse, bestand auf häufigen ausführlichsten Berichterstattungen und erließ zahlreiche, besonders die Inneneinrichtung des Schlosses betreffende Kabinettsverfügungen.

In Korrespondenzen hob Friedrich II. vor allem Knobelsdorffs Anteil als Schöpfer der »Goldenen Galerie« hervor. Die einzige Zeichnung Knobelsdorffs, die aus der Charlottenburger Zeit überkommen ist, zeigt einen Entwurf für die Wandgliederung des Speisesaals. Das Fehlen präziser Quellen macht gerade bei diesem Bau die Abgrenzung der Anteile von Knobelsdorff und Nahl sehr problematisch. Die auffällige Steigerung des Reichtums der Rokokoornamentik in der Tätigkeitsphase von Nahl scheint darauf zu deuten, daß ihm der Hauptanteil bei der Verfeinerung der dekorativen Gestaltung zuzusprechen ist. Knobelsdorff war allein schon durch die organisatorische Leitung der nebeneinander auszuführenden Berliner Bauobjekte Friedrichs II. voll in Anspruch genommen und konnte sich dementsprechend nur auf die Skizzierung der Generallinie konzentrieren.

Friedrich Wilhelm II. ließ 1796 die südlichen Räume des »Neuen Flügels« durch den Baumeister Friedrich Wilhelm v. Erdmannsdorff im ausgeprägt klassizistischen Stil neu gestalten. 1826 wurde dann auch die Fassade im klassizistischen Stil erneuert. Dies führte zu einer beträchtlichen Verkleinerung der Erdgeschoßfenster, die Knobelsdorff in Anlehnung an die französische Orangerie durch eingezogene Brüstungen bis in Fußbodenhöhe hinabgeführt hatte. Außerdem wurden die Attika verschmälert, die gedrungenen Vasenbekrönungen durch schlankere, klassizistischere Formen ersetzt und die Abdachung des gesamten Flügels erheblich verflacht. Diese Elemente muß der Betrachter heute berücksichtigen, wenn er die nicht wieder im Knobelsdorffschen Sinne bereinigte Fassade sieht.

Die Neugestaltung des Berliner Tiergartens

Ende 1741 begann sich Knobelsdorff mit der Neu- und Umgestaltung des Berliner Tiergartens (heute Westberlin) zu beschäftigen. Um 1700 war unter Kurfürst Friedrich III. begonnen worden, das seit 1527 als kurfürstliches Jagdgebiet dienende Gelände gärtnerisch als Barockanlage zu gestalten. In diesem Zusammenhang wurde die Charlottenburger Allee als Fortsetzung der Allee Unter den Linden geradlinig nach Norden geführt und am Schnittpunkt mit noch drei weiteren Alleen das Rondell des »Großen Sterns« angelegt.

Zu Zeiten Friedrich Wilhelms I. diente ein großer Teil des Tiergartens, vor allem ein abgeholztes Terrain nordwestlich des Brandenburger Tores, ausschließlich militärischen Zwekken. Der heutige Platz der Republik war die östliche Begrenzung eines großen Exerzierplatzes, der sich bis auf das Gelände des später dort errichteten Lehrter Bahnhofs erstreckte. Friedrich II., der im Gegensatz zu seinem Vater weder die Jagd noch das Exerzieren in unmittelbarer Nähe seiner Schlösser und Gärten liebte, ließ den alten vermorschten Plankenzaun, der weite Teile des Tiergartens umgab, niederreißen. Anstelle des Ödplatzes und des Baumdickichts ließ er, von seinen frühaufklärerischen Ideen geleitet, einen öffentlichen »Lusthain« anlegen, durch den er von seiner Residenz in Charlottenburg nach Berlin zu reiten gedachte und der fortan auch allen Berliner Bürgern als Ausflugsgebiet zur Verfügung stand.

Knobelsdorff gab dem um 1700 begonnenen Torso das feste Grundgefüge des entwickelten, geometrisch gegliederten Barockparks. Ihm werden neue, von Plätzen strahlenförmig ausgehende lange Alleen, Wege und Steige zugeschrieben, aber auch Wassergräben und Bassins, baumumsäumte Plätze, die man »Salons« nannte, sowie die Aufstellung zahlreicher Plastiken. Ein 1765 von der damaligen Akademie der Wissenschaften herausgegebener, »überarbeiteter«, auf einem älteren Original fußender »Geometrischer Plan des Königlichen Thiergartens von Berlin« gibt offensichtlich die von Knobelsdorff geschaffene Situation am zuverlässigsten wider.[25] Er zeigt die von ihm mit mehrfachen Lindenreihen bepflanzte Charlottenburger Hauptchaussee, den »Großen Stern« mit dem von ihm aufgestellten Sandsteinstatuen antiker Götter, die vom Berliner Volksmund als »die Puppen« bezeichnet wurden. Außerdem weist er bereits die südlich des Großen Sterns angelegten Quartiere aus: die »Stern-Boscage«, den »Prinzenbusch« und das »Labyrinth«. Östlich entstand das Nebenzentrum »Kleiner Stern«. Der halbrunde Platz »Am Zirkel« – auch »Kurfürstenplatz« genannt – erhielt eine neue gärtnerische Fassung. In seiner Nähe wurden ab etwa 1745 »Die Zelte« aufgeschlagen, zwei Leinwandbuden, in denen zwei hugenottische Händler mit ausdrücklicher Genehmigung König Friedrichs II. Erfrischungen für Spaziergänger anboten. Der Maler Jakob Philipp Hackert und der Kupferstecher Daniel Chodowiecki gaben in einprägsamen Darstellungen in den 70er Jahren des 18. Jahrhunderts Eindrücke dieses beliebten gesellschaftlichen Treffpunktes wider.[26]

Zu den in der Parklandschaft aufgestellten Nachbildungen antiker Bildwerke gehörten auch »Apollo« und »Herkules«. Knobelsdorff hatte sie zuerst 1745 in Abwesenheit Friedrichs II. vor dem Potsdamer Stadtschloß aufstellen lassen. Weil dem König dieser »Doppelposten« absolut mißfiel, ließ er sie zum Ärgernis seines Baumeisters rechts und links des alten Brandenburger Tores plazieren, wo sie 1839 noch gestanden haben. Eine Zeichnung um 1816–18 von Calau, »Herkules und Apoll vor dem Brandenburger Tor«, zeigt diese Situation.[27] Einen anderen Bereich des Parks am späteren Karpfen- oder Goldfischteich überliefert Hackerts Bild »Venusfigur am Venus-Bassin« (um 1760).

Nach und nach entstanden im Tiergarten des 18. Jahrhunderts kleinere Pavillons und Lusthäuser. Auf dem Gelände des heutigen Zoologischen Gartens befand sich eine bedeutende Fasanerie mit dazugehörenden Baulichkeiten.

1743 erwarb Knobelsdorff auf einer Versteigerung für über 1300 Thaler ein Geländestück von dem Franzosen Jean Bechier Fayé im nordöstlichen Teil des Tiergartens, auf dem seit 1718 eine Maulbeerheckenpflanzung als Grundlage einer Seidenraupenzucht betrieben wurde. Auf dieser Parzelle, die er durch zusätzliche Landkäufe vergrößerte, erbaute sich Knobelsdorff ein schlichtes, eingeschossiges Sommerwohnhaus. Mit dem rechtwinklig anschließenden Wirtschaftsgebäude und dem dazugehörigen Garten ist es als »Knobelsdorffsche Meierei« bekannt geworden. In diesem kleinen Landhaus, zu dem er einen vielfach gewundenen, von Birken eingefaßten »Poetenweg« anlegte, wollte er nicht nur den Aufgaben der Parkgestaltung im Tiergarten nahe sein, sondern sich wie auch Friedrich II. von der Hektik des Hoflebens und anderen Veranstaltungen staatsrepräsentativen Charakters isolieren, die er in seiner Funktion als Surintendant des Königs organisieren mußte. Erst Ende 1742 erfolgte eine Arbeitsteilung durch die zusätzlichen Berufungen des Freiherrn v. Sweert als »Directeur« der Musik und des Opernhauses und Gustav Adolf Gotters als Intendant der Schauspiele.

Knobelsdorff bewohnte die Meierei während der Sommermonate bis zu seinem Tode. Dann verkauften seine Töchter den Besitz an einen Weinhändler. 1784 erwarb ihn schließlich der jüngste Bruder Friedrichs II., Prinz August Ferdinand v. Preußen (1730–1813), der hier durch Michael Phillipp Daniel Boumann – einen Sohn Johann Boumanns – das Schloß Bellevue als Sommersitz erbauen ließ. An den Wirtschaftsflügel dieser Anlage wurde das ehemalige Knobelsdorffsche Wohnhaus zunächst als Gärtnerwohnung angeschlossen. In den 20er und frühen 30er Jahren unseres Jahrhunderts lebten dort die bekannten Theaterschaffenden Max Reinhardt und Gustaf Gründgens, bis der Gebäudeteil 1938 beim Umbau des Schlosses Bellevue zum faschistischen »Reichsgästehaus« abgerissen wurde. Dabei gingen auch die Innenausmalungen von Antoine Pesne verloren, die zu diesem Zeitpunkt noch in zwei der insgesamt fünf ehemaligen Wohnräume aus der Erbauungszeit nachweisbar waren. Es handelte sich dabei um das Deckenbild mit einer Gruppe von Putten und einem Amor in den Wolken sowie um Wandmalereien mit Darstellungen von »Perseus und Andromeda« und »Diana mit zwei Windspielen«. Ein weiteres Zimmer wies durch aufgemalte Weinranken auf die in Knobelsdorffs Schaffen immer wieder auftauchende Thematik der Weinlaube.[28]

Friedrich der II. bedachte Knobelsdorffs gestalterische Maßnahmen am Tiergarten in seiner Akademierede von 1754 mit besonderem Lob, indem er bestätigte: Knobelsdorff machte ihn »zu einem köstlichen Fleckchen Erde durch die Mannigfaltigkeit der Alleen, der Hecken und Rondelle und durch die reizvolle Mischung des verschiedenen Laubwerks. Er verschönerte den Park durch Statuen und die Anlage von Wasserläufen, so daß die Bewohner der Hauptstadt hier eine bequeme und schmucke Promenade finden, wo die Reize der Kunst nur unter den ländlichen Reizen der Natur auftreten.«[29]

Knobelsdorffs Anteil verwischte sich vor allem ab 1819 im Verlauf der grundlegenden verändernden Überarbeitung durch den preußischen Hofgarteningenieur und Generaldirektor der königlichen Gärten in Preußen, Peter Joseph Lenné (1789–1866), einem der bedeutendsten Vorläufer moderner Landschaftsgestaltung in Deutschland.

Die Erweiterung des Schlosses Monbijou

Fast gleichzeitig mit den Aufträgen in Charlottenburg erhielt Knobelsdorff 1740 den Befehl zum Ausbau des Schlosses Monbijou, das nach dem Tode Friedrich Wilhelms I. als Sommersitz für die Mutter Friedrichs II., der dieser Besitz von Jugend an gehörte, hergerichtet werden sollte.

Am 16. Juni 1742 konnte Knobelsdorff dem König und der zukünftigen Nutzerin das fertiggestellte, erweiterte Gebäude persönlich vorstellen und bei dieser Besichtigung uneingeschränkten Beifall vernehmen. Er hatte bei Beginn seiner Arbeit einen eingeschossigen, etwa quadratischen Mittelbau vorgefunden, der mit einer Dachlaterne bekrönt war und ursprünglich im Jahre 1703 durch Johann Friedrich von Eosander als städtisches Lusthaus oder Absteige für den preußischen Minister Graf von Wartenberg errichtet wurde. Nach dem Sturz des Ministers 1711 hatte es die spätere Königin Sophie Dorothea erhalten. Eine 1726 erfolgte Erweiterung verband den Kernbau über Galerien mit zwei seitlich und symmetrisch aufgestellten Pavillons, an die sich 1738 im Westen noch ein neuer Orangerieflügel anschloß.

Knobelsdorffs Aufgabe bestand darin, diesen kaum fertiggestellten Westflügel zu erweitern und die unregelmäßige Baugruppe durch Ergänzung eines Ostflügels zur Symmetrie zu bringen. Das war eine ähnliche Situation wie die in Charlottenburg. Wenn auch bisher keine Originalpläne Knobelsdorffs über diese Tätigkeitsphase am Schloß Monbijou aufgefunden wurden, so gibt doch eines seiner Skizzenbücher durch Teilrisse und Details Auskünfte über seinen Anteil.

Wohltuende Klarheit der harmonischen Proportionen bestimmten die Fassadengliederung der Vorder- und Gartenseite, die Verteilung der Gebäudeachsen, das Verhältnis von Sockel, Fensterzone und Attika. Eine ebensolche Harmonie strahlte der Ehrenhof in der Zuordnung der Seitenflügel zum Mitteltrakt aus. Die Einzelformen der glatten Putzfassaden lehnten sich an palladianische Grundsätze an. Nur die Mittelachsen und die pavillonartigen Stirnfronten zeigten eine stärkere Betonung durch architektonische Elemente. Das waren insbesondere weit herabgezogene Fenster, die den Ausblick in den damals noch freien Landschaftsraum gestatteten, weiterhin Halbsäulen toskanischer Ordnung, ein antikischer Triglyphenfries und eine schmale Attika mit Verkröpfungen im Bereich der Zwischenachsen. Die dem Rokoko entsprechende Abrundung der scharfen Gebäude- und Gesimsecken weist auf ein Motiv, das später am Schloß Sanssouci wiederkehrte.

Die von Knobelsdorff neu angelegten und ausgestalteten Innenräume unterlagen in späteren Zeiten weitgehenden Veränderungen. 1754 erfolgte ein Umbau unter Leitung von Carl Ludwig Hildebrand. In der Periode des Klassizismus, besonders ab 1787, schloß sich eine grundlegende Erneuerung der Hauptfassade durch Scheffler nach Plänen von Georg Christian Unger unter Berücksichtigung des speziellen Geschmacks Friedrich Wilhelms II. an. Im Zusammenhang mit der Neuanlage zweier westlicher Torbauten änderten sich damals wesentliche Teile des Außenbaues bis hin zu den Dachbekrönungen. Die Reste des ab 1877 als Hohenzollernmuseum dienenden Schlosses wurden nach vollständiger Zerstörung im Zweiten Weltkrieg abgetragen. Der umgestaltete Monbijou-Park dient seit 1960 als beliebtes innerstädtisches Kinder- und Jugenderholungszentrum. Es ist integrierter Teil des im Zentrum der Hauptstadt langfristig und in Etappen auszubauenden grünen Spreeuferbereichs.

Das Königliche Opernhaus

Unmittelbar nach der Regierungsübernahme Friedrichs II. begannen, gleichzeitig mit der Erweiterung des Charlottenburger Schlosses, die Vorbereitungen für die Errichtung eines neuen stattlichen Opernhauses in Berlin. Mit diesem ersten selbständigen Bauwerk suchte der König sofort nach der Thronbesteigung ein weithin ausstrahlendes architektonisches Zeichen seiner Macht und seines Verhältnisses zu den Musen zu setzen.

Die Oper gehörte damals zu den exklusiven Angelegenheiten selbst kleiner Fürstenhöfe. Seit Anfang des 18. Jahrhunderts besaß die italienische Singspiel- und Kommödienkunst das uneingeschränkte Monopol in den meisten europäischen

Kulturzentren. Die Vorliebe Friedrichs II. für die italienische Musikbühne bestand seit der Jugendzeit. Als er 1728 mit seinem Vater anläßlich der Dresdner Karnevalsfeiern den sächsischen Hof besuchte, war er besonders fasziniert vom auch sonst allseits bewunderten Theaterbau Augusts des Starken, den der venezianische Bühnenarchitekt Alessandro Mauro 1718–19 mit italienischen Werkleuten auf Pöppelmanns Vorschlag an den südöstlichen Zwingerpavillon angebaut hatte und der eine damals hochmoderne Bühne mit allen Neuerungen und Finessen italienischer Bühnentechnik besaß.

Als Knobelsdorff 1732 vom Kronprinzen zu Studienzwekken nach Dresden geschickt wurde, mußte er sich diesen Bau mit seiner erstrangigen italienischen Künstlerbesetzung ebenfalls ansehen. In den revolutionären Maikämpfen 1849 brannte dieser Saal ab.

Auf der Italienreise 1736–37 fand Knobelsdorff Gelegenheit, sich detaillierter mit der von südländischem Esprit getragenen Bühnenkunst des Landes zu befassen. Der Kronprinz konnte sich jedoch in den vier kurzen Rheinsberger Jahren noch kein eigenes Theater leisten, nicht nur mangels materieller Mittel, sondern auch bedingt durch das Unverständnis Friedrich Wilhelms I. Offensichtlich befaßte er sich aber schon zu diesem Zeitpunkt, als er sich auf die absehbare Regierungsübernahme vorbereitete, gemeinsam mit Knobelsdorff mit entsprechenden Plänen. Denn es ist kaum anzunehmen, daß man 1740 ohne jegliche Vorbereitung und mit derartiger Hektik an die bauliche Umsetzung dieser Ideen gehen konnte.[30] Knobelsdorff wurde mit der Entwurfs- und mit der Bauleitung der Oper beauftragt. Der gerade nach Berlin gekommene 20jährige hervorragende Architekturzeichner Johann Georg Füncke und C. H. Horst, der schon in Rheinsberg zu Knobelsdorffs Mitarbeitern gehörte, standen ihm als Baukondukteure zur Verfügung. Als technischer Mitarbeiter sorgte der Venezianer Jacopo Fabri für den Einbau der komplizierten und damals aufsehenerregenden Bühneneinrichtung.

Am 18. November 1740 berichtete die Berliner Vossische Zeitung erstmals von einer Bauplatzbesichtigung durch den König. Das zunächst vorgesehene Gelände gegenüber dem ehemaligen Stadtschloß zwischen Breite Straße und alter Kurfürstenbrücke erwies sich als ungeeignet. Darauf entschied sich Friedrich II. am 2. Dezember 1740 für den heutigen Standort westlich des damals noch existierenden Festungsgrabens. An dieser Stelle waren bereits vier Jahre zuvor große Teile der Wallanlagen als Vorbereitung für geplante städtische Erweiterungen abgetragen worden. Auf Friedrichs Befehl begann hier die unverzügliche Herstellung der Baufreiheit. Der gerade in England weilende Baron v. Bielfeld mußte umgehend die reich bebilderten architekturtheoretischen Werke des Inigo Jones nach Berlin übersenden. Obwohl die Wiederaufnahme der Formen Palladios und Scamozzis damals in die Blütezeit der französischen Hofhaltung Ludwigs XIV. fiel, fand sie ihre reinste Übernahme beim englischen Hochadel.

Mitte Juli 1741 begann die Herstellung der Fundamente für die Oper. Die sehr schlechten Baugrundverhältnisse auf dem Schwemmsand der Spreeniederung und die langwierige Beschaffung von Eichenholzstämmen aus Polen und Sachsen für Spundwandsysteme und Pfahlrostkonstruktionen zur Stabilisierung des Fundaments verzögerten die offizielle Grundsteinlegung, die schon für Oktober 1741 geplant war. Als auch Geldmangel in Folge der Vorbereitungen des ersten Schlesischen Krieges den Fortgang der Bauarbeiten bedrohten, entnahm der König kurzerhand der Staatsschatulle die Finanzierungsmittel, die bereits Friedrich Wilhelm I. für bauliche Verbesserungen mehrerer pommerscher und neumärkischer Städte vorgesehen hatte.

Trotz vieler Schwierigkeiten fand die Grundsteinlegung im September 1741 in Abwesenheit des Bauherrn statt. Er mußte sich durch den Prinzen Heinrich vertreten lassen, holte jedoch voller Ungeduld ununterbrochen Informationen über den Fortgang der Arbeiten ein. In ständigen Brieffolgen aus den Feldlagern Schlesiens spornte er zu raschem Weiterbau an. Ein Zwischenbesuch im November 1741 in Berlin veranlaßte ihn zu willkürlichen Kritiken an dem nach seiner Meinung recht schleppenden Baufortgang. Diese Rügen führten nach Aussagen der Zeitgenossen zu ersten merklichen Verstimmungen Knobelsdorffs.

Im März 1742 ließ Friedrich II. brieflich über seinen Sekretär Charles Étienne Jordan an Knobelsdorff bestellen, daß dieser ihm zu seiner Zerstreuung regelmäßig über jedes Detail der Bauten, Gärten und Möbel, vor allem aber über Charlottenburg und die Oper berichten solle. »Sorgen Sie«, schrieb er unter anderem aus einem böhmischen Feldquartier an Jordan, »daß mir der dicke Knobelsdorff melde, wie es in meinem Charlottenburg, mit meinem Opernhaus und meinen Gärten steht. Ich bin ein Kind in diesen Dingen, und es sind dies meine Puppen, an denen ich Freude habe.«[31]

Zwei Monate später informierte ihn Jordan, daß inzwischen zahlreiche Baumeister, Maler, Musiker und Schauspieler zur Besichtigung des aufsehenerregenden Operngebäudes nach Berlin kämen, darunter der berühmte Italiener Valeriani, der bei einer Begegnung mit Knobelsdorff die Auffassung vertreten habe, daß »alles im Geist der Antike« und »im Ge-

100 Berlin, Königliches Opernhaus, Aufriß der ursprünglichen Fassade Unter den Linden von G. W. v. Knobelsdorff, 1740–43
101 Inigo Jones, Fassadenentwurf, Mitte 17. Jh.

102–104 G. W. v. Knobelsdorff, Königliches Opernhaus Unter den Linden, Hauptfassade, Längsschnitt und Grundriß, Aufrißzeichnungen aus dem Dedikationsexemplar für Friedrich II., 1742, Staatl. Schlösser u. Gärten Potsdam-Sanssouci

schmack Palladios« entstehe. Jordan mußte in seinen Antworten wiederholt den hohen, unermüdlichen Einsatz Knobelsdorffs und seiner engeren Mitarbeiter bestätigen. Geschmeichelt durch das breite Interesse, das der Bau schon weit vor der Fertigstellung auf sich zog, veranlaßte Friedrich II. seinen Baumeister, am 27. 11. 1742 in der »Berlinischen Zeitung« einen ausführlicheren Artikel über den »neuesten, längsten und breitesten« Theaterbau der Zeit zu veröffentlichen.

Noch vor Abschluß des Rohbaues drängte der König durch eine Order auf die Voreinweihung, die dann auch am 7. Dezember 1742 in seiner Anwesenheit mit Carl Heinrich Grauns Oper »Cesare e Cleopatra« erfolgte. Es spielte keine Rolle, daß sich zu diesem Zeitpunkt noch überall der Bauschutt häufte, die Freitreppen an der Hauptfassade fehlten, die Deckenmalereien und Vergoldungen im Zuschauerraum noch nicht begonnen waren. Bis zum Januar 1743 konnte der Hof wöchentlich an zwei Tagen den Aufführungen beiwohnen. Noch auf rohen Holzbänken sitzend, erlebten sie das Stück von Graun, der seit 1735 als Komponist und Tenor in Rheinsberg gewirkt hatte und 1740 sofort zum preußischen Hofkapellmeister an der Oper ernannt wurde. Die italieni-

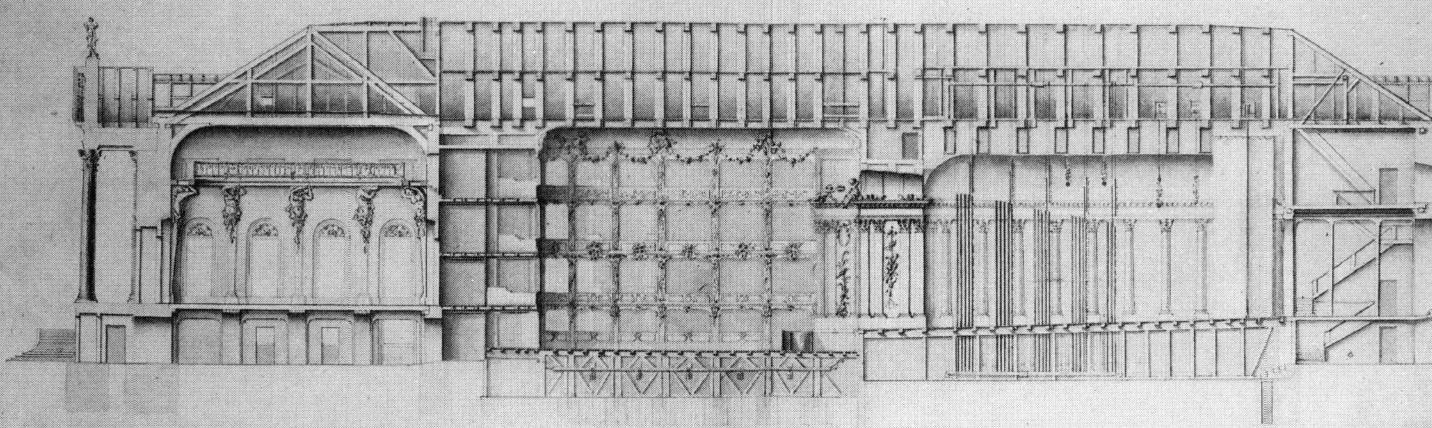

Profil en Longeur du Batiment

Ce Batiment est construit de façon, qu'on y peut former trois grandes Sales en enfilade pour donner des fêtes. La premiere qui est hors du Corps de la Sale des Representations, est toujours dans le même Etat, et est nommé — Sale Apollonienne. La 2.me est formée du Parterre entouré des Loges et exaucé à la hauteur du Theatre. La 3.me est prise dans le Theatre, dont les Scenes rentrent devien une Colonade Corinthienne, qui forme la dite Sale et qui — Luy donne son Nom.

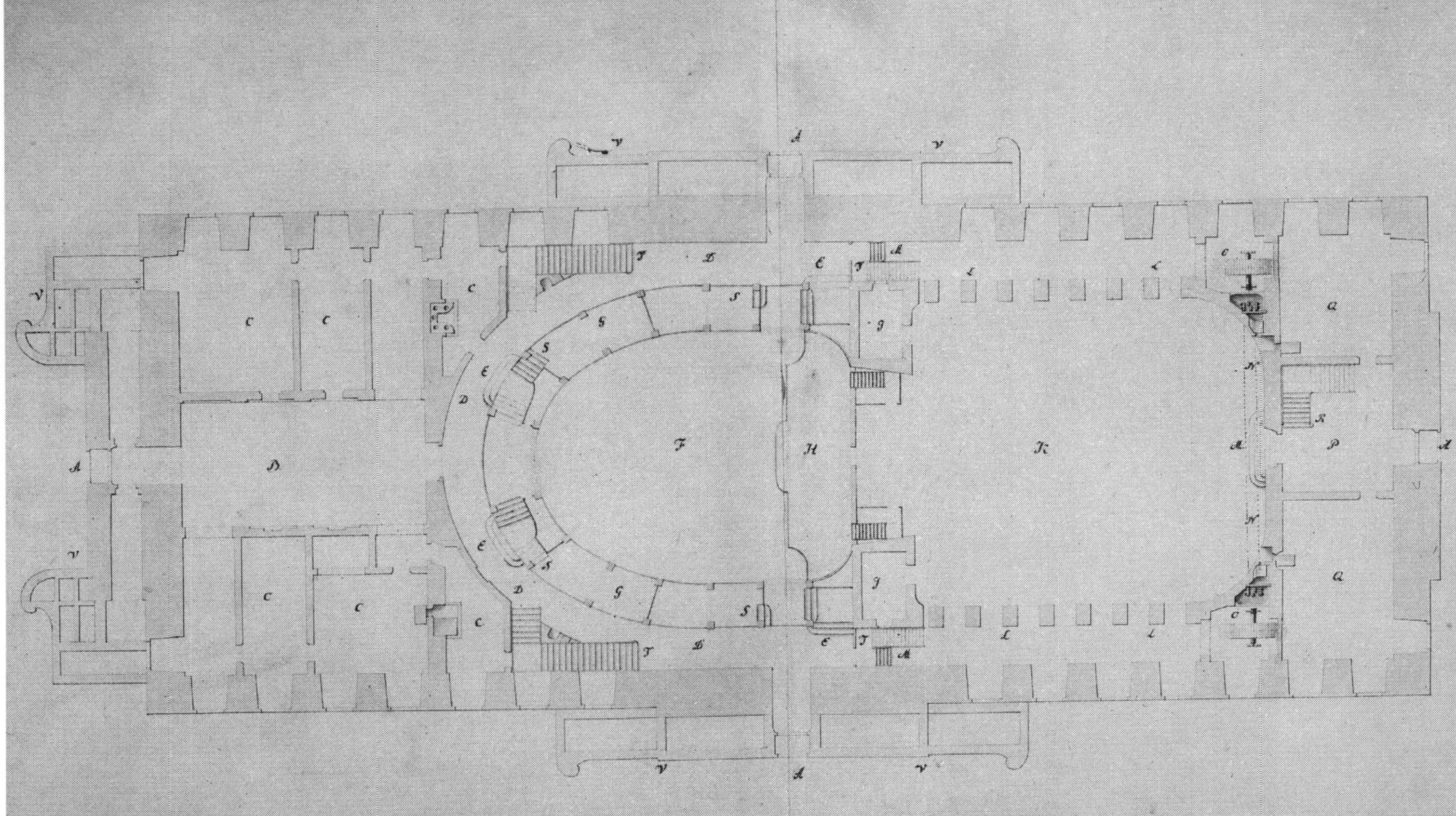

Plan du Rez de Chaussée

105 G. W. v. Knobelsdorff, Königliches Opernhaus, Schnitt durch den Apollosaal und das Bühnenhaus aus dem Dedikationsexemplar, 1742, Staatl. Schlösser u. Gärten Potsdam-Sanssouci

schen Texte für die Aufführungen verfaßte der aus Italien angeworbene Operndichter Botarelli.

Im Oktober 1743 fand die endgültige Einweihung unter dem Intendanten Sweerts mit der Aufführung der Oper »La Clemenza di Tito« statt, die von dem italienischen Dichter Pietro Antonio Metastasio und dem deutschen Komponisten Johann Adolf Hasse stammte. Hasse war ein damals in Europa geschätzter Vertreter der ernst-seriösen italienischen Oper, der in Venedig ausgebildet und mit der berühmten Sängerin Faustina Bordoni verheiratet, seit 1730 als Königlich-polnischer und Kurfürstlich-sächsischer Kapellmeister im Dienste Augusts des Starken stand. Sein internationaler Ruf, bekräftigt durch häufige Gastspiele in Italien, Paris, London, Wien, sollte auch der Berliner Eröffnungsfeier ein besonderes Glanzlicht aufsetzen. Bewährte eigene Kräfte, wie Graun, mußten bei dieser Gelegenheit in den Schatten treten. Dessen ungeachtet entstand durch seine Bemühungen in der Folgezeit ein bedeutendes italienisches Opernensemble in Berlin, zu dem beispielsweise die berühmte Sängerin Giovanna Astrina gehörte, die Tänzerin Barbarina Campari und der Kastrat Porporino, die in die Theatergeschichte eingegangen sind.

Der Zutritt zum Königlichen Opernhaus war anfangs nur dem Adel gestattet. Unter den Nachfolgern Friedrichs II. fand das Bürgertum zunehmend Gelegenheit, von der dritten Galerie des Apollosaales den Balletten beizuwohnen, die den Hauptanteil der Veranstaltungen bildeten. Erst nach der Französischen Revolution von 1789, als das deutsche Bürgertum in den massiven Auseinandersetzungen gegen die Feudalordnung seine Gesellschaftsideale und seinen nationalen Führungsanspruch auf geistigem Gebiet verkündete, öffneten sich die Türen des Hauses für alle Bürger.

Die äußere Erscheinung des Opernhauses verkörpert eine der überzeugendsten Leistungen des späten Palladianismus in Deutschland. Die Vorstellung des preußischen Königs, einen dem Gott der Künste und Führer der Musen geweihten Tempel zu errichten, veranlaßten Knobelsdorff zu Rückgriffen auf die klare, nüchterne Tempelform der Antike in Gestalt eines langgestreckten, rechteckigen und blockhaften Baukörpers mit beherrschendem Peristyl an der Stirn oder Schauseite.

Man ist sich einig, daß es das einzige Bauwerk in großer Dimension war, bei dem es Knobelsdorff gelang, seine persönlichen künstlerisch-ästhetischen Ansichten am weitesten in die Praxis umsetzen zu können. Allein die äußere Schönheit des Gebäudekubus in seiner proportionalen Ausgewogenheit und in seinem Verzicht auf dekoratives Beiwerk, die äußerst vornehme Repräsentanz dieses ersten freistehenden Opern- und Redoutenhauses, dem eine dominante Rolle im städtebaulichen Ensemble des geplanten »Forum Fridericianum« an der Allee Unter den Linden zufiel, begeisterte nicht nur den Bauherrn und seine Zeitgenossen. Es sicherte auch Knobelsdorff bis heute uneingeschränkte Hochachtung in der ersten Reihe der europäischen Baukünstler des 18. Jahrhunderts.

Die gebundene Sammlung selbstgezeichneter Risse, die Knobelsdorff Friedrich II. anläßlich der Voreröffnung am 7. Dezember 1742 mit ausführlicher Widmung überreichte, vermittelt die besten Eindrücke vom originalen Zustand des Bauwerks. Dieses sogenannte Dedikationsexemplar erweist sich in seiner Komplexität bisher als einzige geschlossene Entwurfssammlung des Baumeisters. Eine entsprechende Veröffentlichung in Form eines Kupferstichwerkes, das 1743 erschien, beruht auf Reproduktionen in verkleinertem Maßstab, die nach Knobelsdorffs Vorlagen, durch seinen besten Bauzeichner, Johann Georg Füncke, angefertigt wurden. Die in der Widmung angedeutete konzeptionelle Beteiligung Friedrichs II. weist offensichtlich weniger auf den detaillierten planerischen Prozeß als vielmehr auf seine Auftraggeberrolle und die von ihm und dem europäischen Hochadel des 18. Jahrhunderts allgemein gepflegte Beschäftigung mit dem französischen akademischen Klassizismus und dem englischen Neopalladianismus, aber auch auf ein neuerliches Studium der »Klassiker« Palladio und Scamozzi. Die Umsetzung dieser Anregungen und die Verknüpfung mit den funktionellen Anforderungen der Zeit zu einem neuen harmonischen Ganzen waren Knobelsdorff offensichtlich nicht vom Auftraggeber vorgegeben. Er hat sich hier sehr augenfällig an bekannten Bauwerken Andrea Palladios orientiert, wie beispielsweise an der berühmten Villa Capra (auch »Rotonda« genannt) bei Vicenza (um 1566–80), am Mittelbau der Villa Foscara in Gombarare (um 1551–61) und dem Entwurf für die Villa Mocenigo.

Ein hohes Sockelgeschoß mit Wirtschaftsräumen, die Anordnung der Repräsentationsräume im Hauptgeschoß, Verzicht auf großzügige Treppenanlagen im Inneren, rhythmische Ordnung der Raumfolgen um den zentralen Hauptsaal und die gleichmäßige Ausrichtung des Baukubus durch antike Portici an den vier gleichwertigen Außenfassaden – das waren Hauptgestaltungsmittel Palladios. Als architektonische Reflexe der Vorstellung vom allseitig ausgebildeten Individuum der Renaissance waren sie auch im Spätbarock besonders willkommene Elemente zur Darstellung souveräner feudalabsolutistischer Macht.

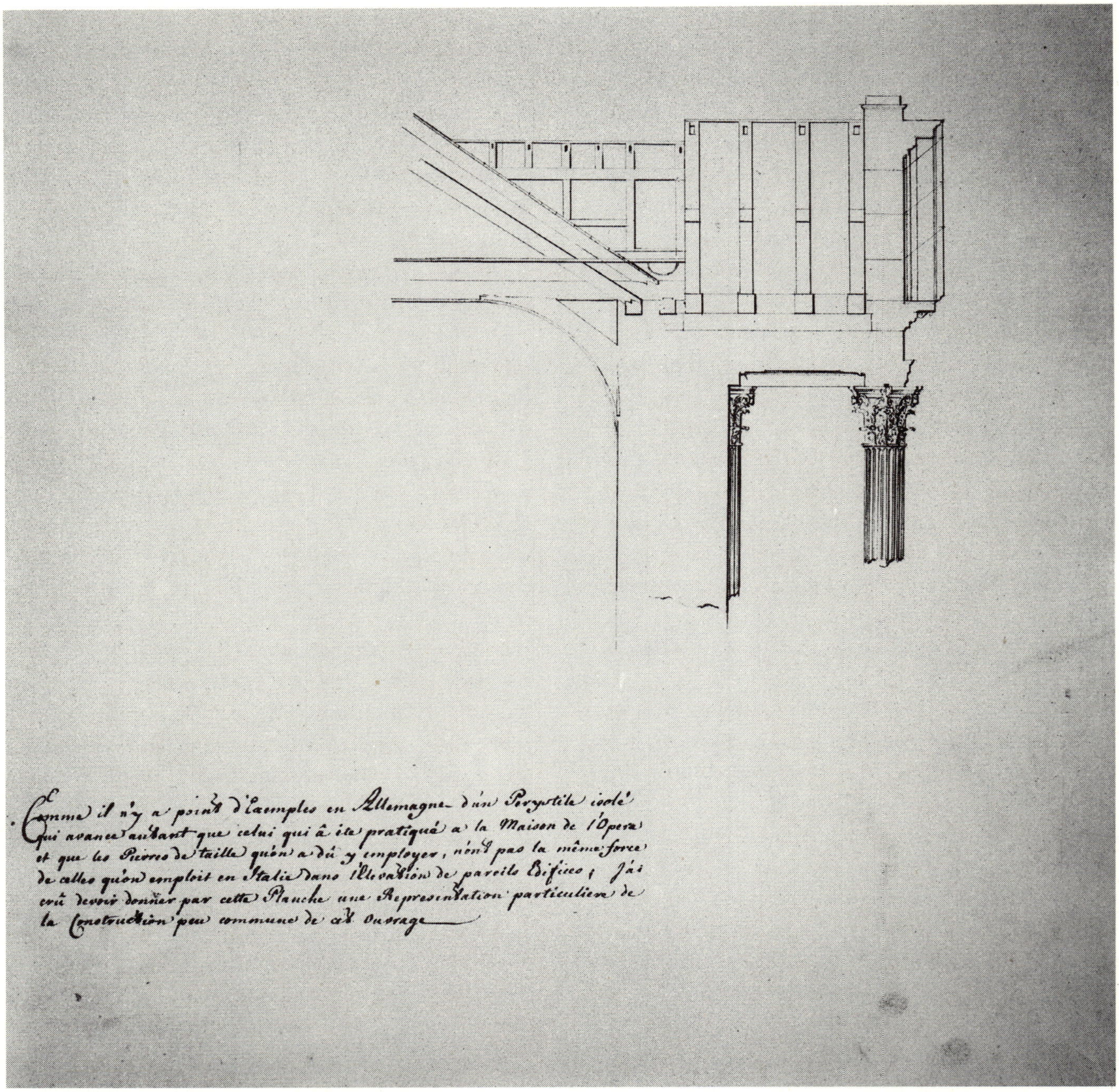

106 G. W. v. Knobelsdorff, Königliches Opernhaus, Schnitt durch den Dachansatz des Portikus aus dem Dedikationsexemplar, 1742, Staatl. Schlösser u. Gärten Potsdam-Sanssouci

Die Gestaltung der Stirnfront des Berliner Opernhauses Friedrichs II. durch ein monumentales antikisches Vorhallen-Motiv richtete sich nach Proportionen, die palladianischen Lehrbüchern entnommen sind. Von sieben Achsen der Hauptfassade beansprucht der Portikus allein fünf. Sein Architrav ruht auf sechs kannelierten Säulen der »korinthischen Ordnung«. Diesen Säulen entsprechen im dahinterliegenden Fassadensystem sechs ebenso gestaltete Pilaster. Zwei seitlich angesetzte, ehemals frontal auf das hohe rustizierte Sockelpodest führende Freitreppen, die ausschließlich für den König und sein engstes Gefolge reserviert waren, führten zum damaligen Hauptportal am Apollosaal. Flankiert von den übermannshohen Nischenplastiken der griechischen Tragiker Sophokles und Euripides und der Komiker Aristophanes und

Menander, in der oberen Halbzone geschmückt mit Reliefszenen aus der Sagenwelt Apollos, erschloß sich von diesem Portal das Erlebnis des Gebäudeinneren. Im plastischen Frontrelief des Portikus-Giebels schilderte J. A. Nahl unter Bezug auf die gesamtinhaltliche Thematik des Baues das »Opfer des Apollo«. Auf der Sima tritt Apoll ebenfalls vollplastisch in Erscheinung, flankiert von den Musen Melpomene und Thalia.

Anfängliche Vorstellungen, derartige Peristyle auch an den 19 Fensterachsen umfassenden Längsseiten und an der Rückseite der Bühne anzufügen, blieben unberücksichtigt, weisen aber auf eines der wichtigsten Prinzipien Palladios. Im Ausführungsprojekt entstanden an diesen Stellen breite, aber nur leicht aus der Fassade heraustretende Mittelrisalite mit doppelläufigen Freitreppen als Eingänge für den Hofadel und die Künstler. Durch kannelierte Pilaster korinthischer Form und plastische Figuren auf der Attika zusätzlich, aber trotzdem zurückhaltend betont, trugen diese Risalite entscheidend zur Ausgewogenheit und Symmetrie des Baukörpers bei. Die übrigen Fassadenteile wurden über der rustizierten Erdgeschoßzone von glatten, flächigen verputzten Wänden beherrscht. Die Hauptgeschoßfenster mit antikisierenden Dreiecksgiebelabschlüssen und die niedrigen querrechteckigen Fenster des Mezzaningeschosses unterstützen in edler Proportionierung das Maßvolle des Gesamterscheinungsbildes. Durch den weit vorragenden Abschlußfries mit der verkröpften Baluster-Attika suchte Knobelsdorff das flachgehaltene Walmdach optisch einem Flachdach anzunähern.

In dieser Gestalt galt das »Erste Bauwerk König Friedrichs II.« nicht nur durch seine monumentale optische Wirkung, sondern auch durch seine neuartige Zweckmäßigkeit als Vorbild. Vor allem löste es den älteren Typus des schloßgebundenen Residenztheaters ab, der noch in den davorliegenden Jahrzehnten mit Beispielen in Darmstadt (1674–83), Hannover (1686–90) oder Dresden (1696–97) Begeisterung herausforderte.

Das Novum des Berliner Baues beschrieb Knobelsdorff im November 1742 in einem Zeitungsartikel, wo er die drei aufeinanderfolgenden, in ihrem Erlebniswert gesteigerten Hauptfunktionsräume vorstellte: 1. den »Apollinischen Saal« als Foyer, Bankett- und Speisesaal, 2. das »Parterre« als Zuschauerraum des Königs und als Logensaal für Hofbälle und 3. den abschließenden »Korinthischen Saal« als Bühne und Erweiterungsraum des Parterres.[32]

Der Vorentwurf für das Grundrißschema, den Jacopo Fabri für Knobelsdorff anfertigte, fußte anstelle der bisher üblichen durchgehenden Ränge auf der Idee des italienischen Logentheaters, bei dem auch das Proszenium weit in den Zuschauerraum hineingezogen wurde. Knobelsdorff hat diesen Entwurf auf die Doppelfunktion des Gebäudes als Theater und Ballhaus angewendet. Die unmittelbare Verbindung zwischen dem architektonisierten Bühnenraum und dem unbestuhlten Parterre, wo nur der König im engsten Kreis den Aufführungen im Sessel beiwohnte, ermöglichte ein verstellbarer Fußboden. Er konnte bei Bällen und Hoffesten mit sechs Winden mechanisch bis in Höhe des festen Bühnenbodens bewegt werden.

In der Eloge Friedrichs II. wird bestätigt, daß der Apollosaal seit Anbeginn die reinsten Züge Knobelsdorffscher Handschrift trug. Die übrigen Raumteile waren mehr durch Dekorationen Johann August Nahls und Johann Christian Hoppenhaupts geprägt, die ihr kunstvolles Rokoko in Eigenwilligkeit ausbreiteten und dabei ebenfalls das Wohlgefallen des Königs erlangten. Im Inneren der Oper zeigte sich, im Gegensatz zur Außenarchitektur, der zwar in seiner ausgezeichneten Abstimmung synthetisch empfundene, aber doch widerspruchsvolle Charakter der Auseinandersetzung zwischen den klassizierenden Auffassungen Knobelsdorffs und dem vom preußischen König für seine Intimsphäre gewünschten Stil des retrospektiven, französisch geprägten Rokoko. Wie bei den meisten seiner Schöpfungen, wurden auch hier die nach »klassischen Regeln« konzipierten Räume seiner Bauten der ästhetischen Dekadenz seines feudalen Auftraggebers unterworfen. Für Knobelsdorff bedeutete das fortwährende Suche nach erträglichen Möglichkeiten künstlerischer Anpassung.

Die sich rasch wandelnden Anforderungen an Bühne und Zuschauerraum, an Foyer, Raumgrößen und Raumprogramme führten an diesem Opernbau, weit mehr als bei seinen anderen Gebäuden, vom späten 18. bis zum 20. Jahrhundert über tiefgreifende Umbaumaßnahmen bis zur rekonstruktiven Neuschöpfung nach der völligen Zerstörung im Zweiten Weltkrieg.

Die ersten größeren Veränderungen erfolgten bereits unter Friedrich Wilhelm II., der Karl Gotthard Langhans d. Ä. mit der »Modernisierung« beauftragte. In diesem Zusammenhang wurden die ehemals nur 10 Meter breite Bühnenöffnung erweitert, ein Schnürboden angelegt, das Parterre bestuhlt und die vorher sichtbehindernden Logenwände konzentrisch auf die Mittelachse der Bühne ausgerichtet.

Die Schäden eines Brandes von 1840 konnten beseitigt werden. Als dann aber 1843 das Haus vollständig ausbrannte, übernahm Carl Friedrich Langhans d. J. die Aufgabe, in Anpassung an die gewandelten funktionellen Bedürfnisse des Bürgertums das königliche Opernhaus in ein bürgerliches Rangtheater mit eingebauter Königsloge zu verwandeln. Die damit erfolgten baulichen Eingriffe erstreckten sich auf das Innere und das Äußere. Durch die Einfügung eines vierten Ranges mußte der Dachstuhl erhöht werden. Die Neuordnung der Rangzugänge bedingte größere Treppenanlagen; sie wurden in die weiter herausgezogenen Mittelrisalite verlegt. Mit der durchgehenden Erneuerung der Innenräume im klassizistischen Stil wurde unter anderem auch das ursprüngliche Giebelrelief Nahls durch ein neues Relief von Ernst Rietschel ersetzt. An die Stelle der Attikafiguren traten nunmehr Plastiken aus der Schule Christian Daniel Rauchs. Die Entstellung des ehemals wohlproportionierten Knobelsdorffschen Baues vervollständigte das 19. Jahrhundert durch Aufsetzen eines zwar notwendigen, aber durch seine Überhöhung störenden Schnürbodens sowie durch seitliche Anbauten. 1926–27 kamen weitere unorganische Zutaten hinzu.

Zwei Zerstörungsphasen vernichteten das bedeutende Bauwerk 1943 und 1945 bis auf die Umfassungsmauern. In seiner neuen Bestimmung als Staatsoper der DDR gehörte es zu den ersten mit hohem materiellem Aufwand wiederhergestellten Kulturbauten der Hauptstadt Berlin. Die feierliche Wiedereröffnung am 4. September 1955 mit der Aufführung von Richard Wagners »Meistersingern« unter der Intendanz Max Burghardts war gleichzeitig ein Akt der Würdigung des bedeutsamen künstlerisch-architektonischen Erbes von Georg Wenzeslaus v. Knobelsdorff.

Dem von Richard Paulick geleiteten Architektenkollektiv gelang es in jahrewährender Arbeit, zeitgemäßere funktionelle Lösungen mit sorgfältig erwogenen denkmalpflegerisch-rekonstruktiven Aspekten zu einer neuen Einheit zu führen, die auch dem ursprünglichen architektonischen Ideengehalt des 18. Jahrhunderts in gelungener Weise Rechnung trägt und dadurch den geistigen Bezug zu Knobelsdorff wiederhergestellt hat.[33]

Neue Lösungen ergaben sich bei der Einordnung der Eingangs- oder Kassenhalle, des weiträumigen Parkettfoyers und des damit verbundenen Theatercafés, bei der Neuanlage der Treppenhäuser, Rang-Umgänge, Garderoben und Nebenräume. Sie wurden als wichtige Funktionsteile vor allem in das Erdgeschoß verlegt.

Der Apollosaal ist in weitgehender Annäherung an die ursprüngliche Gestaltung und durch Detailvergleiche mit Formen in Potsdam-Sanssouci und Schloß Charlottenburg wiedererstanden. Im Zuschauerraum erfolgte die Reduzierung auf drei Ränge und die Rückführung des Dekorativen auf ein gemessenes Rokoko, das dem Ursprungsentwurf Knobelsdorffs näher kommt, als die gesteigerte Ausstattung für die ehemaligen Zwecke adeliger Feste und Zerstreuungen. Zu den hervorhebenswerten Qualitäten des Neuaufbaues gehört nicht zuletzt der weitgehend auf den originalen Zustand zurückgeführte Außenbau und seine dem Forum-Gedanken des 18. Jahrhunderts entsprechende städtebauliche Einfügung als souveräner Bau in ein größeres architektonisches Ensemble.

Während des Opernbaues wollte Friedrich II. nicht auf die höfischen Schauspielaufführungen verzichten. Daher ließ er den ehemaligen »Alabastersaal« im Berliner Stadtschloß unter Leitung Knobelsdorffs zu einem provisorischen intimen Theaterraum umgestalten. Er wurde Mitte Dezember 1741 mit Grauns Oper »Rodelinda, Regia dei Langobardi« eröffnet, aber nur bis November 1742 genutzt. Die Entfernung der italienisierenden Ausstattung erfolgte erst 1805.

Die durch Knobelsdorff unter Mitwirkung Johann August Nahls umgestalteten königlichen Gemächer im 1. Stockwerk des Berliner Stadtschlosses, die sich stilistisch eng an die Räume des Charlottenburger Schlosses anlehnten, veränderte Karl Friedrich Schinkel, als er Anfang des 19. Jahrhunderts den Wohntrakt für den Kronprinzen und späteren König Friedrich Wilhelm IV. in klassizistischen Formen modernisierte. Von der einstigen Wohnung Friedrichs II. erhielt sich bis zur Vernichtung des Schlosses im Zweiten Weltkrieg in originaler Ausstattung nur ein kreisrundes Arbeitskabinett, das wiederum eine sehr nahe Beziehung zum Rheinsberger Turmkabinett aufwies.

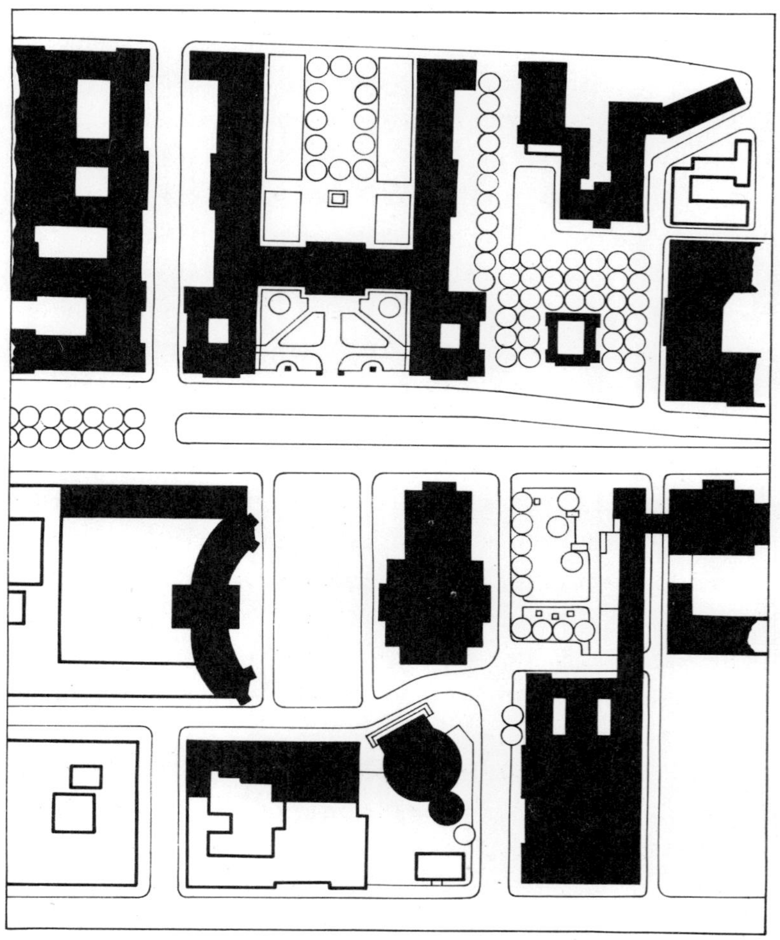

Das »Forum Fridericianum«

Die Idee zur Anlage eines Forums mit seinen der preußischen Staatsrepräsentation dienenden Monumentalbauten an der Allee Unter den Linden in Berlin leitete sich von der ersten, damals noch unausgereiften Konzeption für das Opernhaus ab, die durch eine frühe Skizze von 1735 überliefert ist.

Von der Grundvorstellung eines antiken Forums als zentralem Platz einer altrömischen Stadt, wo sich öffentliche Gebäude, Tempel und Ehrenmäler zu optisch und damit ideell wirksamen, ensemblehaften Räumen ergänzten, war bei diesem Projekt verhältnismäßig wenig zu spüren. Knobelsdorff hatte auf seiner Italienreise auch die erhabenen Denkmäler der Antike erlebt, hielt sich aber offensichtlich mehr an die großen Vorbilder barocken römischen Städtebaues. Ihn beeindruckten nach eigener Aussage in erster Linie die übersichtlichen räumlichen Beziehungen von Plätzen und Monumentalstraßen, wie sie zum Beispiel Giovanni Lorenzo Bernini in Verbindung mit dem Petersdom anlegte, die auch sonst vorbildhaft für das 18. Jahrhundert wurden.

Man spürt diese Tendenz auch sehr deutlich in Berlin. Der weiträumige Platz des »Forum Fridericianum« als symmetrische bauliche Einheit und als architektonisch gestalteter Vorraum für das beherrschende Bauwerk eines geplanten mächtigen »Palais du Roi«, das mit 300 Metern Front- und 100 Metern Seitenlänge parallel zur Allee Unter den Linden entstehen sollte, entsprach noch völlig den Auffassungen absolutistischen Städtebaues.

Die genaueren Vorstellungen über diesen neuen Wohnpalast des Königs und über ein der Oper gegenüberliegendes Akade-

107 Berlin, Forum Unter den Linden, heutiger Zustand, Lageplan und Vogelschaubild

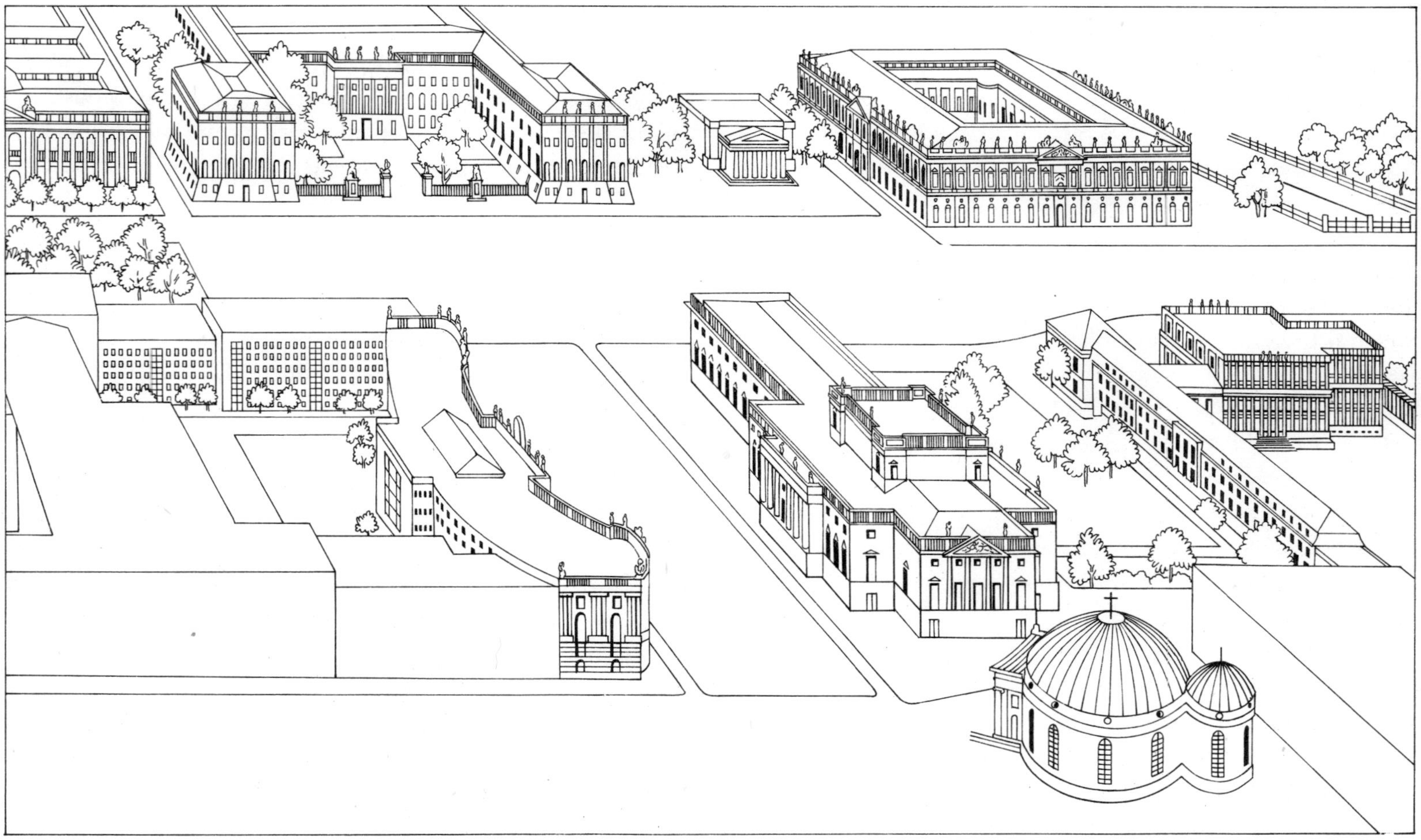

111,112 Berlin, Deutsche Staatsoper, Foyertreppe und Eingangsfoyer

113 Berlin, Deutsche Staatsoper,
Besuchergarderobenhalle im Kellergeschoß

114 Berlin, Deutsche Staatsoper, Foyercafé im Kellergeschoß

115, 116 Berlin, Deutsche Staatsoper,
Parkettumgang und Marmorbüste
G. W. v. Knobelsdorff von K. Begas, 1886

Folgende Seiten

117, 118 Berlin, Deutsche Staatsoper,
Apollo-Saal, Tür und Rocaille als Supraporte

119 Berlin, Deutsche Staatsoper, Apollo-Saal

Folgende Seiten

120, 121 Architrave im Apollo-Saal

126 Berlin, Schloß Charlottenburg, Stadtfront des Neuen Flügels von G.W.v. Knobelsdorff, 1740–46

127 Berlin, Schloß Charlottenburg, Mittelrisalit des Neuen Flügels

128, 129 Berlin, Schloß Charlottenburg, Silbernes Vorzimmer der 1. Wohnung Friedrichs II., Ostwand mit dekorativer Ausstattung und Details der Wandververkleidung von J. A. Nahl

Folgende Seiten

130,131 Berlin, Schloß Charlottenburg, Konsoltisch und Bibliothek Friedrich II. mit dekorativer Ausstattung von J. A. Nahl

138 Berlin, Schloß Charlottenburg, Detail eines Türreliefs im Weißen Saal

139 Berlin, Schloß Charlottenburg, Tür im Weißen Saal

140, 141 Berlin, Schloß Charlottenburg, Kaminzone im Weißen Saal und Goldene Galerie im Neuen Flügel

142, 143 Berlin, Schloß Charlottenburg, Goldene Galerie im Neuen Flügel

144 Berlin, Schloß Charlottenburg, Neuer Flügel, Detail der Gesimszone im Treppenhaus nach Entwürfen von J. A. Nahl (Rekonstruktion)

145 Berlin, Schloß Charlottenburg, Blick auf den Neuen Flügel von Südwesten

Folgende Seite

146 Mosigkau, Gartenfront des Schlosses, vermutlich nach Entwurf von G. W. v. Knobelsdorff, ausgeführt 1754–56

VIERTE PERIODE
Knobelsdorffs Aufgaben in Potsdam und Sanssouci (1745–1750)

Der Umbau des Potsdamer Stadtschlosses

Park und Schloß Sanssouci

Weitere städtebauliche Lösungen in Potsdam

147 Havellandschaft bei Potsdam,
Lithographie 1. Hälfte 19. Jh.

Der Umbau des Potsdamer Stadtschlosses

Knobelsdorffs Bautätigkeit in Potsdam begann 1743 mit dem Einbau eines Komödiensaales in den nordöstlichen Eckpavillon des alten Stadtschlosses. Mit einem amphitheatralischen Zuschauerraum, der mehr als die Hälfte des Saales einnahm und mit einer perspektivischen Bühne verbunden war, orientierte er sich auf die charakteristische Raumform des höfischen Theaters italienischer Prägung, die nach der Wiederbelebung antiker Dramen und Lustspiele seit der Renaissance bevorzugt wurde.

Indem er auch hier Anregungen von Palladios 1580–85 entstandenem Teatro Olimpico in Vicenza aufnahm, setzte er sich über die vorherrschende Tendenz zum absolutistischen Logentheater hinweg. Die bildkünstlerische Ausstattung nahm mit plastischen Arbeiten Glumes und dem von Charles Amadée Philippe Vanloo (1719–95) geschaffenen Deckenbild »Apollo und die Musen« (1748) die gleiche Thematik auf, die auch beim Berliner Opernhaus am »Forum Fridericianum« bestimmend war. Mit Vanloo, der Mitglied der Pariser Akademie war und 1748 durch Friedrich II. als Hofmaler nach Preußen berufen wurde, sollte der weiterhin hochgeschätzte, aber vielbeschäftigte Antoine Pesne in seinen Aufgaben entlastet werden.

Knobelsdorff beendete mit dem erst 1748 im Innenausbau abgeschlossenen Potsdamer Komödiensaal seine Tätigkeit als Theaterarchitekt. Der Bühnensaal verschwand, als unter Friedrich Wilhelm III. (1770–1840) der nordöstliche Teil des Potsdamer Stadtschlosses zu Hofbeamten- und Bedienstetenwohnungen umgebaut wurde.

1744, als der Innenausbau des »Neuen Flügels« am Charlottenburger Schloß noch nicht beendet war, stand fest, daß Friedrich II. Potsdam als zukünftige preußische Hauptresidenz ausbauen wollte. Die Entscheidung fiel im gleichen Jahr, in dem auch Johann Balthasar Neumann sein gewaltiges Hauptwerk, die Würzburger Residenz, für den Fürstbischof Carl v. Schönbrunn als damals größte und aufsehenerregendste Bauaufgabe des deutschen Barock im Rohbau vollendete. In Dresden gab seit 1744 die Ernennung Johann Christoph Knöffels als Leiter des Oberlandbauamtes und Nachfolger Jean de Bodts neuen Auftrieb für zahlreiche Bauvorhaben des sächsischen Hofes, zu denen unter anderen die Erweiterungen des Brühlschen Palais an der Elbterrasse, der Bau des Cosel-Palais und der zweite Umbau des Stallhofes zählten.

Obwohl die finanzielle Situation der peußischen Staatskasse nach dem Ausbruch des zweiten Schlesischen Krieges durchaus Zurückhaltung in der Realisierung kostspieliger Bauten gebot, ging es Friedrich II. zu diesem Zeitpunkt sehr vordergründig um die außen- und innenpolitisch wirksame Beweisführung »ungebrochener Macht und Stärke« der preußischen Monarchie, deren Territorien nach dem ersten Schlesischen Krieg durch Gebietsaneignungen um ein Drittel angewachsen waren.

In der ersten Bauorder für das Potsdamer Stadtschloß vom 2. August 1744 hatte er zunächst nur Instandsetzungsarbeiten an der Fassade befohlen. Bald danach erhielt Knobelsdorff den Auftrag, Zeichnungen zur Umgestaltung des gesamten Außenbaues anzufertigen, die offensichtlich bis zum Dezember 1744 vorlagen und seit Anfang 1745 die Grundlagen recht aufwendiger Maßnahmen darstellten. Er mußte sich bei dieser Aufgabe mit einem voluminösen, aber architektonisch bescheidenem Barockbau in holländischen Formen auseinandersetzen, der unter Verwendung älterer Teile zwischen 1660 und 1670 entstanden war. Der niederländische Baumeister Philippe de Chieze hatte dieses dreigeschossige Hauptgebäude mit einem nördlich anschließenden, quadratisch und zweigeschossig umbauten Hof als kurfürstliche Sommerresidenz errichtet. 1672–73 versuchte der Berliner Ingenieurbaumeister Johann Gregor Memhardt (um 1607–78), das Schloß in eine großzügige frühbarocke städtebauliche Planungskonzeption einzubeziehen. Von deren Grundvorstellung war auch Friedrich I. (1657–1713) angetan, als er zwischen 1679 und 1710 durch seinen Oberbaudirektor Johann Arnold Nering (1659–95) und durch Martin Grünberg (1655–1707) die Umwandlung in eine repräsentativere Dreiflügelanlage vornehmen ließ. Dort residierte dann auch Friedrich Wilhelm I., wobei er die wesentlichste Bauaufgabe in der Beseitigung der ersten Lustgartenanlagen und ihrer Neubestimmung als vom Schloß beobachtbaren Drillplatz für die Grenadiere seiner Garnison und die »Langen Kerls« seines Leibregiments sah.

Trotz höchst unliebsamer Jugenderinnerungen war das Potsdamer Stadtschloß für Friedrich II. der von seinem Großvater gegründete Stammsitz der preußischen Hohenzollern, für den es ohne rigorose Eingriffe ein seinen Vorstellungen entsprechendes neues architektonisches Gewand zu schneidern galt. Das 1701 entstandene Fortuna-Portal des Jean de Bodt am Abschluß des Ehrenhofes und Teile des Marmorsaales, an dessen Ausstattung vermutlich auch Andreas Schlüter 1694 im ersten Jahr seines Berliner Aufenthaltes mitgearbeitet hatte, sollten ebenso wie die vorhandene Grundrißordnung erhalten bleiben.

Es gelang Knobelsdorff in hervorragender Weise, den gewünschten Schritt zur Monumentalisierung des gesamten Baukörpers vorzunehmen. Aus der Erhöhung der Seitenflügel ab 1745 und der durchgehend einheitlichen Neufassung der Fassaden in »klassischen Formen« ergaben sich neue künstlerische Qualitäten, die in erster Linie aus der Verwendung von Pilastern, Halb- und Dreiviertelsäulen »korinthischer Ordnung« resultierten. Diese Vertikalen führten über einem rustizierten Sockelgeschoß zur durchgehenden Zusammenfassung des Fassadensystems im Bereich der beiden Obergeschosse. Dadurch wurde der Rhythmus des alten Baukörpers mit seinen Ecklösungen, Risaliten und sonstigen hervorgehobenen Gebäudeteilen im Gesamterscheinungsbild gesteigert. Die Hauptakzente lagen auf der nach Süden gerichteten Lustgartenfront und im Norden auf dem nach Knobelsdorffs Plan und detaillierten Zeichnungen Andreas Krügers 1746 neu angefügten, vorspringenden Treppenhaus des Cours d'honneurs sowie den übergiebelten Fronten der Kopfbauten. An diesen Fassadenabschnitten dominierten die stärker aus der Wand hervortretenden Säulenordnungen, aber auch ein höherer Aufwand an plastischem Schmuck, der bis in die horizontal abschließende Zone der Attika mit Figuren- und Vasenbekrönungen reichte.

148 Potsdam, Stadtschloß, 1. Barockanlage von Philippe de Chiese (1660) nach einer Zeichnung von Gregor Memhardt, 1672

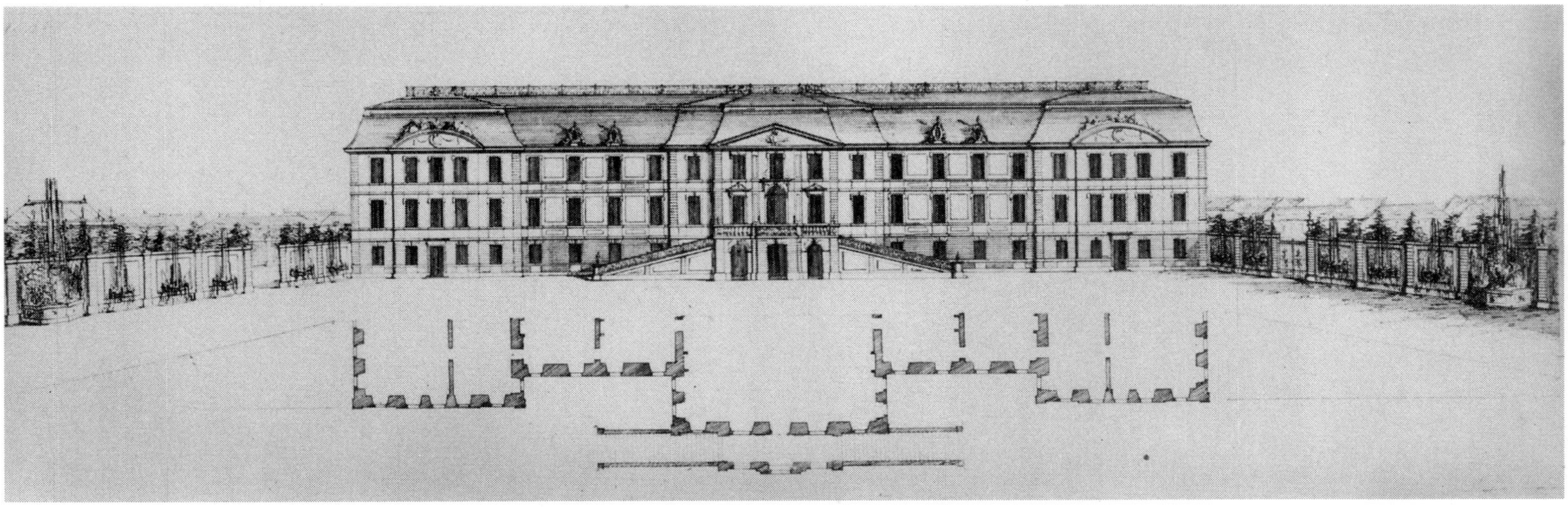

149 Potsdam, Stadtschloß, Gartenfront mit den unter Friedrich I. getroffenen Veränderungen, Stich von J. B. Broebes, Anfang 18. Jh.

Einen Teil der Entwürfe mußte Knobelsdorff mehrfach an den Bauherrn einreichen, weil sich dieser absolut weigerte, im Interesse des »französischen Charakters« freistehende »römische Säulen« zu akzeptieren. Bei der Neukonzipierung des Mittel- und gleichzeitigen Hauptrisalits der Lustgartenfront lehnte Friedrich II. die von seinem Baumeister vorgeschlagene Anfügung eines freien, tempelartigen Säulenvorbaues mit der Begründung ab, daß ein derartiger Bauteil die Sicht von den Haupträumen des Schlosses auf die Haveluferlandschaft beeinträchtige. Er skizzierte statt dessen über einer Auffahrtrampe zum ersten Hauptgeschoß einen fünfachsigen Fassadenaufbau mit paarigen Dreiviertelsäulen in Kolossalordnung. Obgleich Knobelsdorff diese Korrektur nur widerwillig hinnahm, erwies sie sich als praktischere und großzügigere Lösung, die auch dem Corps de Logis größere architektonische Geschlossenheit gab. Wie beim Berliner Opernhaus war Knobelsdorff bemüht, die flach ansteigenden Firstdächer in antikischer Weise hinter der Attika zu verbergen, aber auch hier bestand Friedrich II. im Bereich des Corps de Logis auf einer halbhohen, den Mittelbau betonenden Dachlösung im traditionellen Sinne.

Die äußere Gesamtgestaltung des Potsdamer Stadtschlosses richtete sich einschließlich der Änderungswünsche des Bauherrn, die bis zum Jahre 1752 zu weiteren Korrekturen führten, nach den Empfehlungen palladianischer Lehrbücher. Die proportional sorgfältig ausgewogenen Maß- und Massenverhältnisse von Sockel und Fassade, von Mauerfläche und Maueröffnung, besonders aber die Bemessung und die Ordnungsprinzipien der Halbsäulen- und Pilasterordnungen führte zu Harmonien, die den besten klassischen Architekturauffassungen der Zeit entsprachen.

Diese relativ schlichte, aber durchaus edle »architecture classique« des Äußeren schlug im Inneren in eine aufwendige Dekoration des »Friderizianischen Rokoko« um. Sie stammte von Knobelsdorffs talentiertesten Mitarbeitern: den Innendekorateuren J. A. Nahl und J. M. Hoppenhaupt, den Malern A. Pesne und C. A. P. Vanloo, den Plastikern J. G. Glume, J. P. Benckert, J. G. Heymüller und G. F. Ebenhech. Für das Potsdamer Stadtschloß bemerkenswert im Vergleich zu früheren und späteren Bauten Friedrichs II. war der stärkere Verzicht auf Darstellungen aus dem antik-mythologischen Bereich. Diese Haltung entsprach der inhaltlichen Bestimmung des Bauwerkes. Denn das Schloß war von vornherein dazu ausersehen, weitausstrahlendes Monument preußischer Staatsmacht zu sein. Im Haupttreppenhaus verherrlichte ein Deckengemälde von Pesne »Der Friede beglückt die Völker« vielmehr den Krieger, idealisiert als Sieger der Geschichte.

Der Marmorsaal als zentraler Festraum huldigte den Taten des »Großen Kurfürsten«, dem Friedrich II. ein besonderes Denkmal als dem Begründer preußischer Macht durch ein historisch-allegorisches Deckenbild mit der »Apotheose des Großen Kurfürsten« (1751) von Vanloo zu setzen bemüht war. Wandgemälde von Hofkünstlern Friedrichs I. und vergoldete Bronzereliefs mit Ruhmesdarstellungen Friedrich Wilhelms I. ergänzten die betont auf öffentliche politische Repräsentation gerichtete Note des Marmorsaales.

150 Potsdam, Blick vom Brauhausberg auf die Stadt, um 1735

151 Potsdam und Umgebung, Karte von Suchodoletz nach einem Plan von Gregor Memhardt, Ende 17. Jh.

152 Potsdam, Stadtschloß mit Lustgarten und Marstall, Kupferstich des 18. Jh.

153 Potsdam, Lageplan des Stadtschlosses und der angrenzenden Bebauung, 18. Jh.

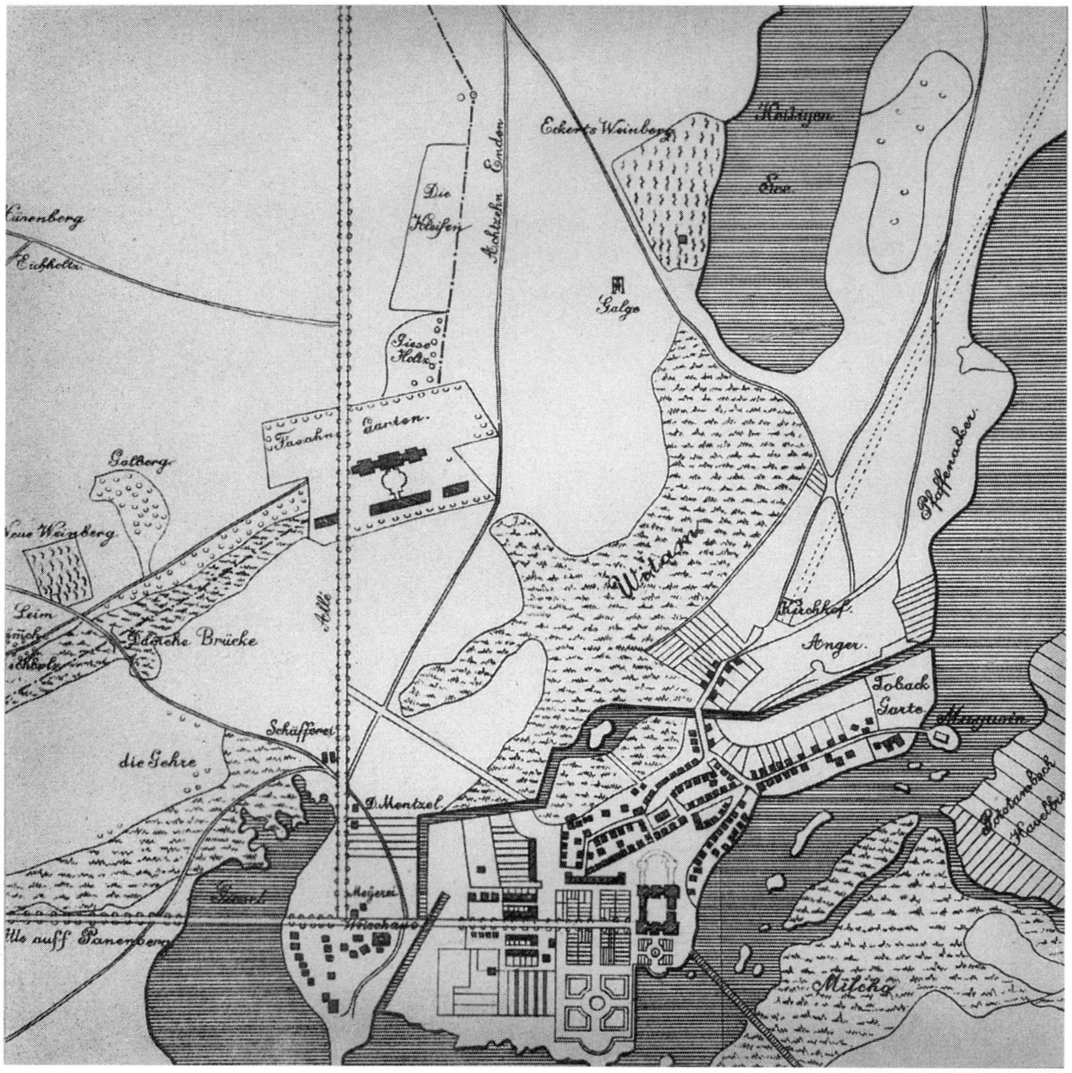

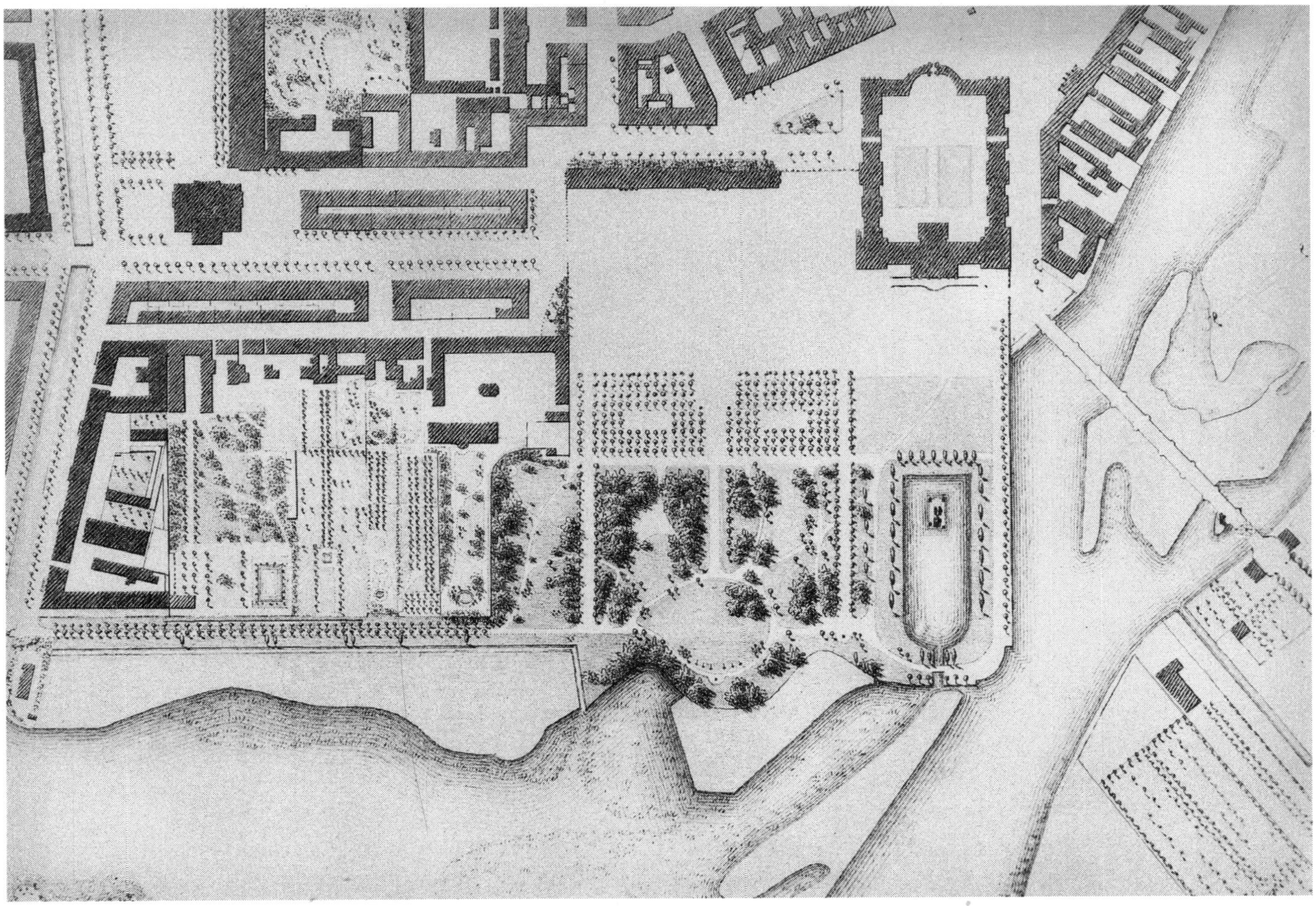

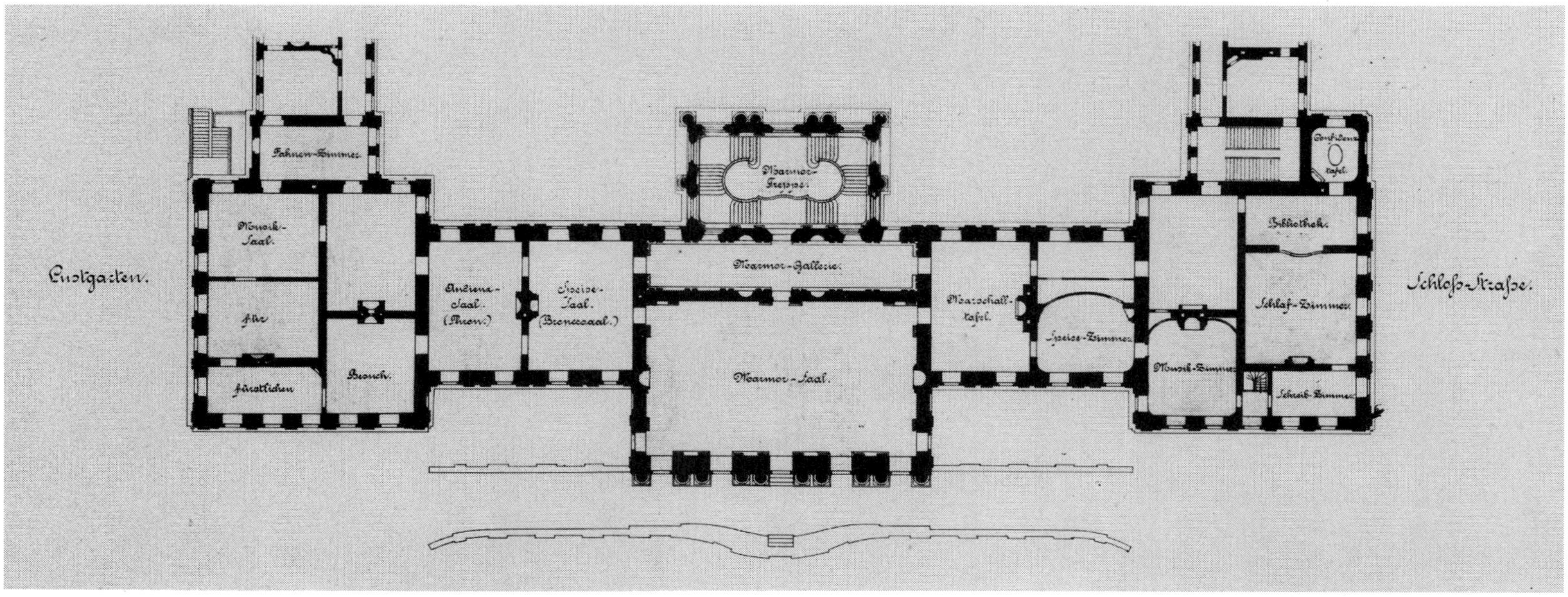

154 Potsdam, Stadtschloß nach Knobelsdorffs Umbau. Grundriß der Wohnung Friedrichs II. im 1. Obergeschoß

155 Potsdam, Stadtschloß, Grundriß des 1. Obergeschosses nach dem Umbau durch Knobelsdorff, Umrißzeichnung

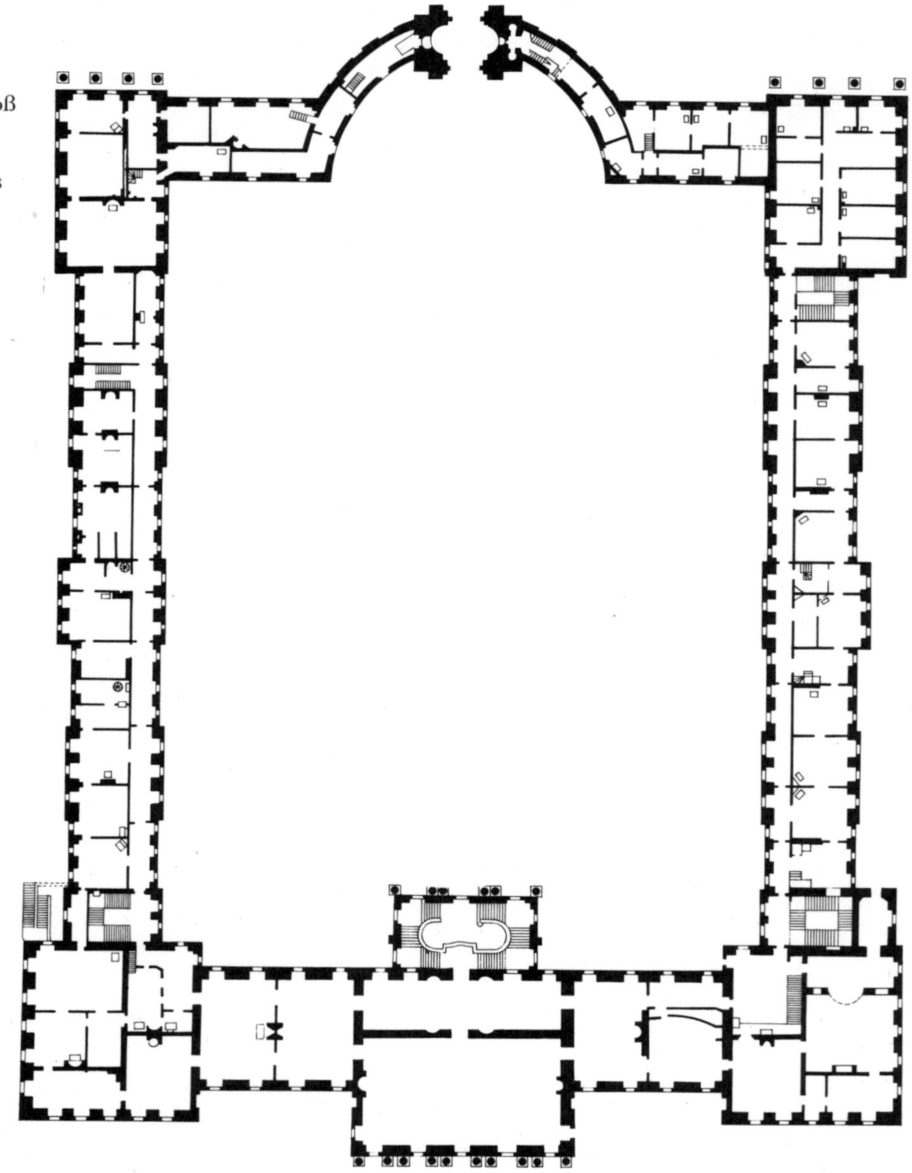

156 Potsdam, Stadtschloß nach der Umgestaltung durch Knobelsdorff, Kupferstich von J. D. Schleuen, 2. Hälfte 18. Jh.

157 Potsdam, Stadtschloß, Nordansicht mit Eosanderportal nach dem Umbau durch Knobelsdorff, Kupferstich des 18. Jh.

Prospect
des Königl. Schlosses
zu Potsdam, von der
1. das Königl. Schloss.
2. die Marmorne Treppe
6. der Comödien - Saal.
7. das vortreffliche Portal.

158 Potsdam, Prospekt des Königlichen Schlosses, Stadtfront, Kupferstich des 18. Jh.

Knobelsdorff behielt trotz seiner Einschränkungen durch den Bauherrn als Gesamtverantwortlicher bei der Umgestaltung des Baues noch relativ großen Spielraum, seine eigenen Ideen durchzusetzen, obgleich er sich auch noch gegen Eigenmächtigkeiten Johann Boumanns d. Ä. wehren mußte, der, unterstützt von Friedrich Wilhelm Diterichs, mit der praktischen Bauausführung beauftragt war. Boumann brachte beispielsweise an den Schlußsteinen der Fensterbögen des Hauptrisalits plastische Köpfe an, die trotz heftigen Einspruchs Kobelsdorffs am Bau belassen wurden.

Komplizierter gestaltete sich in der unmittelbaren Folgezeit das Verhältnis zum Souverän. Je mehr sich Friedrich II. mit einschlägigen Werken der Bauliteratur beschäftigte, eigene Bauskizzen verfertigte und sich als Bausachkundiger fühlte, um so weniger erklärte er sich bereit, praktische und ästhetische Einwände seines Baumeisters anzuerkennen. Bei den Interieurs kam Knobelsdorff seit Anbeginn dem »französischen Geschmack« entgegen, obwohl er auch hier die raffinierten Formen des Rokoko durch Einfügung naturalistischer Elemente zu dämpfen suchte. Im Potsdamer Stadtschloß nahm er vor allem Einfluß auf die Gestaltung der Konzertkammer, des königlichen Schlafzimmers, des Kleinen Zedernkabinetts, der Drap d'argent-Kammer, des Ankleidezimmers, des Gelben Samtzimmers, des Ovalen Zimmers und des Speisesaales. An den Detaillösungen des Außenbaues begann er sich jedoch zunehmend in zähe Zweikämpfe zu verwickeln, bei denen er um die Durchsetzung seiner palladianischen Auffassungen rang.

Unter Knobelsdorffs Leitung erfolgte auch seit Januar 1745 die Neugestaltung des Potsdamer Lustgartens. Die Fertigstellung erstreckte sich unter der Bauführung Friedrich Wilhelm Diterichs bis 1746.

Mit diesen Maßnahmen war eine Neugliederung des südlichen und westlichen Schloßgeländes verbunden. Der unter Friedrich Wilhelm I. angelegte Paradeplatz in der Achse des Corps de Logis wurde durch ein breites Rasenparterre mit

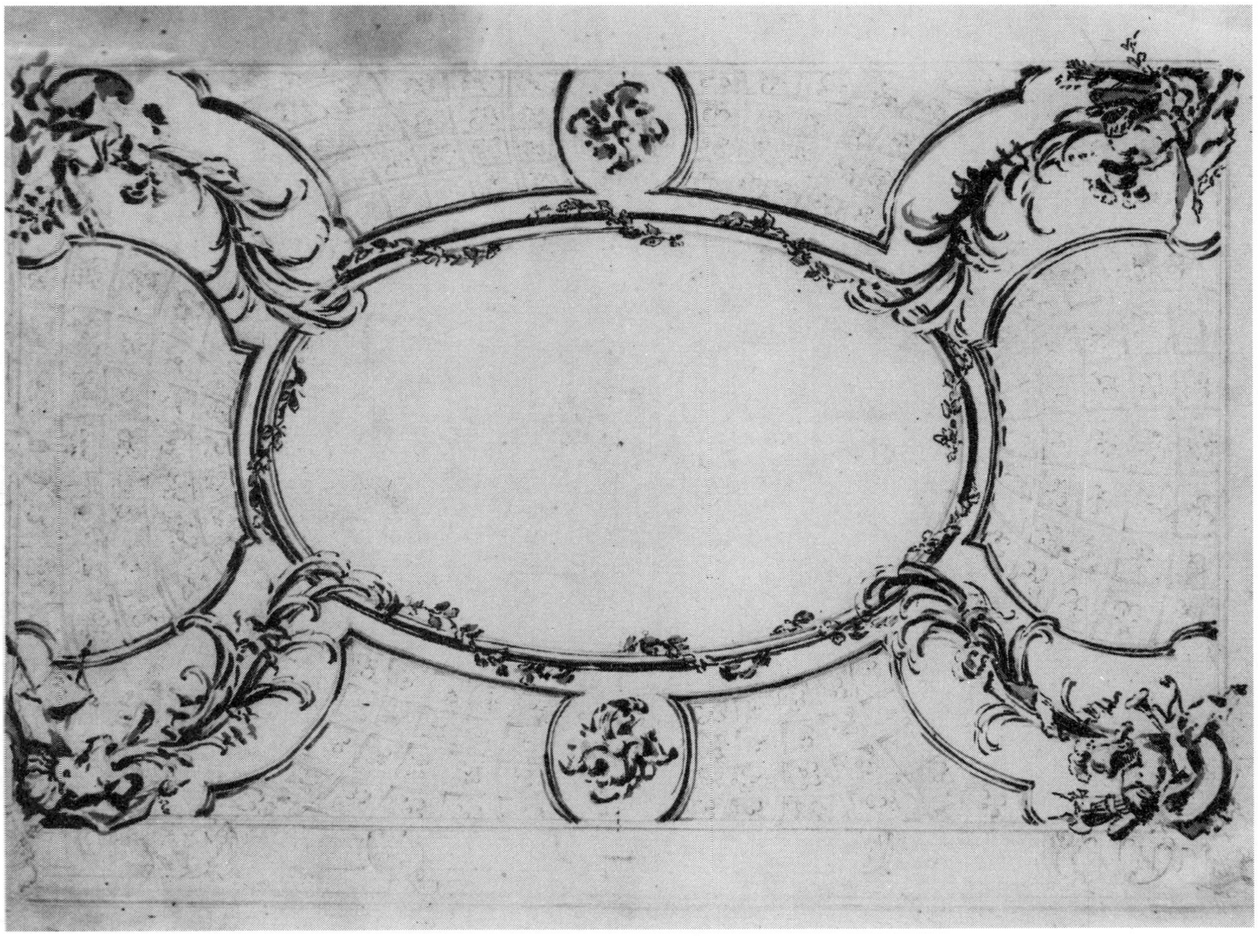

159, 160 G.W.v. Knobelsdorff, Entwürfe für die Decke des Großen Marmorsaales im Potsdamer Stadtschloß, um 1744. Staatl. Schlösser u. Gärten Potsdam-Sanssouci

161 Potsdam, Gartenansicht des Stadtschlosses, Anfang 19. Jh.

einem Weiher abgegrenzt. Im Blickpunkt dieses Teils stand die Bassingruppe »Neptun und Amphitrite«, die Johann Benckert und Johann Matthias Heymüller nach einem kleinen Modell Johann August Nahls ausführten, und die von Benjamin Giese aus Blei gegossen und vergoldet wurde.

Der westliche Gartenbereich erhielt die Formen regelmäßig-geometrischer, von Hecken umsäumter »Salons«. Die Grenzmauer, die dort den Lustgarten abschloß, entstand ebenfalls nach Knobelsdorffs Entwürfen. Nachdem der Dekorationsmaler Friedrich Wilhelm Höder die 52 Wandfelder mit Kaskaden und Schäferszenen bemalt hatte, war sie 1746 fertiggestellt.

Die Gestaltung des westlichen Lustgartens richtete sich in stärkerem Maße nach dem neuen Marstallgebäude. Es war durch völligen Umbau des 1685 von Johann Arnold Nering errichteten »Pomeranzenhauses« für tropische Kübelgewächse entstanden. Der langgestreckte, eineinhalbgeschossige Putzbau mit dem vermutlich von Johann Gregor Memhardt 1679–82 geschaffenen Nordportal war 1746 nach Knobelsdorffs Entwurf durch Andreas Krüger nach Westen verlängert worden. Er erhielt eine neue Gliederung durch zwei Risalite an der Südseite und je einen Risalit an der West- und der Ostfassade. Ein durchgehendes Attikageschoß mit Pferde- und Reitergruppen von Friedrich Christian Glume gaben dem »Leibreitstall« eine dem Schloß äquivalente Architektur.

Zu den wichtigen architektonischen Gliederungselementen des Gartens am Potsdamer Stadtschloß gehörten zwei Kolonnaden. Sie waren bereits Bestandteil der ersten Umgestaltungsentwürfe Knobelsdorffs, denn für ihre Realisierung wurden schon Ende Dezember 1744 Baugelder angewiesen. Die Fertigstellung erfolgte 1745–46. Die eine dieser Kolonnaden verband den Westflügel des Schlosses mit dem Marstall, die zweite die östliche Schloßecke mit dem Havelufer. Es handelte sich um korinthische Sandsteinsäulen in Doppelstellung, die eine reich gegliederte Attika trugen, auf der, wie auch zwischen den Säulenpaaren, Plastiken von Glume, Nahl und Ebenhech in Form von Vasen und Figuren plaziert waren. Nur bei diesen beiden äußerst reizvollen transparenten »Raumteilern« fand Knobelsdorff Gelegenheit, die von ihm bevorzugten antikisch-korinthischen Säulen zu verwenden. Als jedoch Friedrich II. die »edlen« Bauformen auch als Haveluferbegrenzung auswählte, entstanden neuerliche Auseinandersetzungen zwischen Baumeister und Bauherrn, die das Zusammenwirken in künstlerischen Fragen erneut belasteten.

Es gehörte zweifellos zu Knobelsdorffs besonderen Verdiensten, daß er im Zusammenhang mit den Umgestaltungsaufgaben am Potsdamer Stadtschloß den Grundstein zu einer einheitlichen, räumlich geschlossenen städtebaukünstlerischen Konzeption legte, die auch von seinen unmittelbaren Nachfolgern als richtungsweisend anerkannt und aufgenommen wurde. Das äußerst komplizierte Problem, aus einem bestehenden Schloß, einer Altstadt und einigen Stadterweiterungen des 17. und 18. Jahrhunderts unter voller Berücksichtigung der schönen landschaftlichen Gegebenheiten ein städtebauliches Ganzes zu schaffen, das auch den speziellen Wünschen des Souveräns entsprach, war weitaus schwieriger zu lösen, als die von vornherein einheitliche Planung einer barocken Residenzstadt, wie beispielsweise Mannheim, Karlsruhe oder Ludwigslust.

Knobelsdorff fand die Lösung, indem er den dominanten Schloßbereich mit der Garnisonsstadt und der Anlage von Sanssouci als drei in sich geschlossene, aber eng aufeinander abgestimmte Architekturräume auffaßte und bis in die Havelsilhouette gestaltete. So wie hier läßt sein gesamtes Schaffen immer wieder erkennen, daß er es wie kaum ein anderer seiner Zeit beherrschte, zunächst recht ungleich erscheinende Elemente harmonisch zu einem neuen niveauvollen Ganzen zu vereinigen.

1945 wurde mit der Potsdamer Innenstadt auch das Stadtschloß zerstört, die Ruine 1960–61 abgetragen. Als Fragmente des Baues erhielten sich Teile der ehemaligen Havelkolonnade, die 1970 auf dem Freigelände am Interhotel »Potsdam« in restaurierter Form neu aufgestellt wurden. Der ebenfalls stark beschädigte ehemalige Marstall dient nach umfassenden denkmalpflegerischen Rekonstruktionsmaßnahmen seit 1981 als zentrales Filmmuseum der DDR.

162 Potsdam, Gartenansicht des Stadtschlosses, Kupferstich von Lacey nach Zeichnung von Loeillot, Anfang 19. Jh.

163 Potsdam, Blick vom Lustgarten auf Stadtschloß und Nikolaikirche, 1. Hälfte 19. Jh.

Park und Schloß Sanssouci

Sanssouci ist die bedeutendste erhaltene Bau- und Parkanlage aus der Zeit des friderizianischen Rokoko.

Der offizielle Baubeginn wurde am 9. August 1744 eingeleitet, als Friedrich II. den Oberbaudirektor der Kurmärkischen Kriegs- und Domänenkammer, Friedrich Wilhelm Diterichs, von einer Dienstfahrt umgehend nach Potsdam zurückbeorderte und ihm die Aufgabe übertrug, auf dem eiszeitlichen Moränengelände zwischen zwei älteren verwilderten Weinhügeln bei Bornstedt Terrassen für einen neuen Weinberg anzulegen. Ein Kabinettsbefehl vom 10. August verlieh diesem Auftrag besonderen Nachdruck. Die Diterichs übergebenen Baurisse und Anweisungen über die Verwendung entsprechender Baumaterialien stammten von Knobelsdorff. Sie müssen nach dem 24. August 1743 entstanden sein, dem Tag, an dem Friedrich II. an diesem Ort ein »Frühstück im Freien« einnahm, das offensichtlich für ihn eine Wiederentdeckung der schönen Aussicht vom »Wüsten Berg« auf das weite Urstromtal der Havel und die Residenzstadt Potsdam bedeutete.

Die Idee, an diesem besonnten Südhang eine terrassierte Gartenanlage zu schaffen, bei der die Bepflanzung mit südlichen Gewächsen eine besondere Rolle spielen sollte, veranlaßte den preußischen König, noch im Herbst 1743 über seinen Vertrauten, den Kammersekretär Jordan, 300 klimaverträgliche Weinstöcke und 400 Feigenbäume unterschiedlichster Sorten in Frankreich zu bestellen, die dann auf dem Seewege von Marseille über Hamburg geliefert wurden. Im Frühjahr 1744 konnte das Terrain durch Ankauf vom Potsdamer Militärwaisenhaus erworben werden. Ein in der Niederung gelegener Obst- und Gemüsegarten, den Friedrich Wilhelm I. in Verhöhnung des französischen Hoflebens, als »mein Marly« bezeichnete und ein Lustgehöft zum Taubenschießen – das 1728 entstand, als August der Starke Preußen einen Besuch abstattete – wurde in den Planungsbereich einbezogen. Noch vor Ablauf des Jahres 1744 kamen die vorbereitenden Erdarbeiten zum Abschluß.

Es ist anzunehmen, daß Friedrich II. anfänglich nur an eine in der Nähe des Stadtschlosses liegende, aber vom Hoftreiben abgesonderte Garten- und Parkanlage gedacht hatte. Je weiter der Umbau des Potsdamer Stadtschlosses seit Ende 1744 voranschritt, um so eindeutiger wurde seine Absicht, den gärtnerischen Gestaltungsbereich durch ein Weinbergschlößchen zu krönen. Angeregt durch die Rheinsberger Erinnerungen, sollte es nach der Rückkehr aus den ersten Schlesischen Kriegen als Ort der Ruhe und Zurückgezogenheit für neuerliche Beschäftigungen mit den Künsten und Wissenschaften dienen, seinem Leitmotiv entsprechend: »sans souci« – ohne Sorgen!

Es bewies sich bald, daß dieses intimere Sanssouci und der staatsoffiziellere Potsdamer Stadtschloßbereich in ihren sich gegenseitig bedingenden Funktionen zu einer großen baulichen Einheit gehörten. Die gesuchte Trennung spiegelte sich jedoch im Schriftwechsel des preußischen Königs wider, der als Oberbefehlshaber des Staates und der Armeen seine Anordnungen mit der Ortsbezeichnung »Potsdam« signierte, seine Briefe und persönliches Schrifttum aber mit »Sanssouci«.

Dem Park und seinem dominierenden Gebäude, das weniger Schloß als vielmehr Landsitz und »Belvedére« sein sollte, galt seit Anbeginn das bauliche Hauptinteresse des Souveräns. Es gab offensichtlich kein anderes Vorhaben, an dem er seine Ideen als Bauherr und persönlicher Nutzer in derart ausgeprägtem autoritären Maße durchsetzte, wie gerade hier. Das mußte zu weitaus unterschiedlicheren Meinungen zwischen ihm und seinem Baumeister Knobelsdorff führen, als vergleichsweise beim Berliner Opernhaus oder in Charlottenburg. Hatte Friedrich II. bis zum Umbau des Potsdamer Stadtschlosses nur starken Einfluß auf das Baugeschehen genommen, so bestimmte er bei Sanssouci grundsätzlich. Ausschlaggebend wurden zwei Skizzen, die er vermutlich im Mai 1744 anfertigte. Eine dieser nervös gekritzelten Zeichnungen, eine Art Kavalierperspektive mit Terrassenanlage und Schloßgrundriß, enthält als Gesamtdisposition für Schloß und Park die wesentlichen Anforderungen an die funktionelle Bauaufgabe: das Paterre mit den Fontänen, die Terrassen mit der Mitteltreppe, den Schloßgrundriß mit Ecklauben und den halbkreisförmigen Kolonnaden. Es zeigt sich dort auch der flache, durch drei Treppenstufen angedeutete Unterbau des Schlosses, der, bezogen auf den Standort des Baues, in besonderem Maße gegen das ästhetische Empfinden und die baupraktischen Erfahrungen Knobelsdorffs verstieß. Dieser Sachverhalt wurde bekanntlich in der älteren Quellenliteratur, besonders unter dem Eindruck der Beschreibung Mangers, zum entscheidenden Kriterium der künstlerischen Kontroversen zwischen Bauherrn und Baumeister gemacht.

Die zweite Skizze fixierte die Wünsche und Vorstellungen Friedrichs II. in bezug auf die Innenraumdisposition. Besonders auffällig waren hier die Übernahme der Proportionen seines Schlafzimmers im Potsdamer Schloß, sowie Anlehnungen an den runden Bibliotheksraum und an die Kolonnadenbildung von Rheinsberg. Seine handschriftliche Notiz »le Reste comme à Rheinsberg« deutet auf die noch immer engen Beziehungen zu seinem ersten selbständigen Wohnsitz und auf weitere Absichten, eine Reihe der dort von ihm geschätzten Lösungen zu übernehmen.

Der Befehl zum Baubeginn des Schlosses Sanssouci erging am 13. Januar 1745. Zur Zeit der Grundsteinlegung, die sich durch komplizierte Aufschüttungsarbeiten an der obersten Terrasse bis zum 14. April 1745 verzögerte, befand sich Friedrich II. in einem seiner militärischen Feldlager. Hauptverantwortlich für sämtliche Arbeiten war der Surintendant Knobelsdorff, dem es speziell oblag, die Skizzen des Königs mit seinen Fachkenntnissen »ins Reine« zu bringen.

Man muß annehmen, daß der Bauherr diesen Prozeß von etwa sieben Monaten mit der ihm eigenen Ungeduld verfolgte, und daß jeder nichtige Anlaß der Verzögerung zu heftigen Kritiken an seinem leitenden Baumeister führten, wie das auch schon in Berlin der Fall war. Knobelsdorff war in diesen ersten Regierungsjahren Friedrichs II. zu allen erdenklichen Bauangelegenheiten und zur Erfüllung vertraulicher Aufträge herangezogen worden. Er hatte sich selbst um detaillierte Kostenfragen, Materialbeschaffung, Streitigkeiten in baujuristischen Angelegenheiten, um Festveranstaltungen, Schauspieldekorationen, Gedenkmedaillen und viele andere Dinge zu kümmern, durfte aber auch seine regelmäßigen, umfassenden Berichterstattungen an den König nicht versäumen.

164 Friedrich II., Entwurfsskizze für Weinbergterrassen, Parterre und Schloß Sanssouci, 1744

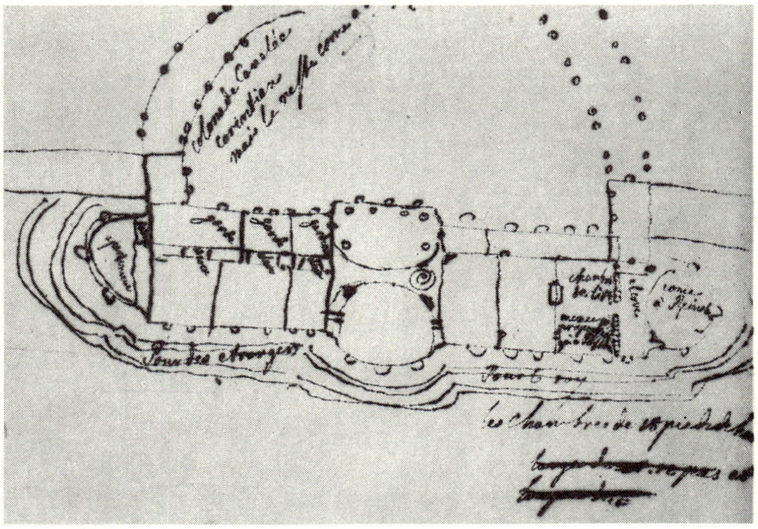

165 Friedrich II., Entwurfsskizze für das Schloß Sanssouci, 1744

Durch diese vielseitigen Verpflichtungen zu häufiger Abwesenheit veranlaßt, überließ er vermutlich dem mit der praktischen Baudurchführung beauftragten Diterichs mehr Verantwortung als üblich. Der ehemalige, damals 42jährige Schlüter-Schüler wurde von Knobelsdorff durch seine Architekturhaltung und seine Verläßlichkeit als Mitarbeiter besonders geschätzt. Nicht so von Friedrich II. Denn 18 Tage nach der offensichtlich durch Wintereinflüsse verzögerten Grundsteinlegung ließ ihn der König absetzen und durch den bis dahin als Kastellan am Potsdamer Stadtschloß angestellten Baumeister Johann Boumann ersetzen. Das geschah zu einem Zeitpunkt der Auseinandersetzung, in der Knobelsdorff und seine besten Kräfte – Andreas Krüger, Johann Füncke, C. H. Horst und vermutlich Johann Friedel – höchst unsanft

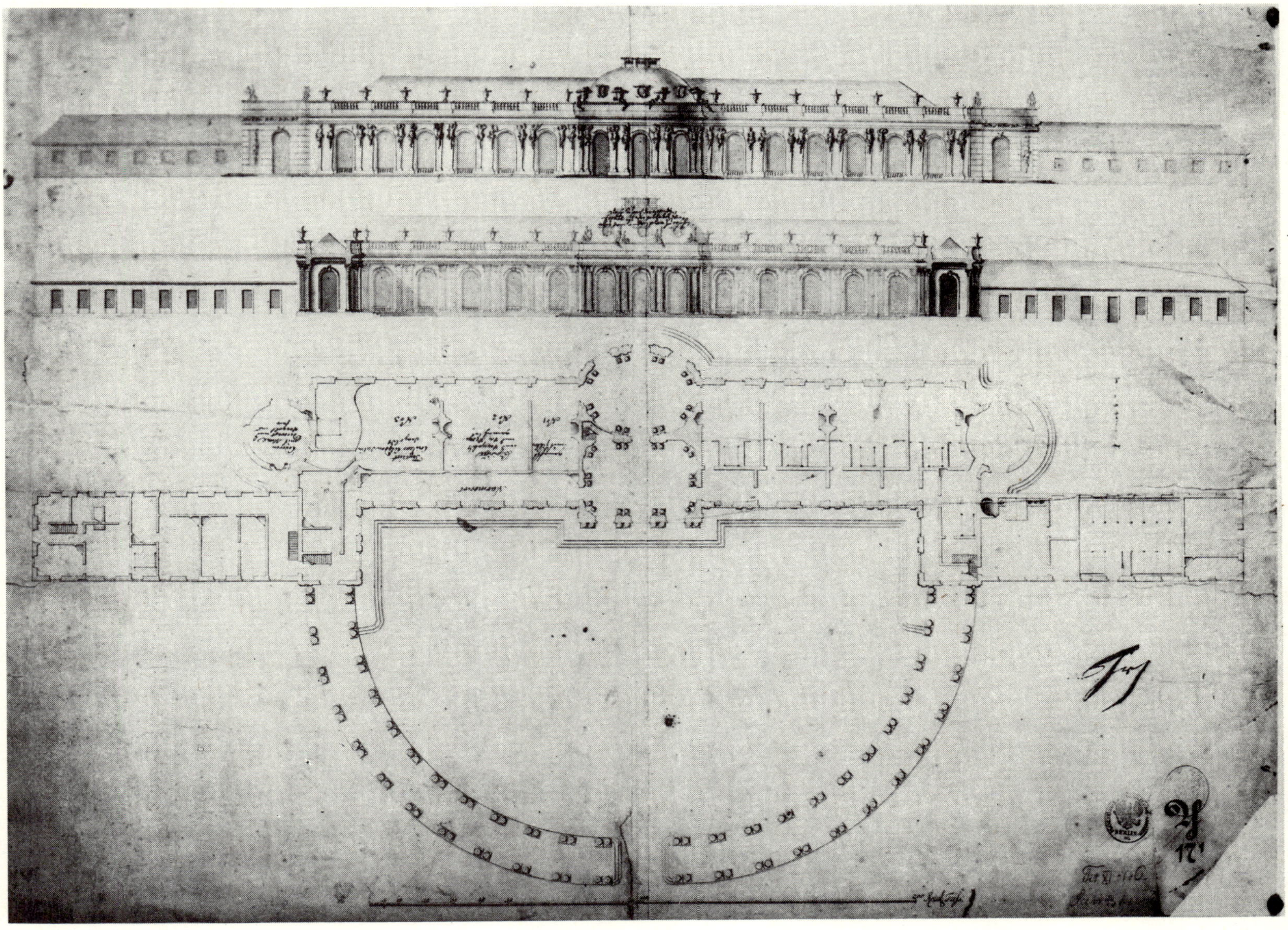

166 Knobelsdorff-Baubüro, Grundriß und Aufrisse des Schlosses Sanssouci, 1745, approbiert durch Friedrich II. Staatl. Schlösser u. Gärten Potsdam-Sanssouci

darauf hingewiesen wurden, daß sie die Vorgaben des Königs ungeachtet aller Umstände in kürzester Zeit in künstlerische Formen umzusetzen hätten. Diese Vorgaben wurden nach Diterichs Ablösung in einem neuerlichen, von Berger gezeichneten und vom Bauherrn »approbierten« Plan festgelegt.

Durch den Schloßbau rückte der Weinberg am Bornstedter Hang in den Mittelpunkt einer spätbarocken fürstlichen Gartengestaltung. Das entsprach völlig dem Bestreben des 18. Jahrhunderts, Natur und Architektur in ein engeres Verhältnis zu bringen. Besonderer Ausdruck war die Vorliebe für die Errichtung kleiner Sommersitze in Gestalt von Lustschlößchen, Eremitagen, Gartentempeln und Orangerien. Dorthin suchten sich auch die fürstlichen Herrscher in einem Anflug von Verbürgerlichung in den Pausen des anstrengenden Hofzeremoniells »privat« zurückzuziehen. Architektonische Rezepte für derartige Baulichkeiten enthielt unter anderem das 1737 in Paris von Jacques François Blondel herausgegebene Kupferstichwerk »De la distribution des maisons de plaisance et de la décoration de édifices générals«. Die dort gezeigten Mustergrundrisse wurden von namhaften Architekten, wie Longuelune, Knöffel, Krubsacius, besonders aber von dem in Bayern tätigen Cuvilliés verarbeitet, der mit der »Amalienburg« im Nymphenburger Park und mit »Falkenlust« im Park des Schlosses Brühl die frühesten deutschen Beispiele in den 30er Jahren des 18. Jahrhunderts schuf.

Das Grundschema war unkompliziert: es empfahl in der Symmetrieachse einen Saalbau mit vorgelagertem Vestibül und seitlich anschließend eingeschossige Flügel mit gleichmäßiger Zimmerreihung und Enfilade. Dieses Prinzip kennzeichnet auch Schloß Sanssouci. Sein Äußeres weckt gewisse Erinnerungen an die Gartenfassade des bei Blondel abgebildeten Palais Bourbon. Offensichtlich diente es Friedrich II. als konzeptionelle Vorlage; zumindest befand sich das Blondelsche Werk in seinen Bibliothekssammlungen.

Knobelsdorffs Skizzenbuch Nr. 3827[35] zeigt an Details einen Teil seiner künstlerischen Mitbestimmung, ohne die wahrscheinlich Schloß Sanssouci nie in den Rang eines erstklassigen Spätbarockbaues von europäischer Geltung getreten wäre. Man muß davon ausgehen, daß er nicht den gesamten baupraktischen Prozeß von der Ideenkonzeption bis zur Ausführung der Details in seiner Hand behielt, sondern, wie auch bei den vorangehenden Bauvorhaben des Königs, die übergeordnete, funktionell und künstlerisch entscheidende Rolle der architektonischen Meisterung des Ganzen in einer sehr maßgeblichen und aufreibenden Zwischenposition zwischen dem Auftraggeber und dem Bauausführenden in Person von Friedrich Wilhelm Diterichs und anschließend von Johann Boumann. Dieser wichtige Anteil an der grundsätzlichen architektonischen Fassung rechtfertigt, den Schloßbau von Sanssouci als Hauptwerk von Knobelsdorff zu bezeichnen. Das unterstrich auch Heinrich Ludwig Manger, in dem er betonte, daß nach Diterichs Ausscheiden auch Boumann »alle bey Knobelsdorff verzeichneten Gebäude nach desselben Entwürfen ausgeführt« hat.[36]

Bei der Terrassenanlage erreichte Knobelsdorff durch seine Bearbeitung der Skizze Friedrichs II. wesentliche architektonische Bereicherungen. Anstelle der vorgesehenen Dreistufung entschied er sich zunächst für vier, letztlich dann für sechs Terrassenstufen, die bogenförmig einschwingend, insgesamt 168 Nischen zur Aufnahme der in Frankreich erworbenen südlichen Pflanzen besaßen. Der parabolische Kurvenverlauf entsprach stilistisch den ausladenden Schwüngen rokokohafter Gestaltung, garantierte aber auch funktionell eine intensivere Ausnutzung der Sonneneinstrahlung. Für die Befestigung der Rampen und Seitenwangen mußten mehr als 800 Tonnen Rüdersdorfer Kalkstein, für die 6 mal 22 Stufen der Mitteltreppe Sandsteinplatten und für die Verbesserung des Mutterbodens fruchtbare Erde auf Lastkähnen aus der Magdeburger Börde herbeigeschafft werden. Auf den oberen Flächen der Terrassen standen damals Obsthecken im Wechsel mit Zitrusbäumchen, während die Außenseiten der zwei seitlichen, zum Plateau führenden Rampen von fünf Kastanienreihen (heute Linden) begrenzt wurden.

Die Verdoppelung der Terrassenstufung förderte die architektonische Verdichtung und ließ eine in dieser Art in Deutschland einmalige Riesenfreitreppe entstehen. Man geht nicht fehl, in dieser monumentalen Neuformung eines Prinzips, das seit dem Altertum bekannt war, Anregungen zu sehen, die Knobelsdorff von seiner Italienreise mitbrachte. Man denke nur an die prachtvollen Land- und Lusthäuser auf Hügeln, an die Vatikanischen Gärten in Rom, an die in dieser Hinsicht eindrucksvollste Anlage der Villa d'Este in Tivoli oder an ähnliche Schöpfungen, die den Borghese, Ludovisi und anderen Feudalgeschlechtern gehörten.

Leo Bruhns beschrieb in treffender Weise die große Wirkung dieser architektonisierten Landschaftsgärten, die »gerade für Fürsten oft die schönste Erholung bedeutete(n), sich in ländlicher Zurückgezogenheit ganz einfach zu geben, ganz schlicht und unauffällig kleiden zu können«, und er interpretierte sie als Formen der bis ins letzte nach dem Willen der Menschen umgeformten Natur, als despotische Unterwerfung unter ein strenges Herrentum, als feudale Eroberung der Tiefe durch die Höhe, als Unterwerfung des Gartens unter den Willen des Palastes.[37]

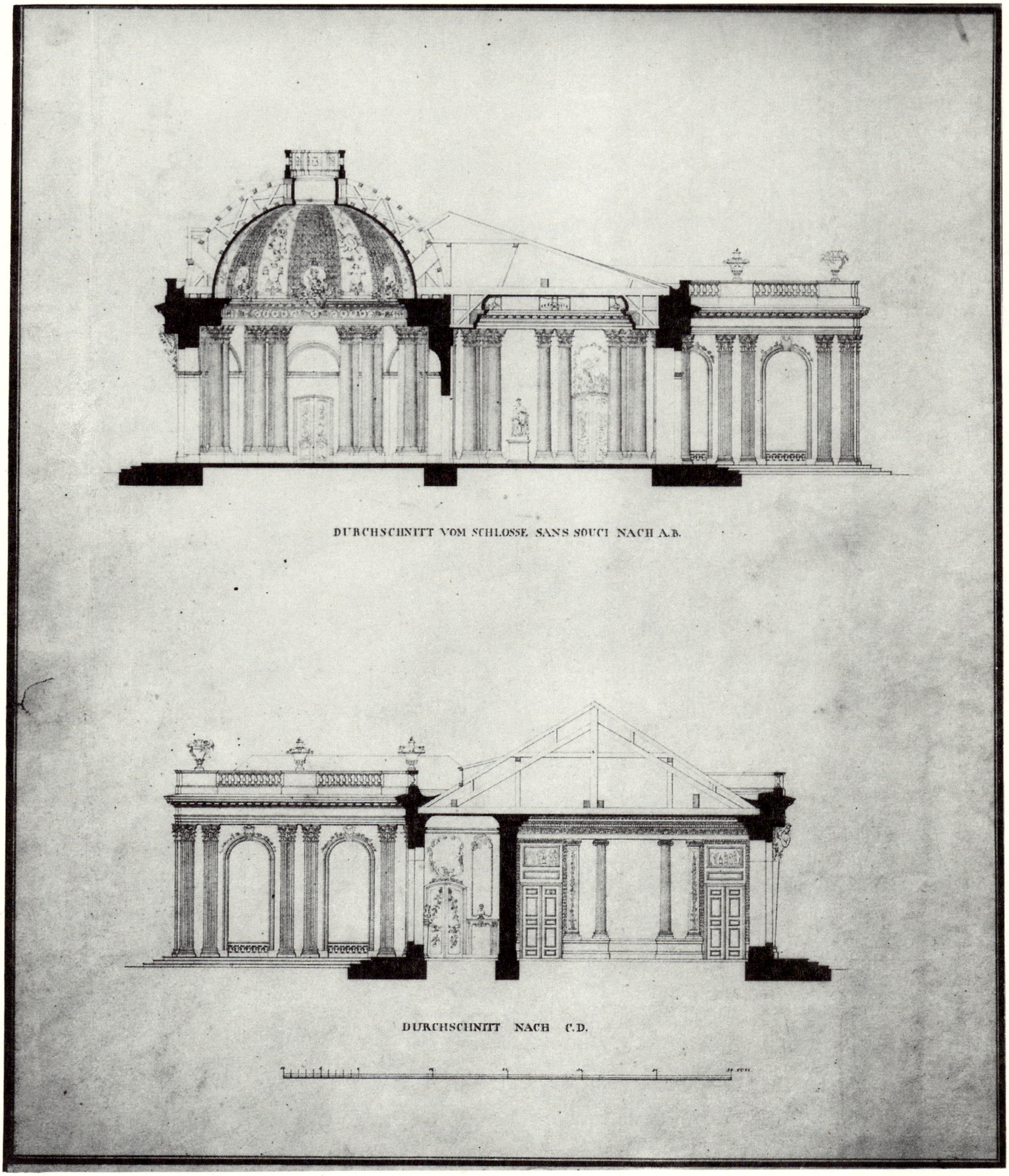

167 Potsdam, Schloß Sanssouci, Querschnitte durch Marmorsaal und Vestibül sowie durch Kleine Galerie und das durch F. W. v. Erdmannsdorff umgestaltete Wohnzimmer Friedrichs II. Ende 18./Anfang 19. Jh.

168 Prospekt des Königlichen Lustschlosses Sanssouci bei Potsdam von der Gartenseite, Stich von G. B. Probst nach J. D. Schleuen, um 1750

Das waren auch unter Aspekten der »aufgeklärten Despotie« willkommene Gehalte des Spätbarock, die Friedrich II. in den Detailerarbeitungen Knobelsdorffs voll akzeptierte.

Am Grundschema des Schlosses Sanssouci waren dagegen keine Korrekturen erwünscht. Hier konnte nur ein ausgewogenes Ebenmaß der Proportionen angestrebt werden. Knobelsdorffs Vorschlag, die optische Überschneidung der Terrassenanlage mit dem Baukörper des Schlosses aus der Sicht der Ebene entweder durch Verkleinerung des oberen Gartenaustritts oder einen höheren Gebäudesockel zu umgehen, scheiterte bekanntlich an dem unveränderbaren Wunsch des Königs, von seinen Räumen durch Fenstertüren direkt in den Park sehen und treten zu können. Auf die Vorteile einer Unterkellerung verzichtete Friedrich II.; im Heranrücken des Gebäudes an den Geländeabfall sah er offenbar eine körperliche Einengung.

Diese Einschränkungen bedeuteten für Knobelsdorff, sich in erster Linie auf die künstlerisch-architektonische Formung des Außenbaues zu konzentrieren. Sie wird mit Recht als eigenständige Leistung des Baumeisters angesehen.

Die Anlehnung des Bauwerks an das französische Rokoko ist unverkennbar, findet aber dort keine Entsprechung. Auffallend ist eine klassisch-klare, insgesamt zurückhaltende Formensprache, selbst dort, wo mit meisterlichen bauplastischen Mitteln Lebens- und Sinnenfreude ausgedrückt werden. Die »privatere« Gartenfront wurde vom Bauherrn seit Anbeginn als Hauptfassade ausersehen. Sie wurde bauplastisch dem Weinberg-Thema gewidmet. »Das Gefolge des

Bacchus« – 36 paarig angeordnete Karyatiden in strotzender Fülle Rubensscher Körperlichkeit, mythologische Naturgötter aus Wald und Flur, Bacchanten, Weingöttinnen, Faune, Silene und Nymphen – geben dieser Seite des Schlosses, unterstützt durch 74 Vasen auf der Attika, Wein- und Blumenranken und andere dekorative Attribute des Festes, eine freudige Gelöstheit besonderen Charakters. Permosers Zwingerplastiken, die sich der Bauherr und der Baumeister in Dresden angesehen hatten, waren zweifellos vorbildhaft. Die Umsetzung der Vorlagen Knobelsdorffs aus seinem Skizzenbuch durch die hohe Bildhauerkunst des Friedrich Christian Glume verhalfen diesen Gestalten, verglichen mit der Dresdner Anregung, zu weitaus impulsiveren Handlungsaktionen, zu einer körperlichen Lebendigkeit, die diese Atlanten oder Gebälkträger von ihrer eigentlichen Aufgabe des Tragens befreit. Dieses Programm führte zu einer eigenartigen Lebensaussage des preußischen Monarchen, die keineswegs seiner wirklichen, spartanischen und militärischen Lebensweise entsprach.

Der offiziellere Zugang des Schlosses liegt an der Nordseite, die etwas kühler, verhaltener, distanzierter geprägt wurde und nichts von der Thematik der Gartenfront ahnen läßt. Hier ist der flache Mittelrisalit nur durch vier Doppelsäulen hervorgehoben. Diese Seite des Schlosses gewinnt spezielleren Charakter durch zwei Viertelkreiskolonnaden, die nach Wunsch und Skizze des Königs einen Ehrenhof bilden sollten. Ihre detaillierte Formung als transparenter Abschluß des Gebäudes zur Landschaft gehörte bekanntlich seit Rheinsberg zu den Besonderheiten Knobelsdorffscher Architektur. Die 48 korinthischen Doppelsäulen, zu einer bogenförmigen Wandelhalle aneinandergereiht, die auch im Sommer der Aufstellung von Orangenbäumen diente, weist auf französische Elemente André Le Nôtres, aber ebenso auf das weltberühmte Kolonnadenmotiv Berninis in Rom. Die Bezüge zu letzterem werden deutlich, wenn man sich die axiale Sichtverbindung vom Ehrenhof zum weiter nördlich gelegenen Ruinenberg vergegenwärtigt. Die Puttos und Vasen der Kolonnade stammen von F. C. Glume und dessen Mitarbeitern, J. G. Glume

169 Schloß Sanssouci von der Gartenseite,
Stich von A. L. Krüger, um 1780

170 Prospekt des Königlichen Lustschlosses und Gartens Sanssouci bei Potsdam, Stich von J. D. Schleuen, um 1765

und M. Müller. Es ist sicher kein Zufall, daß durch das Eingangstor der Säulenarchitektur nur »Landschaft« in den Bau eingelassen wurde. Die künstlich aufgeschüttete Auffahrt war so steil angelegt, daß sie nicht zu befahren war, möglicherweise absichtlich, um unnötige Annäherungen an den Privatsitz Friedrichs II. zu erschweren. Der französische Gesandte hat sich beispielsweise 1784 über diesen kompromittierenden Empfang beschwert, bei dem er angeblich nur mit großer körperlicher Mühe zu Fuß in den Ehrenhof gelangt sei. Eine derartige Betonung des Persönlichen und Privaten war in Deutschland bis dahin in fürstlichen Lebenshaltungen unbekannt und entsprach mehr der bürgerlichen Wohnkultur. Bemerkenswert ist in diesem Zusammenhang, daß am gesamten Bau auf Wappen oder Insignien des preußischen Königs verzichtet wurde. Das Fehlen dieses »Türschilds« und die Aufbringung der Metallinschrift »Sans souci« können als eindeutiger Hinweis auf die Wahrung der Privatsphäre gelten.

Am 8. November 1745 wurde das Schloß als Rohbau beendet. F. C. Glumes Plastiken, die unter Mitarbeit von J. A. Nahl entstanden, waren ebenfalls zu diesem Zeitpunkt fertig.

Im Dezember 1746 brachte der Potsdamer Bronzegießer Benjamin Giese die Inschrift an der Gartenfront an. Damit waren die letzten Arbeiten am Außenbau einschließlich der Kolonnaden und der Innenausbau der Wohnräume des Königs im Ostflügel abgeschlossen. 1747 folgten die Interieurs im Westflügel. Am 28. Juli 1748 schrieb Friedrich II. dann an seine Schwester Wilhelmine v. Ansbach-Bayreuth: »Mein Marmorsaal ist fertig. Nächstes Jahr sollen die Wasserkünste ganz vollendet sein und alle Statuen aufgestellt werden.« Über die festliche Einweihung des gesamten Weinbergschlosses am 1. Mai 1747 berichteten am 2. Mai die »Berlinischen Nachrichten von Staats- und gelehrten Sachen«.

Friedrich II. hatte in seiner skizzenhaften Grundrißvorgabe den Bau in drei Raumgruppen gegliedert: in den östlichen

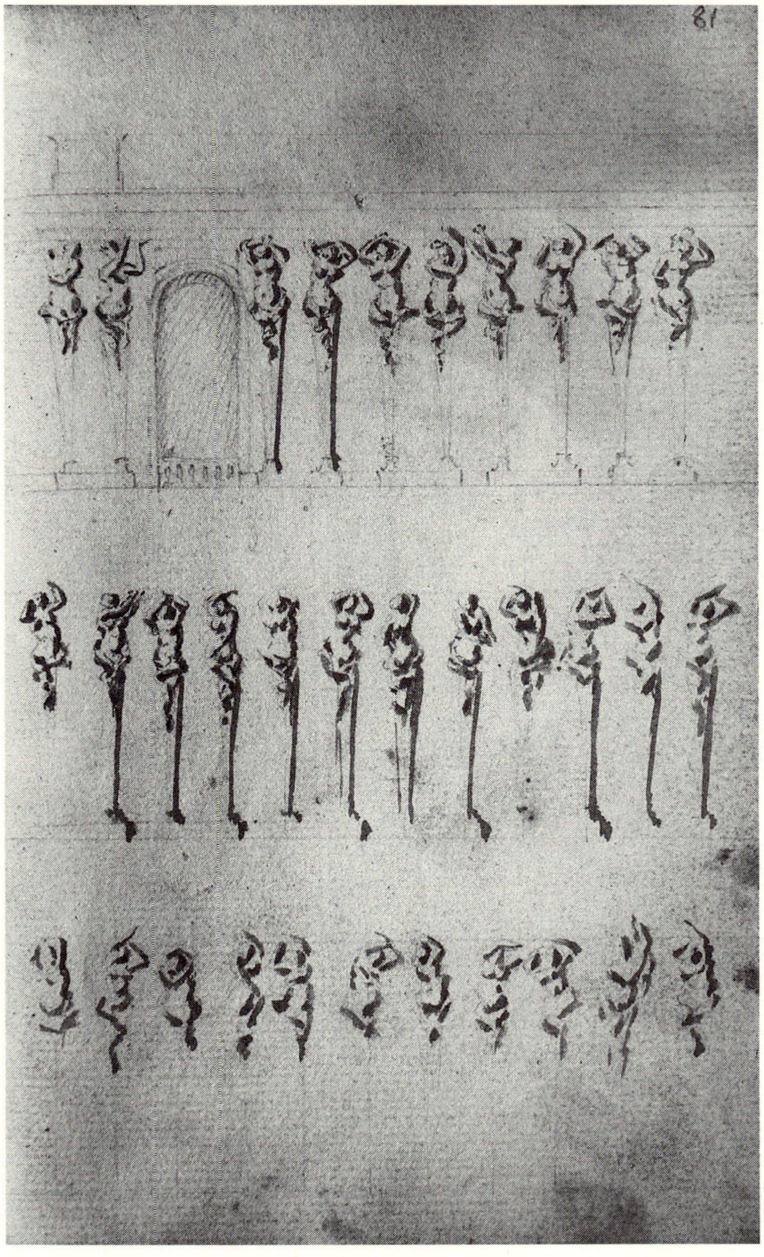

171 G.W.v. Knobelsdorff, Entwurf zu den Karyatiden an der Parkseite des Schlosses Sanssouci aus einem Skizzenbuch, um 1745. Schloß Charlottenburg

Flügel »pour le roy«, in den westlichen Trakt »pour des étrangers« und in den dominanten Mittelbau mit dem Hauptfestraum und dazugehörendem Vestibül. Die als »Appartement double« bekannte Anordnung hintereinanderliegender Doppelzimmer und die Enfilade entsprachen französischen Grundprinzipien der Raumordnung. Friedrich II., der den zentralen Festraum des Schlosses durch ein Oval im skizzenhaften Grundriß angedeutet hatte, bezeichnete später Knobelsdorff eindeutig als Schöpfer des Mitteltraktes. Er sah im Marmorsaal seines Baumeisters vor allem die »freie Nachbildung vom Inneren des Pantheons«. Tatsächlich enthält die Raumeinheit von Hauptsaal und Vestibül die Grundidee des allseitig geschlossenen, überkuppelten Zentralbaus der Antike, wobei allerdings der äußere Säulenkranz ins Innere gezogen wurde. Seit der Renaissance hat der gewaltige Raumeindruck des Pantheons als eines der schönsten antiken Bauwerke des heidnischen Roms viele Künstler fasziniert. Im Barock galt es als Ruhmeshalle und Mausoleum bedeutender Künstler der italienischen Vergangenheit. Daß dieser Typus auch zu den Lieblingsthemen preußischer Baukunst des 18. Jahrhunderts gehörte, beweist die zeitentsprechende Umsetzung an einer Reihe von Beispielen, angefangen beim Amaltheatempel in Neuruppin, über den Rheinsberger Apollotempel, die Französische Kirche in Potsdam und die Hedwigskirche in Berlin bis zum Freundschafts- und dem Antikentempel im Park von Sanssouci.

Der sogenannte aufgeklärte Absolutismus sah im Pantheon zugleich ein Symbol philosophischer Freiheit. In diesem Sinne verstand Friedrich II. auch die inhaltliche Funktion seines Marmorsaales von Sanssouci. Hier sollte der »freie Meinungsstreit« fortgesetzt werden, den er bereits in der Zeit seiner Prinzenerziehung im Umkreis seiner Mutter erlebte, den er im »poetischen Kreis« von Ruppin neu aufgriff und im »Rheinsberger Freundeskreis« fortsetzte. Die bekannte »Tafelrunde von Sanssouci« war dann auch nach der Regierungsübernahme für eine Reihe von Jahren der einzige Ort relativ ungezwungener Meinungsbekundungen für ausgewählte engere Gesellschafter und Freunde des Preußenkönigs, der sonst Entscheidungen immer allein und absolut zu treffen gewohnt war.

Die aktive baukünstlerische Beteiligung Knobelsdorffs am Mittelbau des Schlosses läßt sich anhand eines im Skizzenbuch 3827 befindlichen Schnittes durch Marmorsaal und Vestibül und an einem ovalen Saalgrundriß nachweisen. In der Plankammer von Potsdam-Sanssouci findet sich eine weitere Grundrißzeichnung. Kennzeichnend für das von Knobelsdorff geschaffene Fluidum des Marmorsaales ist die klare rationale Gliederung nach Grundregeln palladianischer Architektur. Bestimmend ist auch die vornehm-kühle Farbgebung und eine dezente Verwendung des Ornaments, eine Haltung, die gerade diesen Hauptraum in Verbindung mit dem Vestibül von den übrigen Räumen absetzt, ohne daß ein Stilbruch bemerkbar wird.

In der Verwendung der korinthischen Doppelsäulen, hier aus carrarischem Marmor mit Kapitellen aus vergoldeter Bronze, wiederholt sich eines der schon früher angewendeten charakteristischsten Formmotive des Baumeisters. Die Kuppel nähert sich mehr dem von Bernini vertretenen italienischen Hochbarock. Das gilt nicht nur für die Ausbildung der Gesimszone über dem Pfeilerkranz, sondern auch für das innere Aufteilungssystem der Kuppelwölbung mit kassettierten Feldern, ovalen Medaillons und Trophäen, die in die Bänderung einkomponiert wurden. In diesem Zusammenhang sei besonders an Vergleiche mit den Kuppeln der Kirchen S. Tommaso di Villanova im Castel Gandolfo bei Rom (1661) und S. Maria dell'Assuta bei Rom (1664) erinnert, die nach Berninis Entwürfen entstanden und die Knobelsdorff vielleicht auf seiner Italienreise sehen konnte.

Bestimmendes Thema des Marmorsaales ist die Darstellung der mäzenatischen Förderung der Künste und Wissenschaften durch Friedrich II., eine Idealisierung, ausgedrückt durch vier allegorische, fast freiplastische Puttogruppen auf dem Gesimsrand der Kuppel. Es sind hervorragende Arbeiten von G. F. Ebenhech. Sie symbolisieren die Zivil- und Militärbaukunst, Musik und Poesie, Bildhauerei und Malerei, Astronomie und Geographie. Direkten Antikenbezug vermitteln zwei Standfiguren in zwei Wandnischen, die der Franzose François Gaspard Adam 1748 schuf: Die Plastik der Venus Urania sollte eine Huldigung an die mythologische Erweckerin der Liebe und Schöpferin allen Lebens in der Natur sein. In der Plastik Apolls, der in einem aufgeschlagenen Buch mit Goldlettern auf Verse des römischen Dichters Lucrez aus dem berühmten philosophischen Lehrgedicht »De rerum natura« verweist, ist der »Besieger der Vorurteile, dem die Wahrheit die Fackel anvertraut« personifiziert. Außerdem schmücken den Saal zwei Bronzebüsten, die König Karl XII. v. Schweden (J. Ph. Bouchardon, 1754) und den französischen Kardinal Richelieu (G. L. Bernini) verkörpern. Duquesnay schuf die farbige Marmorinkrustation des Fußbodens, zu der J. C. Hoppenhaupt d. J. den Entwurf zeichnete.

Dem Marmorsaal ist das Vestibül vorgelagert, der erste prächtige Raum, durch den man das Schloß betritt, und der ursprünglich die Bezeichnung »Parolesaal« trug. Er wird ebenfalls durch eine antikische Haltung bestimmt. Raumbeherrschendes Element sind die zehn mächtigen korinthischen Säulenpaare aus Stuckmarmor. In Antithese zur Strenge und klaren Proportionierung stehen hier jedoch das lebendige Agieren der Götter aus der mythologischen Sagenwelt im Deckengemälde von J. Harper (1746) und die drei Supraporten von G. F. Ebenhech. Tanzende Nymphen, ein Triumphzug des Bacchus und ein trunkener Bacchus mit tanzenden Silenen lassen in Verbindung mit der Weinlaubornamentik auf den Türen Ernstes und Heiteres, so wie es der Außenbau der Gartenfront zeigt, zu eleganter Synthese verschmelzen.

Zur Ausstattung dieses Raumes gehört auch ein sitzender Mars, den L. S. Adam 1730 nach einer Antike des 4. Jahrhunderts v. u. Z. kopiert hatte.

Knobelsdorffs Mitarbeit an den übrigen Räumen blieb ab 1746 nach seinem Ausscheiden aus der Bauleitung vermutlich auf Skizzierungen für die weitere Innengestaltung beschränkt. Die Ausstattung, besonders der Bibliothek und des Konzertzimmers, lag zunächst in den Händen von Johann August Nahl, der sich gerade an diesen Objekten als einer der feinsinnigsten Arrangeure des Rokokoornaments in Deutschland bewies. Er war bereits 1741 während seiner Berliner Arbeiten zum »Directeur des Ornaments« ernannt worden. Als er schließlich 1746 wegen völliger Überlastung Preußen fluchtartig verließ, setzten die Holzbildhauer Johann Michael Hoppenhaupt und Johann Christian Hoppenhaupt, die Bildhauer J. B. Benckert und G. F. Ebenhech, die Stukkateure Johann Michael Merck und Carl Joseph Sartori das Werk in etwas schwereren, überladeneren Kompositionen fort. Die Kunst der einzelnen Hände ist heute schwierig zu trennen, weil ihre Tätigkeit in einer besonderen, von Friedrich Christian Glume geleiteten Hofbildhauerwerkstatt koordiniert wurde. Hier hatte sich der einzelne Meister dem Gesamtkunstwerk unterzuordnen, das letztendlich der künstlerisch-architektonischen Darstellung der genußbetonten Kultur des Feudalabsolutismus diente.

Friedrich II. beanspruchte für seine persönlichen Zwecke im Weinbergschloß fünf Räume: die Kleine Galerie, die Bibliothek, das Wohn-Schlafzimmer, das Konzert- oder Musikzimmer und das Empfangs- und Speisezimmer.

Die Kleine Galerie, ein schmaler, nach Norden gelegener gangartiger Raum, der vom Vestibül in die Gemächer des Königs führte, ist ein Vorläufer der späteren »Bildergalerie«, für die ein eigenes Gebäude im Park entstand. Zur Innenraumgestaltung, an der J. C. Hoppenhaupt, J. M. Merck und C. J. Sartori hervorragend beteiligt waren, gehörten auch Hauptwerke französischer Rokokomalerei von A. Watteau, N. Lancret und J.-B. Pater (heute z. T. in Folge kriegsbedingter Auslagerung

172 Potsdam, Schloß Sanssouci, Marmorsaal,
Aquarell von H. Hintze, 1838

im Schloß Charlottenburg, Westberlin). In die dekorative Gliederung der Wände waren wertvolle Stücke der 1742 erworbenen Polignac-Sammlung einkomponiert, von der bereits einige Jahre zuvor andere Stücke zur Ausstaffierung des Charlottenburger Schlosses verwendet wurden.

Zu den kostbarsten erhaltenen Raumschöpfungen des friderizianischen Rokoko gehört zweifellos die intime Bibliothek Friedrichs II., ein proportionsmäßig allseitig ausgewogenes Rundkabinett gleicher Breite und Höhe, das durch seine zentralisierende Tendenz und die Gedämpftheit der Raumfarben ein Höchstmaß geistiger Konzentration stimuliert. Ein Vermerk auf der Skizze des Bauherrn »comme à Rheinsberg« weist auf die Grundidee der Anlage des dortigen Turmkabinetts, an dessen Gestaltung Knobelsdorff ausschlaggebenden Anteil hatte. In Sanssouci ist durch das meisterliche Können Nahls eine weitaus höhere Qualität der Raumauffassung und der Raumausstattung erreicht worden. In die allseitig geschlossene Wandverkleidung aus braunem Zedernholz ordnen sich die verglasten, vitrinenartigen Bücherschränke ein, die die kostbare Sammlung der Handliteratur des philosophischen Königs aufnahmen. Kamin, Fenster, Spiegelnischen und vier kostbare, den Charakter der Bibliothek unterstreichende Büsten der Polignac-Sammlung – Homer, Apoll, vermutlich Sokrates und Äschylos – sind in dieses, von matt leuchtenden vergoldeten Bronzebeschlägen geschmückte Schreinerwerk einbezogen. Sinnbilder der Architektur, der Malerei, der Musik und der Astronomie sowie eine flache Kuppeldecke aus vergoldetem Stuck und der kleine Schreib-

173 Potsdam, Schloß Sanssouci, Kleine Galerie, Aquarell von H. Hintze, 1838

174 Potsdam, Schloß Sanssouci, Empfangszimmer, Aquarell von H. Hintze, 1838

tisch mit Blick durchs Fenster auf die Gruftanlage und den »Betenden Knaben« vervollständigen das einzigartige Raumerlebnis.

Die Bibliothek ist durch einen kleinen Zwischengang unmittelbar an das kombinierte Wohn-, Schlaf- und Arbeitszimmer Friedrichs II. angeschlossen. In einer Anmerkung seiner Vorskizze hatte er die Anordnung getroffen, den gesamten Raum seinem Schlafzimmer im Potsdamer Stadtschloß anzupassen, weil er bei kältebedingtem Wechsel seiner Wohnung keine gravierende Änderung seiner gewohnten Raumatmosphäre wünschte. Nach seinem Tod war der Hauptwohnraum des Schlosses Sanssouci derart abgenutzt, daß sein Neffe und Nachfolger Friedrich Wilhelm II. 1786 den Klassizisten Friedrich Wilhelm v. Erdmannsdorff aus Dessau-Anhalt berief und die gesamte Ausstattung erneuern ließ. Ein Teil der ursprünglichen Möbel und persönlichen Gegenstände Friedrichs II., einige Plastiken und Gemälde, die ihn und seine Familienangehörigen darstellen, sind erst in der 2. Hälfte des 19. Jahrhunderts wieder in diesem Gemach zusammengestellt worden.

175 Potsdam, Schloß Sanssouci, Konzertzimmer, Aquarell von H. Hintze, 1838

Das anschließende Konzertzimmer hat eine der Bibliothek ebenbürtige Ausstattung erhalten. Sie erfolgte durch Johann Michael Hoppenhaupt. Er hat in die Vertäfelung raumerweiternd wirkende Spiegel, Gemälde von Antoine Pesne und Supraporten von Charles Sylva Dubois einbezogen. Die Decke erinnert an eine Gitterlaube, die durch Weinreben, Puttos und vielerlei Getier belebt ist. Sie gibt in Einklang mit der von Pesne behandelten Thematik aus den Metamorphosen des Ovid – vertreten durch die klassischen Figurenpaare von Pygmalion und Galathea, Vertumnus und Pomona, Diana und Nymphen, Pan und Syrinx, Bacchus und Ariadne – dem Musiksaal ebenfalls die gelungene Mischung von ernst-heiterem Gepräge.

Das kleine Empfangszimmer zwischen Musik- und Marmorsaal diente häufig auch als Speisezimmer. Trotz relativ einfacher Ausstattung klingen in diesem Raum in den Schnitzereien der Supraporten, in Pesnes Deckenbild »Flora und Zephir«, in den über den Türen angebrachten Sinnsprüchen von Horaz, Chaulieu und einem Unbekannten sowie in den Gemälden französischer Meister die bei diesem Schloßbau immer wieder durchbrechenden Bekenntnisse zum Lebensgenuß des Absolutismus an. Zu den hier vertretenen Malern gehören: L. de Silvestre, A. Pesne, J.-B. Pater, C. A. Vanloo, C. A. Coypel, J. Raoux, L. Grossi, J. P. Cazes, L. Bourlogne D. J. und J. F. de Troy.

Dieses Speisezimmer war gewöhnlich der Versammlungsort der »Tafelrunden«, die vor allem Adolph Menzel seit 1839 im Zusammenhang mit seinen Studien zu Franz Kuglers »Geschichte Friedrichs des Großen« und in seinen späteren be-

176 Potsdam, Schloß Sanssouci, Bibliothek,
Aquarell von H. Hintze, 1838

rühmten Gemälden, wie der »Tafelrunde von Sanssouci« (1850) in eindrucksvoller Nachempfindung zu erfassen suchte.

Der Westflügel von Sanssouci enthält vier Appartements. Es sind Gästezimmer gleichartiger Grundrißgestaltung, die jeweils nach Süden einen großen Wohn-Schlafraum mit Alkoven aufweisen. Zum Schloßplateau öffnen sie sich durch je eine Fenstertür, untereinander verbindet sie die vom Marmorsaal ausgehende Enfilade. An den Nordseiten der Zimmer schließen sich je eine Kleiderkammer und ein Bedienstetenraum an. Die dekorative Ausstattung ist bis auf das sogenannte Voltaire-Zimmer zurückhaltend. Das Interieur des ersten Raumes bestimmen die von F. W. Höder mit Chinoiserien bemalten Wandtäfelungen. Im zweiten und dritten Raum wählte man eine blauweiße bzw. rotweiße Damastbespannung als neutralen Hintergrund für eine größere Sammlung von Gemälden der Künstler J. Raoux, L. Bourlogne, A. Pesne, J. van Huysum, N. Lancret, C. S. Dubuisson, C. W. E. Dietrich, J. de Lajoue, F. Guardi und J. Bellavite. Besonders hervorhebenswert sind fünf Werke von Knobelsdorff, darunter drei Landschaften, eine Ansicht des Forum Romanum in Rom und eine Sicht auf Potsdam und Sanssouci.

Der vierte Raum, das »Voltairezimmer«, in dem der französische Philosoph zwischen 1750 und 1753 als Gast des preußischen Königs wohnte, war ursprünglich ähnlich dem ersten Zimmer durch graulila Ornamentik geschmückt, die Höder auch hier auf die Wände gemalt hatte. 1752–53 entstand die heutige Ausstattung durch J. C. Hoppenhaupt und C. S. Dubuisson. In den zeitgenössischen Baurechnungen wird dieses

177 Potsdam, Schloß Sanssouci, Arbeits- und Wohnzimmer Friedrich II. vor der Umgestaltung 1786, Aquarell von H. Hintze, 1838

Gemach als das »lackierte Zimmer mit den Blumen« bezeichnet. Zu den auffallenden Besonderheiten zählen die nahezu vollplastisch geschnitzten Blumen und Ranken, sowie zahlreiche naturalistische Tiere, die unter dem Einfluß der damals beliebten Fabeln Lafontaines eingefügt wurden. Diese Art der Dekoration kennzeichnet den Übergang zur späten Phase des friderizianischen Rokoko, die dann in der Ausstattung des Neuen Palais ab 1763 zu voller Blüte und Ausklang gelangte. Heute steht im »Voltaire-Zimmer« eine 1774 vom Berliner Bildhauer F. E. Meyer gearbeitete Büste des großen französischen Aufklärers.

Die Kiesfläche des Oberen Plateaus der Terrassenanlage von Sanssouci stellt ein wichtiges Bindeglied zwischen dem Schloß und dem gärtnerisch gestalteten Freiraum dar. Es war wiederum der »persönlichste« Teil der ausgedehnten Parkanlage Friedrichs II. Noch vor der Erbauung des Schlosses ließ er hier auf der Ostseite im Blickfeld seiner zukünftigen Bibliothek eine Gruft eintiefen, in der er später bestattet sein wollte und deren Abschlußplatte er mit einer »Flora« bekrönen ließ. Als er 1786 starb, lehnte der Hof diesen »unchristlichen« Platz ab, nicht zuletzt angesichts der als Pendant im westlichen Plateauabschnitt angelegten Gräber der Lieblingshunde des Königs.

Zu den wesentlichen Staffagen der Schloßterrasse gehörten die sogenannten Treillagearchitekturen in Form hölzerner, rankenbewachsener, schattenspendender Wandelgänge, die beim Durchschreiten ein geeignetes Fluidum für geistig anregende Beschäftigungen bieten sollten. Ihre ursprüngliche Gestalt vor der Erneuerung zu Beginn des 20. Jahrhunderts geht ebenfalls auf Knobelsdorff zurück. Vor den Laubengängen stehen Porträtbüsten römischer Imperatoren. Ehemals waren dort auch kostbare Riesenvasen aus Meißner Porzellan aufgestellt.

Der östliche Pavillon enthielt die antike Plastik des damals als »Götterliebling Ganymed« gedeuteten »Betenden Knaben«, die Friedrich II. 1747 vom Prinzen Eugen erworben hatte (heute eine Kopie anstelle des Originals in den Staatlichen Museen Berlin). Die Laubengänge dienten keineswegs nur künstlerisch-ästhetischen Anforderungen, sondern auch dem praktischen Anliegen, die ursprünglich als Ziegelbauten ausgeführten Wirtschaftsgebäude zu verdecken, die in paralleler Versetzung zur Schloßlängsachse östlich als Küchentrakt und westlich als Hofdamenräume angefügt waren. 1841–42 entstanden diese Gebäude neu durch die Schinkel-Schüler Ludwig Persius und Ferdinand v. Arnim in stärkerer Angleichung an den Schloßbau. Sie werden seitdem durch zwei vorgesetzte Baumwäldchen verdeckt.

Die Marmorbalustrade am südlichen Plateaurand stammt ebenfalls aus dem 19. Jahrhundert. Sie ersetzt die ursprüngliche »lebende Hecke« aus Taxuspyramiden und Zwergobstbäumen, die in den warmen Jahreszeiten noch durch Zitrusbäume aus der Orangerie ergänzt wurden.

Friedrich II. hatte auf seiner Skizze gerade Seitenabschlüsse des oberen Areals angedeutet. Die halbkreisförmigen Begrenzungen vor den Bosketts gehören ebenfalls zu der vor 1750 von Knobelsdorff durchgesetzten Konzeption. Kompositionell wurden diese Lösungen durch die Aufstellung römischer Kaiserbüsten bestimmt, die im 18. Jahrhundert in Italien nach Antiken entstanden und durch je eine Figurengruppe im Zentrum des Halbkreises, die F. G. Adam d. J. um 1750 schuf. Das inhaltliche Thema der gartenarchitektonischen Gestaltung dieses Bereichs widerspiegelt die naturphilosophische Auseinandersetzung mit einem beliebten Problem der Aufklärung: dem Verhältnis von Leben und Tod.

Der noch heute über 290 Hektar große Park von Sanssouci mit seiner 2,5 Kilometer langen Hauptallee ist das Ergebnis mehr als 200jähriger deutscher Gartenkunst. An der Entstehung des barocken Teiles, der mit dem Namen Knobelsdorffs verbunden ist, haben in der ersten Hauptperiode unter Friedrich II. von 1744 bis 1786 Baumeister wie Büring, Unger und Gontard sowie Bildhauer wie Glume, Ebenhech, Benckert und Heymüller mitgewirkt. Ebenso bedeutend war der Anteil, den anschließend Künstler wie Karl Friedrich Schinkel und Peter Joseph Lenné unter Friedrich Wilhelm IV. leisteten. Architekten, Bildhauer, Gartengestalter, Maler und Kunsthandwerker haben so zu einem Gesamtkunstwerk des 18. und 19. Jahrhunderts beigetragen, das zum wertvollsten und volkstümlichsten Kulturerbe in der DDR gehört.

Die Frage nach dem Entwurf der Parkanlage wird verschiedenartig beantwortet: Manger schreibt sie Knobelsdorff zu; in der Eloge Friedrichs II. wird sie nicht erwähnt. P. Höckendorf, M. Kühn und W. Kurth glauben, daß hier wie für die Schloßterrasse eine Skizze des Bauherrn vorlag, die dann durch Knobelsdorff detailliert bearbeitet wurde. H.-J. Giersberg nimmt mit Recht eine größere Selbständigkeit des Baumeisters an.[38]

Wenn auch Knobelsdorffs Anteil schwierig abzugrenzen ist, muß man davon ausgehen, daß er vor dieser Aufgabe Gärten in Sachsen, Italien und Frankreich studieren konnte und in Neuruppin, Rheinsberg, Charlottenburg, im Berliner Tiergarten und am Potsdamer Stadtschloß schon beachtliche Leistungen dieser Art vollbrachte. So sind ihm gewiß auch in Sanssouci die geometrische Grundaufteilung im französischen Stil, die Führung der wichtigen Alleen und Wege, die Eingliederung der »Salons« und Laubengänge, möglicherweise auch die Zeichnungen für die Arabesken der Rasenflächen und Blumenrabatten zuzuschreiben. Zu seinen wichtigsten Partnern gehörten der ausführende Gärtner Christian Ludwig Netke (gest. um 1779), der als Kondukteur und Feldmesser an der Kurmärkischen Kriegs- und Domänenkammer gearbeitet hatte. Die Anpflanzungen der einheimischen Gehölze und der Importe aus Holland, England und Frankreich müssen dagegen dem fachlichen Können des Hofgärtners Krutisch zugewiesen werden. Dem schriftlichen Nachlaß ist es zu entnehmen, daß die Einordnung der plastischen Kunstwerke in den Park vornehmlich nach Angaben und Wünschen Friedrichs II. erfolgte.

Der Knobelsdorff zuerkannte Teil der heutigen Anlage umfaßt den ältesten, durch geometrisierende Einteilung gekennzeichneten nordöstlichen Abschnitt zwischen Obeliskportal und Beginn des »Rehgartens«. Er ist durch das östliche Drittel der Hauptachse charakterisiert und durch fünf Rondelle, die als Dreh- und Ausgangspunkte von abzweigenden Nebenachsen den Zugang zu den Gartenbereichen der Neptungrotte, der Bildergalerie, der Schloßterrasse, der Neuen Kammern und zum Musenrondell vermitteln. Den westlichen Abschluß dieses ersten Parkareals bildete die 1753 von Knobelsdorff errichtete Marmorkolonnade, die 1763 abgetragen wurde. Wie Kupferstiche aus perspektivischer Sicht von Georg Balthasar Probst (um 1748) und ältere Lagepläne zeigen, war das Terrain dieses ersten Parks von einer Mauer eingefaßt. Ansichten von J. D. Schleuen d. Ä. zeigen ebenfalls, daß das Parterre am Fuße der großen Freitreppe einen gestalterischen Höhepunkt des Weges zum Schloß darstellte. Das Prinzip der um 90° abgeknickten Hauptallee gab es bereits in Rheinsberg. Die Überleitung einer geraden Parkachse in eine Querrichtung stellte eine Befreiung von der starren französischen Gartenstruktur in Versailles dar, geht aber auf erheblich frühere Konzeptionen italienischer Terrassengärten des 17. Jahrhunderts zurück.

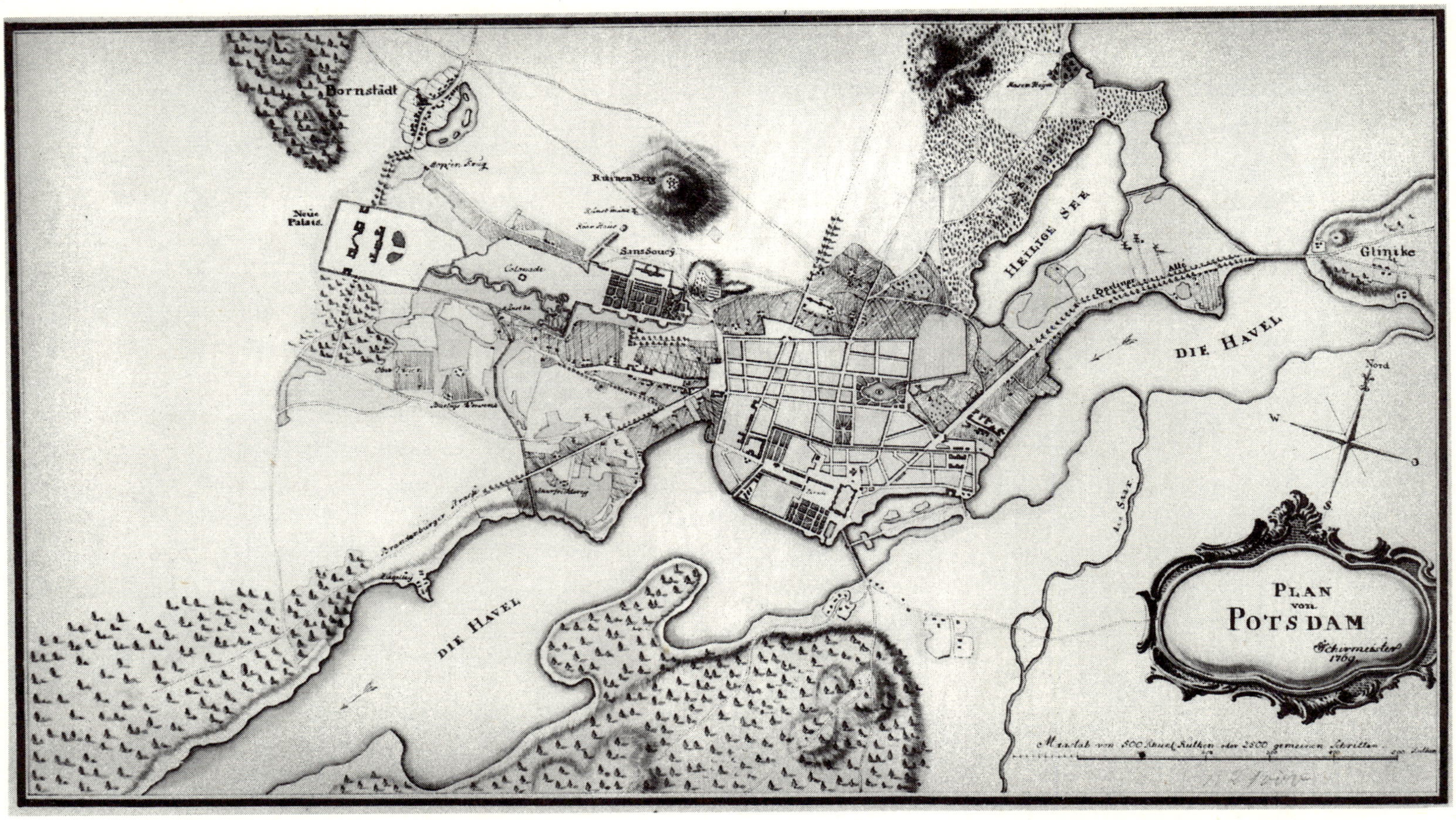

178 Gesamtplan von Potsdam mit Schloß und Park Sanssouci, Stich von Schirrmeister, 1769

Den östlichen Hauptzugang zum Park von Sanssouci bildet das 1747 von Knobelsdorff entworfene Obeliskportal. Es entstand in engster Anlehnung an das Rheinsberger Vorbild und zeigt wie dieses einen Aufbau aus zwei Torpfeilern, die jeweils aus vier korinthischen Sandsteinsäulen bestehen und eine breite Einfahrt mit schmiedeeisernem Gitter rahmen. Auf dem kräftigen Gebälk der Säulengruppen stehen Vasen, die von Puttos mit Blumengirlanden umrankt werden. Seitlich an das Eingangsportal schließen halbkreisförmig ausschwingende Brüstungsmauern an, die ehemals an den Außenseiten von einem »Aha« begleitet wurden, einem bei barocken Gartenanlagen üblichen Wassergraben als Grenzmarkierung zur umgebenden Landschaft. Die Plastiken der Pomona und der Flora neben den Säulen, die mannshohen Vasen und die Wassernymphen auf den Mauerkronen stammen von F.C. Glume (Kopien, Originale magaziniert).

Dem Parkzugang ist ein baumbestandener Platz vorgelagert, auf den von außen her ursprünglich mehrere Wege strahlenförmig zuführten. Der ehemalige Mittelweg bildet den Anfang der ostwestlichen Hauptallee. An dieser Stelle erhebt sich der 1748 von Knobelsdorff entworfene, hoch aufragende Obelisk. Mit seinen frei erfundenen dekorativen Hieroglyphen wurde er durch einen der Gebrüder Hoppenhaupt in Zusammenarbeit mit Martin Angermann ausgeführt. Knobelsdorff hatte originale Obelisken, die seit der Renaissance in Italien auf Plätzen und in Gärten Aufstellung fanden, in Rom und an anderen Orten gesehen. Er kannte aber auch die Nachbildungen, die man in Preußen schon unter Friedrich Wilhelm I., in Sachsen unter August dem Starken und vor allem in Süddeutschland als beliebte territoriale Machtsymbole aufgestellt hatte.

Nach dem Durchschreiten der Großen Gartenpforte nimmt die Hauptallee von Sanssouci zunächst strengere Form an. Auf kurzer Wegstrecke und vor hohen Heckenwänden stehen 12 Marmorbüsten. Es sind antike Arbeiten oder Werke des 18. Jahrhunderts nach antiken Vorbildern – überwiegend Darstellungen von Römern, aber auch Diana und Jupiter sind vertreten. Diese Plastiken bereiten das Erlebnis des nun folgenden Rondells mit sechs Büsten aus italienischem Marmor vor – vier Mohren, ein Römer und ein Philosoph sind hier aufgestellt. Dieses 1. Rondell führte zur Neptungrotte im nordöstlichen Lustgartenbereich. Sie gehörte zu den letzten Entwurfsleistungen Knobelsdorffs ab 1751 und wurde erst nach seinem Tod gegen 1757 vollendet, weil die Herbeischaffung des Marmorblocks für die bekrönende und namengebende Skulptur Neptuns aus Italien sehr lange Zeit beanspruchte. Die Neptungrotte bildete ein Gegenstück zu der 1749 von Knobelsdorff westlich der ehemaligen Orangerie aufgestellten Thetisgrotte, die dann 1840 in ein Felsentor umgewandelt wurde. Die Grottierung und die Figur des Neptun (1760) stammen von J. P. Benckert, die Najaden mit den Wasserkrügen von G. F. Ebenhech (1752).

Die betont barocke Auffassung dieses Gartenpavillons und seiner Details steht im merklichen Gegensatz zur sonstigen klassischen Beruhigtheit Knobelsdorffscher Architektur. Ebenso wie die Marmorkolonnade war die Neptungrotte das Ergebnis vieler stilistischer Eingriffe seiner Nachfolger. Wesentliche Veränderungen des Inneren erfolgten nach 1840. Später wuchs dieses kleine Bauwerk durch Gestrüpp zu und wurde erst 1890 wiederentdeckt.

Das 2. Rondell der Hauptallee mit einem kleinen zentralen Fontänenbecken wird auch als »Oranierrondell« bezeichnet, weil hier an den bogenförmigen Heckenwänden zwischen kugelförmig geschnittenen Buchen acht Marmorbüsten bekannter »Oranier« aufgestellt waren, die sich seit dem Anfang des 18. Jahrhunderts in preußischem Besitz befanden, aber bereits

179 Potsdam, Schloß Sanssouci, Weinbergterrassen und Parterreanlagen im 19. Jahrhundert, Lithographie

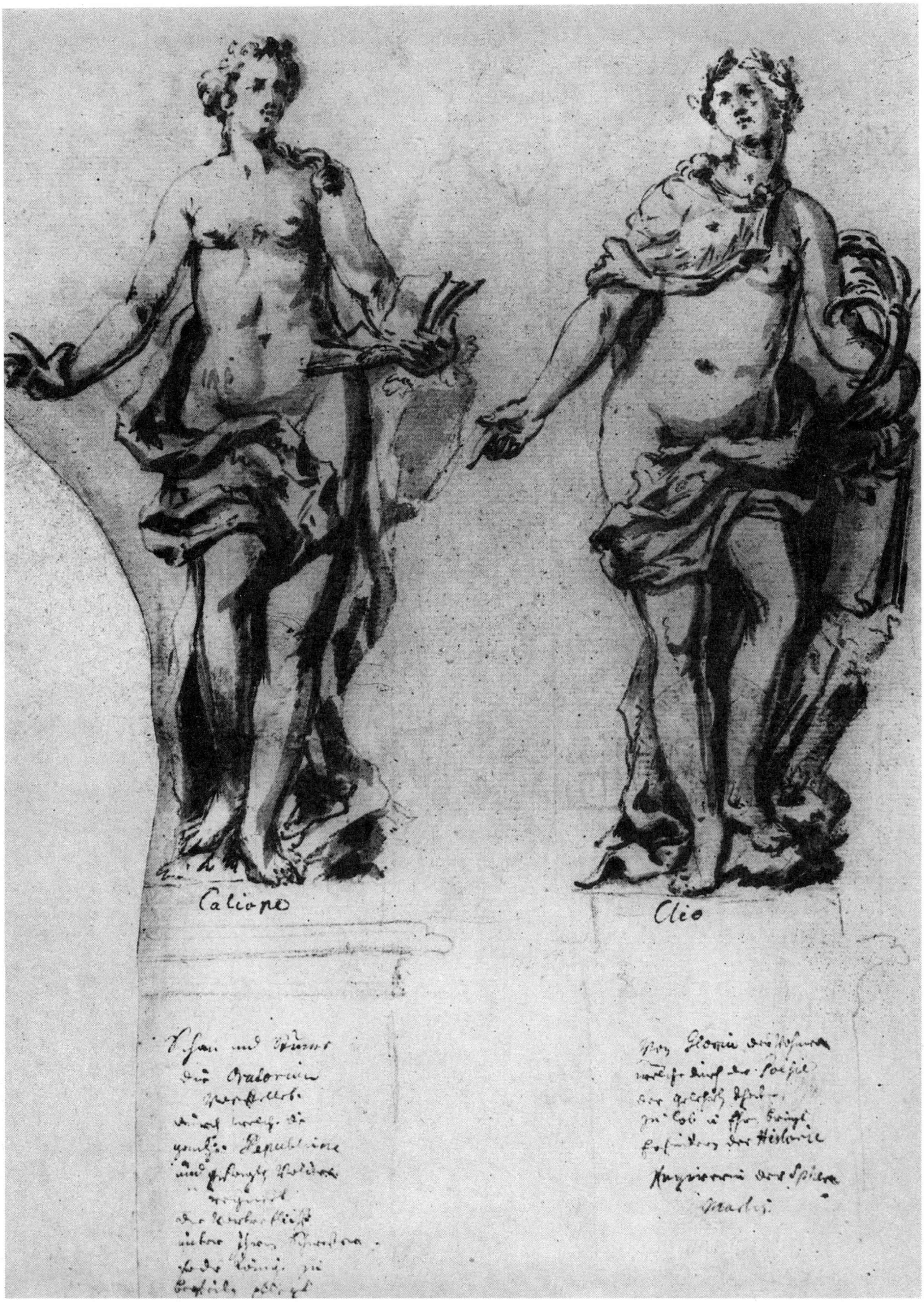

180 Entwurf Knobelsdorffs für Plastiken zum Musenrondell im Park Sanssouci

1650 von dem Flamen Franz Dusart geschaffen worden waren. Dort, wo die Bildergalerie steht, die J.G.Bühring 1755 bis 63 erbaute, hatte seit 1747 ein einfaches Treibhaus gestanden, das beispielsweise noch auf Stichen von G. B. Probst erkennbar ist. Das vorgelagerte Gelände war auch hier seit 1748 in sechs Terrassen aufgegliedert, die der holländische Gartenarchitekt J. L. Heydert 1764 in einen leicht ansteigenden Ziergarten umwandelte. Die Baukörpergestaltung des Büringschen Gebäudes lehnt sich an Schloß Sanssouci an, ist diesem jedoch bewußt architektonisch und landschaftsgärtnerisch untergeordnet.

Die Idee zu dieser Bildergalerie hatte seit März 1755 bei Friedrich II. festere Formen angenommen. Er hatte die berühmt gewordene Gemäldesammlung des sächsischen Kurfürsten August II. in Dresden kennengelernt und nun durch Vermittlung des Grafen Algarotti ebenfalls wertvolle Bilder in Frankreich, Flandern und Italien erworben. Sie fanden in der Kleinen Galerie von Schloß Sanssouci keinen Platz mehr, sollten aber zur weiteren künstlerischen Bereicherung des Parkareals beitragen. Das separate Gebäude der Gemäldegalerie Friedrichs II. war das erste Beispiel selbständiger Unterbringung einer königlichen Kunstsammlung außerhalb des Schlosses und damit eine Parallele zur baulichen Verselbständigung des Opernhauses in Berlin.

Das Hauptparterre des Parks von Sanssouci bestand ursprünglich aus einem Quadrat mit großem Mittelrondell, in dessen Zentrum am Schnittpunkt von sechs strahlenförmigen Wegen sich ein vierpaßförmiger Marmorspringbrunnen befand. Aus der Mitte erhob sich die mythologische Skulptur der Meeresgöttin Thetis und ihres Gefolges – eine Bleigruppe auf einem Marmorsockel, die Ebenhech in Anlehnung an die Bassingruppe des ehemaligen Potsdamer Lustgartens schuf. Um das Bekken herum waren Marmorstatuen aufgestellt: insgesamt acht Gruppen von Göttern und vier Gruppen der »Elemente«, darunter »Merkur« und »Venus« von Jean Baptiste Pigalle und »Luft« und »Wasser« von Lambert Sigisbert Adam. Letztere waren ein Gegengeschenk König Ludwigs XV. für einige Trakehner Pferde (heute Kopien anstelle der Originale in den Staatlichen Museen Berlin). Anfang 1750 wurden diese Plastiken aufgestellt und bis 1760 durch weitere Skulpturen des François Gaspard Adam d.J. komplettiert. Ebenhech stellte auch mythologische Plastiken auf die vier großen Beete, die das Rondell peripher umgaben.

Um 1750 ließ Friedrich II. die über das Parterre hinwegführende Mittelachse der Terrasse nach Süden verlängern und dabei zwei Kanäle und zwei Gärtnerhäuser nach Entwürfen von Knobelsdorff anlegen. Der dort entstandene Nebeneingang zum Park war durch die zwei Sphinxen von Ebenhech markiert. Durch diese südliche Erweiterung entstand eine engere Anbindung an den benachbarten Marly-Garten, in dem der König vorwiegend einheimische Obstsorten anpflanzen ließ.

Ab 1841 ließ Friedrich Wilhelm IV. das Fontänenrondell um das dreifache vergrößern, ein neues rundes Bassin anlegen, Heckenwände anpflanzen und 1848 die nach Entwürfen von Ludwig Ferdinand Hesse geschaffenen Marmorbänke und Marmorzierwannen aufstellen. 1843 hatten bereits in unmittelbarer Nachbarschaft die vier schlanken klassizistischen Figurensäulen nach Entwürfen August Friedrich Stülers ihre Plätze erhalten. Diese Maßnahmen des 19. Jahrhunderts trugen zu einer erheblichen Veränderung der von Knobelsdorff geschaffenen Parksituation in diesem wichtigen Erlebnisbereich bei.

Westlich des Großen Parterres reiht sich an die Hauptallee die »Blumenfontäne«. Sie befindet sich inmitten eines kleineren Rondells, das von acht Marmorskulpturen umgeben ist, die 1750 an die Stelle älterer, bereits durch die Witterung zersetzter, vergoldeter Bleifiguren traten. Sechs dieser Plastiken stammen aus Carrara. Sie zeigen sich einzeln oder paarweise als Flora, Bacchus und Ariadne, Paris und Helena, Herkules und Antinous, Herkules und Antaeus, Pluto und Proserpina und nochmals Bacchus. Von diesem Rondell eröffnet sich der Blick auf die »Neuen Kammern«. Sie sind der Gegenpart zur östlichen Bildergalerie und gehören damit zu einer nicht nur im Park von Sanssouci, sondern auch sonst im 18. Jahrhundert einmaligen Dreiergruppierung von dominanter Sommerschloßanlage, fürstlichem Gästehaus und Galerie.

Die »Neuen Kammern« entstanden 1771–74 durch Umgestaltung eines massiven Vorgängerbaues, der 1746 nach französischem Vorbild von Knobelsdorff entworfen und 1747 als Orangerie errichtet wurde. Die bauplastischen Arbeiten stammten von F. C. Glume. Der originale Zustand dieses relativ nüchternen Zweckbaues ist aus einer Reihe älterer Stiche ersichtlich. Im Sommer, wenn die exotischen Kübelpflanzen aus diesem Warmhaus in den Park gestellt wurden, bot der hallenartige Innenraum willkommene Gelegenheit zur Aufführung von Theater- und Singspielen.

Unger und Gontard ließen den baulichen Kern der alten Orangerie bestehen, veränderten aber durch den Einbau von Gesellschaftssälen und Kavalierwohnungen grundlegend die Funktion und die Aufteilung der Innenräume. Außerdem setzten sie in Parallelität zur Bildergalerie eine Kuppel auf den Mittelbau und paßten die Schauseite zum Park unter Beibehaltung der Fenstertüren der neuen Bestimmung an. Erhalten blieben auch die ursprünglichen Attikafiguren von Glume und die 1749 vor den Fensterpfeilern aufgestellten mythologischen Plastiken – ebenfalls Antikenkopien italienischer Künstler des 18. Jahrhunderts aus Carrara. 1842 schloß Persius an die Rückfront des Gebäudes ein Treppenhaus an, 1860 wurde an der westlichen Schmalseite eine tempelartige Loggia ergänzt.

Das geometrische Gartenparterre war zu Knobelsdorffs Zeiten mit Kirschbäumen bepflanzt. Die besondere Vorliebe Friedrichs II. für heimische Obstarten ist bekannt. Anregungen für derartige Anpflanzungen auch in anderen Bereichen des Parks entnahm er dem in seiner Bibliothek enthaltenen Standardwerk von 1690, das der Direktor der Obstgärtnerei Ludwigs XIV., Jean de la Quintinie, verfaßt hatte.

1956 wurde vor den »Neuen Kammern« der jetzige »Rosengarten« angelegt. In diesem Teil befindet sich auch die sogenannte Corradini-Vase, die Ebenhech um 1750 nach einem italienischen Original im Dresdner Großen Garten kopierte. Die zwei 1960 hier aufgestellten Marmorfiguren der »Flora« und »Pomona« stammen aus dem ehemaligen Lustgarten des Potsdamer Stadtschlosses. Auch sie wurden von Ebenhech um 1750 nach Entwürfen von Glume gearbeitet.

Das im Verlauf der westlichen Hauptachse folgende »Musenrondell« entstand ebenfalls nach einer Entwurfszeichnung Knobelsdorffs aus dem Jahre 1752. Glume schuf die teilweise durch Kopien und Ergänzungen ersetzten Plastiken der Musen des Gesangs, des Tanzes, der Lyrik, der Lustspieldichtung, der Tragödiendichtung, des Liebesliedes, des Heldenliedes, der Geschichte und der Poesie. Einer der sechs Wegstrahlen des Rondells führt zum nordwestlich gelegenen Felsentor, eine andere Achse zu einem weiteren Fontänen-

181 Potsdam, Park Sanssouci, Lageplan um 1930

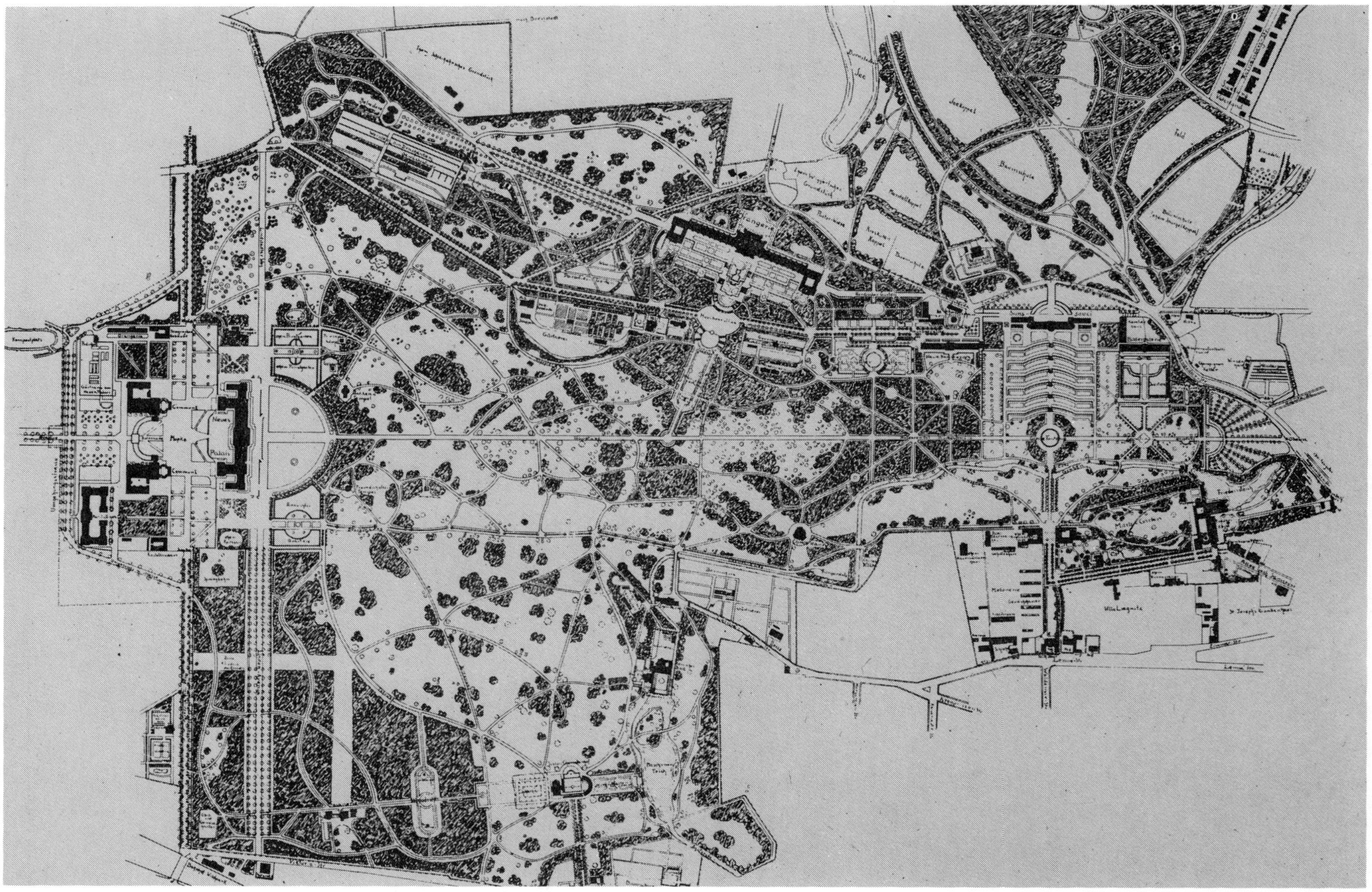

rondell mit vier um 1748 entstandenen italienischen Marmorfiguren aus Carrara: Adonis, Flora, Faun und Andromeda.

Am »Entführungsrondell« mit vier mythologischen Marmorgruppen von Ebenhech, die um 1750 hier aufgestellt wurden, schloß der erste, Knobelsdorff zugeschriebene Parkteil ab. An dieser Stelle endeten auch die Heckenpflanzungen der geometrisch angelegten Quartiere. Hier schloß sich dann 1746–50 in einer nächsten Erweiterungsphase der »Reh- und Fasanengarten« an. Die ursprüngliche Gestaltung dieses ehemaligen Waldstückes wird ebenfalls Knobelsdorff zugewiesen. Als architektonischen Abschluß der weiter nach Westen verlängerten Hauptachse und als Gegenstück zum östlichen Obeliskportal errichtete Knobelsdorff 1751 eine abschließende Kolonnade mit zwei torartigen Durchgängen. Sie bestand aus rotem schlesischen und weißem italienischen Marmor. Die Ausstattung mit acht muschelförmigen Wasserbecken und reichem plastischem Schmuck in Gestalt von Putten, mythologischen Gruppen, unter anderem aus dem Themenbereich der beliebten Metamorphosen des Ovid, führte auch zu der Bezeichnung »Marmorgrotte«. Als 1763 mit dem Bau des Neuen Palais begonnen wurde, erfolgte der Abriß der Kolonnade. Die wertvollen Säulen verwendete Boumann d.J. 1788–90 beim Bau des Marmorpalais im Neuen Garten am Heiligen See (heute Armeemuseum der DDR). Der »Rehgarten«, in dem Büring mit Benckert und Heymüller 1754–56 nach Angaben Friedrichs II. das Chinesische Teehaus errichtete, ist in diesem Zusammenhang ab 1763 durch Friedrich Zacharias Salzmann und ab 1819 erneut durch Lenné in einen Landschaftsgarten nach englischem Vorbild umgewandelt worden, der diesem Teil des Parks bis heute das Gepräge gibt.

182 Potsdam, Park Sanssouci, Lageplan um 1982

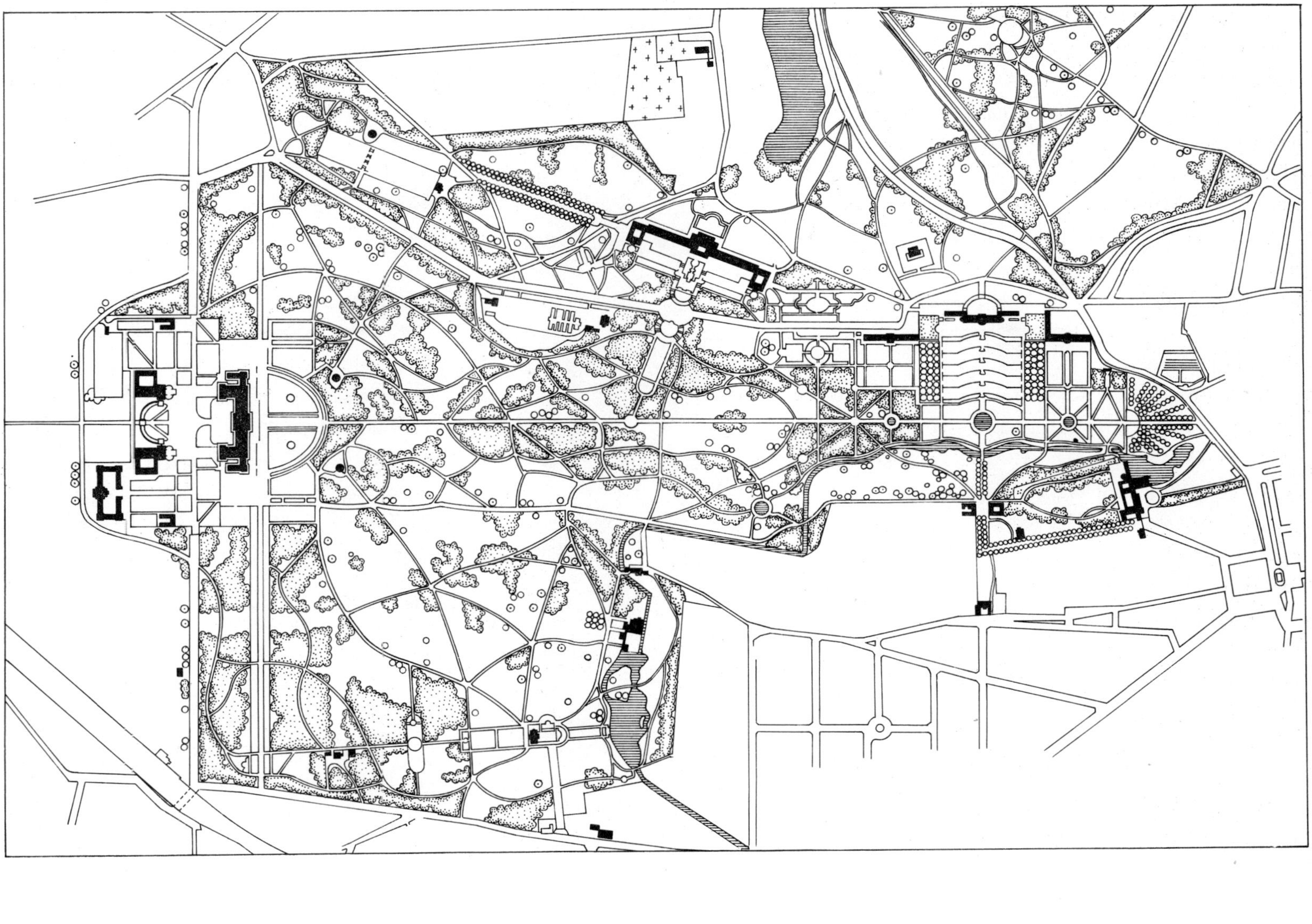

Den westlichen Abschluß der Hauptallee bildet das 1763–69 ebenfalls nach Angaben Friedrichs II. von Büring entworfene und begonnene, seit 1765 unter künstlerischer Leitung von Karl v. Gontard vollendete 213 Meter lange Neue Palais. Diese letzte Schloßanlage Preußens im friderizianischen Spätstil entsprach dem neuen Repräsentationswillen nach dem Siebenjährigen Krieg. Obwohl es offiziell zur zweiten Sommerresidenz erklärt wurde, diente es vorwiegend als Wohnschloß für Angehörige der Königsfamilie und für die Beherbergung fürstlicher Gäste. Wenn sich dieser Monumentalbau auch stilistisch weitgehend vom Architekturwollen Georg Wenzeslaus v. Knobelsdorffs löste, so führte er das friderizianische Rokoko besonders als Element der Innenausstattung zu einem der letzten Höhepunkte im 18. Jahrhundert.

Weitere städtebauliche Lösungen in Potsdam

Seit 1748, noch während der Arbeiten am Stadtschloß, veranlaßte Friedrich II. die grundlegende Umgestaltung des Alten Marktes in Potsdam. Dieser Bereich nordöstlich des ehemaligen Schlosses gehörte bis zur Zerstörung im Zweiten Weltkrieg zu den eindrucksvollsten städtebaulich-architektonischen Plätzen des Spätbarock im damaligen Brandenburg-Preußen. Der Stich eines unbekannten Meisters vom Ausgang des 18. Jahrhunderts kennzeichnet die hohe Qualität dieses räumlichen Ensembles.

An seiner konzeptionellen Lösung war in erster Linie Knobelsdorff beteiligt, nachdem er sich von den Aufgaben in Sanssouci zurückgezogen hatte. Nach seinem Weggang aus Potsdam prägten besonders J. Boumann d. Ä., dessen Baukondukteur Christian Ludwig Hildebrant und schließlich ab 1764 Karl v. Gontard das Architekturbild in stärker ausgeprägten Formen des Spätbarock. Weniger als zwei Jahrzehnte zuvor war die Neufassung des Alten Marktes durch einfache, teilweise kasernenartige Bürgerhäuser abgeschlossen worden, als die neuerliche Idee der baulichen Veränderung unter dem besonderen Aspekt der Gestaltung einer repräsentativeren »Schloßfreiheit« entstand. Sie stellte hohe architektonische Anforderungen, denn es galt auf einem relativ engen Raum zwischen dem Stadtschloß und dem barocken, von Philipp Gerlach entworfenen Vorgängerbau der heutigen Nikolaikirche die von Friedrich II. als unansehnlich empfundenen Gebäude durch eine Reihe anspruchsvoller Wohnpalais und ein neues Rathaus zu ersetzen. Viele Bürger mußten aus diesem Grunde ihre Häuser räumen, erhielten aber als Abfindung andere Grundstücke zugewiesen. Durch das 1679–1701 von Jean de Bodt errichtete Fortunaportal am Abschluß des Ehrenhofes der nordöstlichen Schloßseite war bereits eine festliche Note angeschlagen, die an äquivalente Beispiele denken ließ.

Wie bei allen Baumaßnahmen seines unmittelbaren persönlichen Bereichs befaßte sich der preußische König auch hier sehr engagiert mit den Details der Ausführung. Durch den kunstsachverständigen italienischen Grafen Algarotti ließ er sich mit Literatur über italienische und französische Baukunst versorgen. Dazu gehörten unter anderem auch Stichvorlagen von Bauten Bramantes, vom Palazzo Pitti in Florenz, Skizzen von Bauwerken des Giulio Romano in Mantua und neuere Palladio-Ausgaben. Über den Architektur-Dilettanten und führenden Vertreter des englischen Palladianismus, Lord Burlington, der alles Erreichbare über Palladio sammelte und seinen Nachlaß neu herausgab, ließ sich Friedrich II. beispielsweise 1752 »Le Terme dei Romani« und ebensolche Publikationen über englische palladianische Architekturen, wie den Ägyptischen Saal in London und den Palast in Chiswick zusenden, die dort seit der Schaffensperiode des Inigo Jones gravierende Bedeutung besaßen.

Veränderte Kopien italienischer Palastfassaden, die der Bauherr und seine Baumeister kaum im Original gesehen hatten, gaben mit ihren Säulenfronten die ausschlaggebenden Anregungen für die architektonische und kompositorische Neufassung wichtiger Potsdamer Plätze und Straßenzüge in unmittelbarer Nachbarschaft und direkter Sichtbeziehung zum Stadtschloß. Nachweisbar sind derartige Anlehnungen an Palladios unausgeführten Entwurf für den Palazzo Angarano, den Palazzo Valmarana, die Villa Montana Barbaro, den Entwurf des Palazzo Giulio Capra in Vicenza oder an die Consultá des Fernando Fuga in Rom.

Die nicht mehr erhaltene südliche Schau- und Eingangsfront der alten Nikolaikirche, die in Abhängigkeit von Santa Maria Maggiore in Rom entstand, das ehemalige Kommandantenhaus der Garde du Corps in der Heinrich-Rau-Allee und das sogenannte Knobelsdorff-Haus, ein 1750–51 für den Königlichen Sattlermeister Johann Peter Lehmann errichtetes Wohngebäude vornehmer Prägung vermittelten charakteristische Züge Knobelsdorffscher Architekturgesinnung.

J. Boumann d. Ä. und C. L. Hildebrant ersetzten 1752–53 das Rathaus durch einen neuen Bau, der den gewachsenen Verwaltungsanforderungen der sich rasch vergrößernden Residenz- und Garnisonsstadt entsprach, aber auch das Zentrum preußischer Macht aufzuwerten verhalf.

Durch die Verwendung des Entwurfs für den Palazzo Angarano gelangten in verstärktem Maße Elemente der plastischen Fassadengliederung zur Wirksamkeit. Um diese und die unterschiedlichsten Volumina der Baukörper in Einklang zu bringen, stellte Knobelsdorff 1753–55 einen über 26 Meter hohen, mit schlesischem Marmor verkleideten Obelisken in der Mitte des Platzes und in der Mittelachse der Nikolaikirche auf. Durch dieses Monument, das von Johann Gottlieb Heymüller ausgeführt wurde, gelang es Knobelsdorff in meisterhafter Weise, den Alten Markt zu zentralisieren und in ein Spannungsfeld optischer Erlebnisse räumlicher und maßstäblicher Art zu verwandeln, wie er es offensichtlich selbst in verwandter Form auf Berninis Vorplatz von Sankt Peter in Rom erlebt hatte.

Die Gestaltung der Sockelzone des Obelisken könnte in entfernter Ähnlichkeit auf einen Grabbauentwurf deuten, den Johann Bernhard Fischer von Erlach 1721 in seinem »Entwurf einer historischen Architektur« abgebildet hatte. Von besonderer Bedeutung waren vier runde Bronzemedaillons am Schaft des Obelisken, die Benjamin Giese gearbeitet hatte. In Gestalt römischer Feldherrn waren hier ursprünglich die Porträts des Großen Kurfürsten und der preußischen Könige Friedrich I., Friedrich Wilhelm I. und Friedrich II. angebracht. Durch diese Darstellungen erwies sich das Monument eindeutig als politisches Machtsymbol der Hohenzollernherrschaft. Bei der Wiederaufstellung des rekonstruierten Obelisken im Jahre 1981 sind die Bronzemedaillons durch Steinmedaillons ersetzt worden, auf denen die Porträtköpfe derjenigen Baumeister dargestellt sind, die dem Potsdam des 18. und 19. Jahrhunderts den architektonischen Stil gaben: Georg Wenzeslaus v. Knobelsdorff, Karl v. Gontard, Ludwig Persius und Karl Friedrich Schinkel. Friedrich II. veranlaßte bald nach der Fertigstellung des Obelisken die Kürzung der Spitze um fast 3 Meter, weil sie ihm angeblich die Sicht vom Stadtschloß auf das von J. Boumann errichtete Rathaus versperrte. Vielleicht wollte er auch seinem hochtalentierten Baumeister Knobelsdorff, der sich 1745 mehrfach gekränkt von Potsdam abwendete, beweisen, daß er dort Unvollendetes hinterließ. Der 80 Jahre später, in den Jahren 1830–49, von Schinkel, Stüler und Persius erfolgte Neubau der Nikolaikirche als Zentralbau mit gewaltiger Kuppel sollte den Raumeindruck des Marktplatzes weiter steigern, hat aber eher zu einer erdrükkenden Wirkung geführt, die heute in der weit zur Havelniederung geöffneten Bebauung nicht mehr zu spüren ist.

Von Knobelsdorffs Bautätigkeit zeugt heute am Alten Markt nur noch das »Knobelsdorffhaus«, ein zweieinhalbgeschossiger Putzbau an der Ecke zur Brauerstraße. Seine Fassadenbildung ist durch ein englisches Bürgerhaus in Twittenham/Middleessex inspiriert. Es findet sich als Stich im »Vitruvius Britannicus«, einer von Colin Campbell herausgegebenen, auf den englischen Palladianisten Inigo Jones zurückgehenden Sammlung, die sich noch am Anfang des 19. Jahrhunderts großer Beliebtheit unter den englischen Baumeistern erfreute.

An der Schauseite des Potsdamer Hauses zum Markt hat Knobelsdorff die dritte der fünf Achsen als Mittelrisalit ausgebildet und mit einem Dreiecksgiebel bekrönt. Im zweiten Geschoß setzte er einen breiten, rokokohaften geschwungenen Mittelbalkon mit schmiedeeisernem Gitter an, den zwei Karyatiden in Gestalt von Chinesen tragen. Zwischen dem zum antikisierenden Sockel ausgebildeten Erdgeschoß, dem Mezzanin und der Dachzone mit massiver Attika, flachem Walmdach sowie den risalitbetonenden Plastiken der Flora, des Vertumnus und der Pomona wirkt das zweite Geschoß als eine dazwischengeschobene, ausgeprägt barocke Zone. Die vermutlich von J. Boumann als Bauausführendem eingesetzten Rundbogenfenster und die Verwendung zeitgemäßer Chinoiserien unterstreichen diesen Eindruck und bekräftigen die Schlußfolgerung, daß Knobelsdorff keineswegs der vom Souverän mißverstandene Klassizist war, wie immer wieder betont wurde, sondern durchaus die Synthese klassischer und rokokohafter Formen anstrebte.

Von Friedrich Christian Glume, Johann Peter Benckert und Carl Joseph Sartori stammten die bauplastischen Schmuckformen des »Knobelsdorffhauses«. Es wurde nach der Zerstörung 1945 in den Jahren 1963–66 über einen modernen Zwischen- und Angleichungsbau mit dem ebenfalls denkmalpflegerisch wiederhergestellten ehemaligen Alten Rathaus zum Kulturhaus »Hans Marchwitza« vereinigt. Die kleineren Räume des ursprünglichen Wohngrundrisses dienen seitdem als Zirkelräume für Arbeitsgemeinschaften.[39]

Die architektonische Neufassung des Potsdamer Alten Marktes unter maßgeblicher Beteiligung Knobelsdorffs gehörte zu den drei entscheidenden städtebaulichen Anliegen, die zwischen 1744 und 1755 verfolgt wurden. Sie dienten dem primären Zweck, den Schloßbau der preußischen Residenz zur Dominante im Stadtorganismus und der umgebenden Havellandschaft zu erheben. Zum zweiten Schwerpunkt gehörte der weitere Ausbau der Achse, die vom südwestlichen

183 Potsdam, Alter Markt mit Nikolaikirche
von Schinkel, Persius und Stüler
sowie Obelisk von Knobelsdorff,
Darstellung etwa Mitte 19. Jh.

Im April 1746 war Knobelsdorff auf eigenes Ersuchen von der Bauleitung in Sanssouci entbunden worden. Sein angegebener Grund – ein neuerliches starkes Auftreten des Bluthustens – fand sich nach einer von Friedrich II. angeordneten Überprüfung bestätigt. Die Entlassung aus der damals wichtigsten Bauaufgabe des Souveräns führte nicht zum oft zitierten »absoluten Bruch« zwischen Bauherrn und Baumeister, sondern vor allem in den Jahren zwischen 1746 und 1750 zu einer merkbaren Distanz in den Beziehungen, die sich aber in den anschließenden letzten drei Lebensjahren des Künstlers wieder verringerte.

Dem Briefwechsel des Prinzen Ferdinand v. Preußen vom Mai 1750 ist zu entnehmen, daß sich Knobelsdorff von 1746–50 nur selten in Potsdam aufhielt und Begegnungen mit Friedrich II. aus dem Wege ging. Er konnte sich aber nicht allen Verpflichtungen entziehen. So wurde er beispielsweise am 4. Januar 1746 zur Audienz nach Potsdam bestellt. Am 13. Januar begleitete er den Preußenkönig dienstlich nach Charlottenburg, am 12. Juli nahm er an einem Fest in Rheinsberg teil, am 18. Oktober 1746 übertrug ihm Friedrich II. die Patenschaft für den Sohn des Obristleutnant v. Kleist, des Adjutanten des »Alten Dessauers«.

Verschiedene Versuche, Knobelsdorff versöhnlerisch in die Tafelrunde von Sanssouci einzubeziehen, scheiterten an der drastisch-abrupten Haltung des Baumeisters. Sie hatte offenbar verschiedene Gründe: Einmal waren es die zunehmend selbstherrlichen Maßnahmen des Königs in Bauangelegenheiten, denn seit 1746 gab er Zeichnungen und Entwürfe Knobelsdorffs nach eigenhändiger Änderung ohne nochmalige Rücksprache unmittelbar an die Ausführenden, an Bauführer, Künstler, Dekorateure und andere Handwerker, die dann nach bestem Wissen und Können die praktische Umsetzung vornahmen. Das erschwert bis heute die Ermittlung des genauen schöpferischen Anteils Knobelsdorffs. Zum anderen war der Baumeister schwer krank und durch die Vielzahl seiner Verpflichtungen physisch überfordert. Das große Vertrauen, das er in seine Mitarbeiter zu setzen gewohnt war, trug ihm schließlich im Falle des Baurechnungsführers Finke den harten Vorwurf mangelnder Aufsichtspflicht bei der nicht ordnungsgemäßen Verwaltung von Baugeldern ein. So war er seit Juli 1746 von fast allen bautechnischen Aufgaben suspendiert worden. 1748 unterzeichnete er zwar noch Anweisungen über die Verwendung finanzieller Mittel und 1751 genehmigte Friedrich II. in einer Order eine von Knobelsdorff beantragte Vergünstigung für Bautagelöhner. Mit diesem Dokument scheint der Surintendant endgültig die amtliche Verfügung über Geldangelegenheiten verloren zu haben.

Als er 1746 nach Berlin zurückkehrte, sollte er sich um noch ausstehende bauliche Verbesserungen an der Oper und am Charlottenburger Schloß kümmern. Außerdem war er mit Bauarbeiten an einigen Bürgerhäusern beschäftigt. Ob der Entwurf des Magnus-Hauses Am Kupfergraben 7, den sich ein wohlhabender Berliner Bankier um 1750 anfertigen ließ, mit Knobelsdorff in Beziehung steht, ist bisher nicht erwiesen. Wohl aber hatte er sich seit 1748 in Berlin ein Wohnhaus auf dem Doppelgrundstück Kronenstraße 65/Leipziger Straße 29 ausgebaut, das ihm Friedrich II. 1745 übereignet hatte.

Zu den großen Bauvorhaben am »Forum Fridericianum« wurde er offiziell nicht mehr herangezogen. Hier waren seit 1747 Johann Boumann, Johann Gottfried Büring und Jean Laurent Legeay mit dem Bau der Hedwigskirche beschäftigt. Seit 1748 hatte Boumann mit der Errichtung des Heinrichs-Palais Unter den Linden begonnen. Wenn auch Knobelsdorffs Name in diesen Jahren nicht mehr mit diesen Bauten in Verbindung gebracht wurde, so haben doch bei beiden Objekten seine Ideen und ursprünglichen planerischen Vorstellungen offensichtlich eine nicht unbedeutende Rolle gespielt. Es scheint auch nicht ausgeschlossen, daß er im Zeitraum von 1747–50 an den Neubauprojekten für den alten Berliner Dom am Lustgarten mitgewirkt hat. Zwei Zeichnungen aus dem Skizzenbuch 3827, die in Anlehnung an Stiche von Jean Baptiste Broebes entstanden und gewisse Vergleiche mit der Nordfront des Schlosses Sanssouci zulassen, könnten diese Annahme stützen.[42]

In Potsdam war Knobelsdorff seit 1748 mit der Gestaltung des Ruinenbergs, dem Obelisken und dem Obeliskportal am

Haupteingang des Parks von Sanssouci und mit der Errichtung von drei Häusern an der Schloßstraße und ehemaligen Breiten Straße beschäftigt. Im gleichen Jahr erhob ihn Friedrich II. im Preußischen Generaldirektorium in den Rang eines Ministers. – Es kann also in dieser Zeit abgekühlter Beziehungen zum König nicht von einer »tiefen Vereinsamung des Künstlers« gesprochen werden, wie dies aus der älteren Literatur zu entnehmen ist, die sich augenscheinlich auf eine mißverstandene Bemerkung Friedrichs II. in der Eloge stützte. Die historischen Fakten beweisen, daß er sich seit 1750 wieder reger in diplomatischer Mission an Empfängen wichtiger Persönlichkeiten beteiligte. So geleitete er unter anderem im Dezember 1750 gemeinsam mit dem Adjutanten Friedrichs II., v. Grumbkow, Voltaire zu seinem dreijährigen Aufenthaltsort Sanssouci. Im August 1751 gehörte er anläßlich des Besuchs des französischen Marschalls Graf Löwendahl zum engsten Gesprächskreis des preußischen Königs.

Seit 1750 wuchsen auch wieder die Bauaufträge in Potsdam. H.L. Manger nannte 1789 in einer Liste zwölf Objekte, für deren Entwurf Knobelsdorff unmittelbar verantwortlich war: das Lehmannsche Eckhaus am Markt (1750), die Marmorkolonnade im Rondell am Rehgarten von Sanssouci (1751, Abbruch 1763), die Marmorgrotte im Park von Sanssouci (1751–54), das Gutschmidtsche Eckhaus an der Mammonstraße (1751), das Wohn- und Stallgebäude – auch Pferdelazarett der Leibgarde (1753), den Obelisken am Neustädter Tor (1752), die Gärtnerhäuser in Sanssouci (1752), die Französische Kirche am Bassinplatz (1752–53), das Stadtprediger- und Schulhaus am Markt (1752) und ein zum Waisenhaus gehörendes Gebäude am Lustgarten (1752), den Marmorobelisken am Markt (1752–53)und das Stadtkirchenportal von St. Nikolai (1753–55).[43]

Im Oktober 1752 ließ Friedrich II. auf Grund eines neu herausgegebenen Bauereglements ein spezielles Hochbauamt mit Kontor, Bau- und Gartenkasse in Potsdam einrichten. Dieses Amt unterstand dem König direkt. Hier wurden ab sofort alle Zeichnungen und Kostenanschläge für den Baubereich des Hofes ausgearbeitet und anschließend dem Souverän zur persönlichen Prüfung, Genehmigung oder Ablehnung vorgelegt. Als Leiter dieser Einrichtung und »Directeur von allen Königlichen Bauten« war Johann Boumann avanciert, den Friedrich II. als widerspruchslosen Praktiker bei schnellen Entscheidungen schätzte. Boumann stand als Baukondukteur C.L. Hildebrant zur Seite. Knobelsdorffs bisherige Funktion war damit überflüssig. Seine Entwürfe landeten nun ebenfalls im Potsdamer Hochbauamt. Dort brachten sie Bauzeichner »ins Reine« und verwandelten sie im gegebenen Falle sofort in »Polierrisse«. Nach der Abgabe seiner Unterlagen an J. Boumann hatte er also kaum noch Einfluß auf den weiteren Verlauf.

Wie die Zeichnungen für die Fassade der Nikolaikirche und für das Potsdamer Predigerhaus beweisen, wurden sie dem von Boumann vertretenen Palladianismus holländischer Prägung angepaßt. Knobelsdorffs Aversionen gegen »Boumanns dummen Geschmack«[44] waren durchaus verständlich, weil sich dieser von der französisch-akademischen Richtung löste, die Knobelsdorffs architektonische Grundhaltung seit Anbeginn bestimmte. Sie traf zu dieser Zeit aber auch den Bauherrn, dessen Geschmack zunehmend vom französischen zum holländischen Palladianismus überwechselte.[45]

Einige bemerkenswerte Bauaufgaben, die Knobelsdorffs ästhetischer Auffassung stärker Rechnung trugen, hatten sich in dem noch selbständigen, aber politisch eng mit Preußen verbundenen Fürstentum Anhalt angebahnt. Hier entstand 1744–49 unter der Bauleitung von Friedrich Friedel – unter Verwendung Knobelsdorffscher Pläne, zumindest unter dessen Einfluß – der östliche Seitenflügel des Zerbster Schlosses. Für Knobelsdorffs Anteil könnten die Grundrißanlage und die Gesamtgliederung des Fassadenaufbaues sprechen, speziell die Art der durch figürliche Plastiken besetzten Risalite.[46]

1747, nach dem Tod des »Alten Dessauers«, entstanden in der kurzen Regierungsperiode des Fürsten Leopold Maximilian v. Anhalt-Dessau, der sich wie sein Vater als Generalfeldmarschall in der preußischen Armee der besonderen Gunst Friedrichs II. erfreute, Zeichnungen und bauliche Anfänge zur Umgestaltung des Dessauer Renaissanceschlosses.[47] 1751, nach dem Tod des Bauherrn, wurden die Maßnahmen, die fast einem Neubau entsprochen hätten, wieder eingestellt. Die Pläne sahen eine völlig veränderte Innenraumaufteilung und eine neue Fassadengliederung vor. Knobelsdorff konnte nur am Ost- und am Südflügel beginnen. Nachdem er, wie 12 seiner signierten Zeichnungen aufweisen, entsprechende Vermessungen am alten Schloßbau vorgenommen hatte, ließ er 1748 beide Trakte bis auf die Mauern der Untergeschosse abtragen. Ein Teil der wertvollen, 1685 gemalten Decke mit der Darstellung einer Apotheose oranischer Fürsten ist nach dem Ausbau später in den Großen Gartensaal des Gotischen Hauses im Wörlitzer Park eingefügt worden.

Die geringere Rücksichtnahme auf die ältere Bausubstanz eröffnete dem Baumeister freiere Gestaltungsmöglichkeiten. Er hatte über einer rustizierten Sockelzone des Erdgeschosses schlichte, glatt geputzte Wände mit gleichmäßigen hochrechteckigen Fensterreihungen vorgesehen. Den oberen Abschluß sollten ein durchlaufend vorgekragtes Gesims und eine glatt verputzte, geschlossene Attika bilden, die nur an den leicht vorgezogenen Mittelrisaliten und an den Ecken des Baukörpers sehr sparsamen plastischen Figurenschmuck tragen sollte. Die äußerst zurückhaltende Verwendung plastischer Details war charakteristisch, wie auch der erneute Versuch, am Hauptportal im Schloßhof das Motiv des Vorbaues mit gekuppelten ionischen Säulen zu realisieren, das am Potsdamer Stadtschloß auf die strikte Ablehnung Friedrichs II. stieß.

Den Zugang und transparenten Abschluß des Ehrenhofes sollte auch am Dessauer Schloß eine Doppelsäulenkolonnade bilden, die in Weiterentwicklung der Formen von Rheinsberg und Sanssouci auf dem Grundriß eines halben Ovals basierte.

In Dessau verfolgte Knobelsdorff auch das in Rheinsberg bewährte Motiv der Verdoppelung eines vorhandenen Treppenturms, ebenfalls mit dem Ziel, die Türme zuletzt durch offene antikische Kuppel-Tempietti abzuschließen. Die Fassadenrisse bestechen durch ihre elegante Einfachheit, die in dieser Art erst im Frühklassizismus von David und Friedrich Gilly oder von Carl Gotthard Langhans erreicht wurde. Trotzdem erweist sich diese Architektur, besonders die Fassadenansicht »nach der Stadt« als Hauptfront des geplanten Umbaues in ihren rokokohaften Anklängen der dekorativen Details als spätbarockes Werk im Sinne des Palladianismus. Die zeichnerische Darstellung der »Seiten Facade vom Flügel

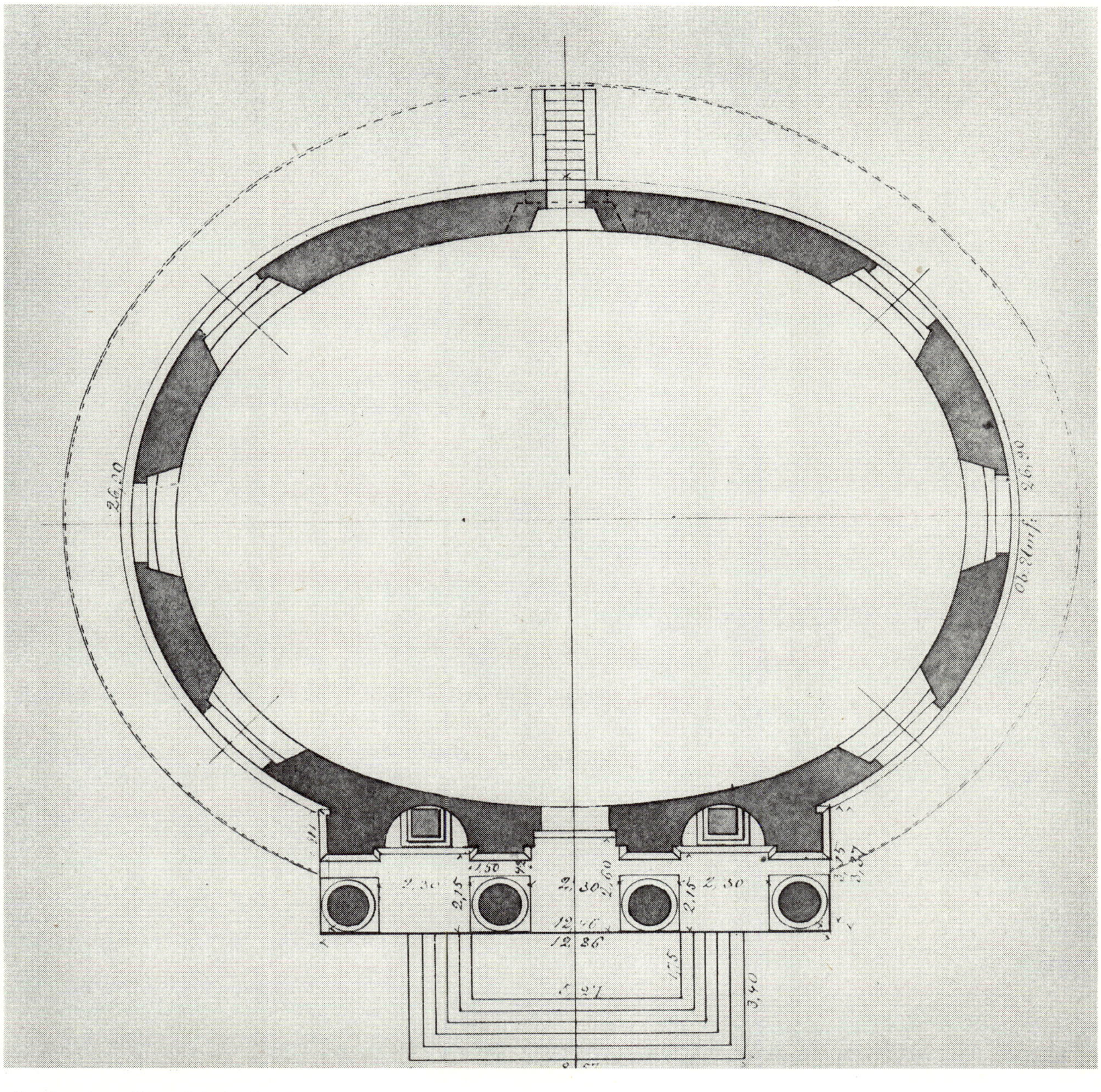

184 Potsdam, Französische Kirche von G.W.v. Knobelsdorff, Ausführung J. Boumann, 1752–53, Grundriß

nach dem Hofe« zeigt in einem Schnitt durch den südlichen Flügel, daß auch im Inneren eine Ausstattung im »Fridericianischen Rokoko« geplant war. Die von Knobelsdorff begonnenen Teile wurden später verputzt, blieben aber bis zur Zerstörung des Schlosses im Jahre 1945 unvollendet.

Das spätbarocke Schloß Mosigkau bei Dessau, eine zweigeschossige Dreiflügelanlage mit einem fast quadratischen Ehrenhof im Süden, der jeweils von einem gleichhohen Kavalierpavillon begrenzt ist, entstand zwischen 1752 und 1757 für die Prinzessin Anna Wilhelmine v. Anhalt-Dessau, eine Tochter des »Alten Dessauers«. Es diente gleichzeitig der Unterbringung der »Oranischen Erbschaft«, einer hervorragenden Gemäldesammlung erstrangiger Niederländer des 17. Jahrhunderts mit Werken von van Dyck, Brueghel, Jordaens, Lievens, de Heems und anderer, die vormals die oranische Prinzessin Henriette Katherina mit nach Anhalt gebracht hatte.

Der 1752 entstandene Gesamtentwurf des Schlosses und eine entsprechende Variante weisen mit Wahrscheinlichkeit auf einen versierten Schöpfer. Die Pläne werden bisher ohne exakten Beweis Georg Wenzeslaus v. Knobelsdorff zugeschrieben.[48] Für diese Annahme würde die meisterhafte Anordnung einer Vielzahl gartenkünstlerischer Gestaltungselemente sprechen, die hier auf engem Raum zur Geltung kam. Gegenüber der gärtnerischen Ausführung im französischen Stil mit chinoisen Anklängen, die durch den Parkgärtner Christoph Friedrich Brose (1718–69) realisiert wurde, zeigt der Schloßbau äußerlich eine der ländlichen Umgebung angepaßte provinziellere Note, die für Knobelsdorff nicht charakteristisch ist. Man muß sie eventuell dem Bauausführenden zuweisen, der möglicherweise im Kreis der örtlichen Dessauer Künstler zu suchen ist, von denen die Bildhauer Nathaniel Eppen und Johann Wolfgang Träger nachweislich am Schloß arbeiteten, oder aus dem Kreis der Dresdner Bauleute, von denen die Bildhauer und Stukkateure Carlo Bossi, Johann Engelhard Hebenstein und Johann Carl Lindner beteiligt waren. Die eigentliche Ausführung des Baues fiel in die Zeit unmittelbar nach Knobelsdorffs Tod. Im Inneren überzeugen die meisterhaften Stukkaturen, die vermutlich zum Teil von

185, 186 G. W. v. Knobelsdorff, Zeichnung zum Umbau des Dessauer Schlosses, »Seiten-Facade vom Flügel nach dem Hofe«, um 1747, links Ausschnitt

Johann Michael Hoppenhaupt stammen. Der Große Gartensaal im Erdgeschoß gehört zu den repräsentativen Rokokoräumen in der DDR. Im Intimen oder Gelben Kabinett nimmt unter den in die Wand einkomponierten Bildern von Antoine Pesne eine Darstellung des »Höfischen Tanzes im Freien«, wo eine galante Gesellschaft vor einer geschwungenen Kolonnade mit gekuppelten Säulen gezeigt wird, Bezug auf ein architektonisches Lieblingsmotiv Knobelsdorffs. Die Große Vase von 1756 im Park läßt ebenfalls Vergleiche mit ähnlichen Entwürfen des Baumeisters zu.

Inwieweit die Baumaßnahmen am ehemaligen »Kleistensitz« in Zützen/Niederlausitz, einem vormaligen Herrensitz des mit Knobelsdorff befreundeten Karl Wilhelm v. Kleist, von einigen 1748 geschaffenen Entwürfen des Baumeisters betroffen waren, läßt sich ebenfalls nicht präzisieren.

Mehr als Ärgernisse und Enttäuschungen in manchen künstlerisch-architektonischen Fragen, mit denen alle Künstler zu ringen haben, hat zweifellos die zunehmende Verschlechterung seines immer labilen Gesundheitszustandes bewirkt. Gicht, Wassersucht, Lungenschwindsucht und eine irreparable Leberschädigung trieben Knobelsdorff zwischen seinen unermüdlichen und umfangreichen Tätigkeiten zu polternden, cholerischen Reaktionen, bestimmten aber auch den zunehmenden Hang nach Ruhe, Einsamkeit und Zurückgezogenheit. In dieser Charakterhaltung war er seinem Bauherrn, Friedrich II., in vieler Hinsicht ähnlich.

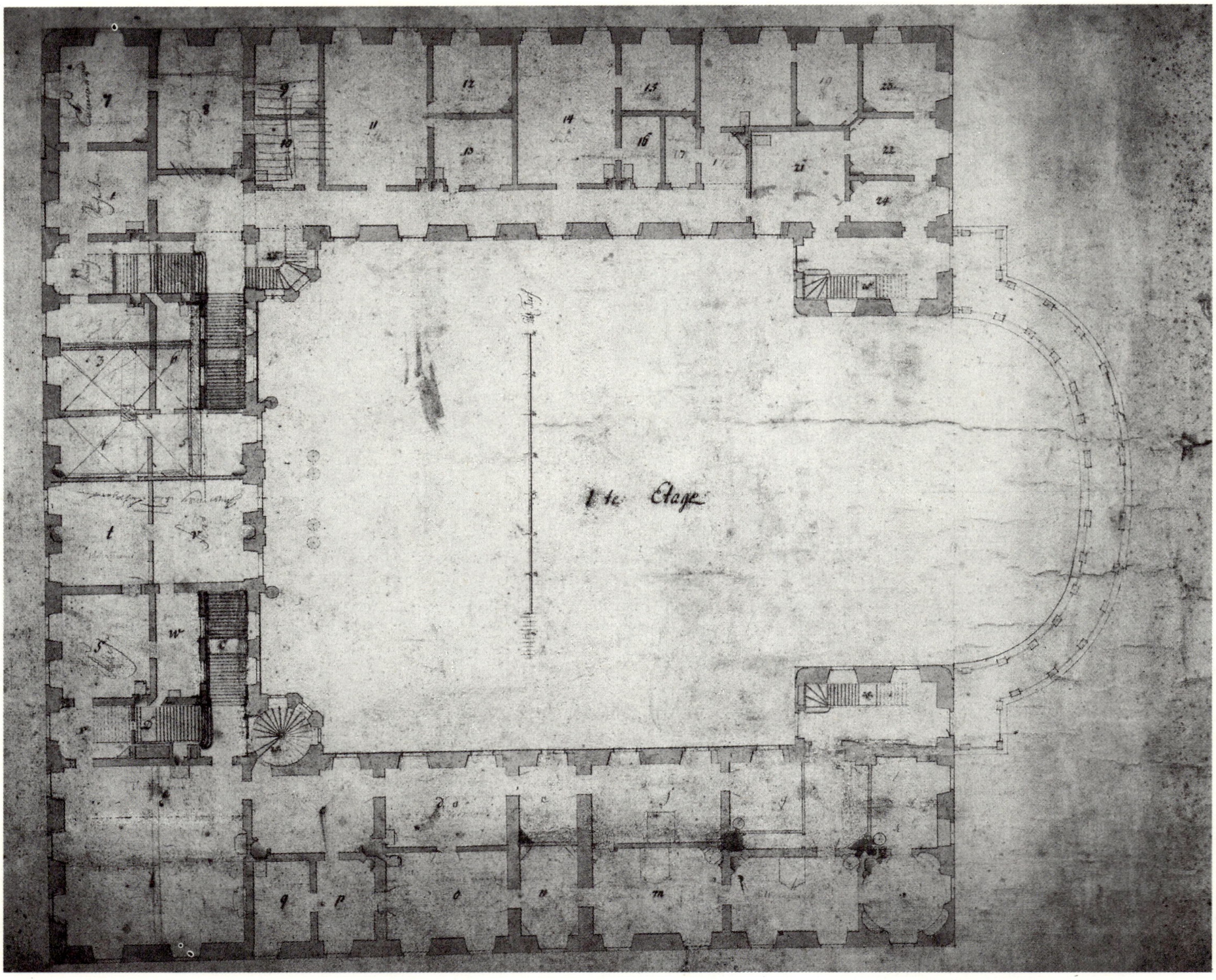

187, 188 G. W. v. Knobelsdorff, Zeichnungen zum Umbau des Dessauer Schlosses, Grundrisse der 1. und 2. Etage, um 1747

Knobelsdorff, der bis dahin als Junggeselle lebte, hatte 1746, als er im Charlottenburger Schloß die Schäden eines Zimmerbrandes zu beheben hatte, die Tochter des bürgerlichen Kastellans, Sophie Charlotte Schöne, kennen- und lieben gelernt. Dieses standesunterschiedliche Verhältnis »in wilder Ehe« fand wenig Beifall in Adelskreisen und trug offenbar zu einer gesellschaftlichen Isolierung in den letzten Lebensjahren bei. Knobelsdorff hat seine »Schönin« auf zwei kleinen Ölbildern porträtiert. Seit 1748 baute er sich nach der Geburt seiner ersten Tochter Charlotte Sophie sein Familienwohnhaus an der Kronenstraße aus, wo er die kälteren Monate des Jahres verbrachte. Im Sommer zog er den naturverbundenen Aufenthalt in seiner kleinen Meierei im Tiergarten vor. Der weiteren Gestaltung und Verschönerung des Berliner Tiergartens fühlte er sich in den letzten Jahren besonders zugetan, aber auch seiner Familie, die sich 1751 durch die Geburt der zweiten Tochter Caroline Juliane vergrößert hatte.

Noch im letzten Lebensjahr suchte der Schwerkranke seine Leiden, die mit einem rapiden körperlichen Verfall verbunden waren, im belgischen Badeort Spaa zu kurieren, der in damaliger Zeit durch seine Eisen- und Kohlensäurequellen für Heilmaßnahmen bevorzugt wurde. Er brach diese Kur wegen des raschen Abfalls seiner Kräfte ab und schrieb am 7. September 1753 in einem Brief an Friedrich II.: »Ich fühle die letzten Augenblicke meines Lebens herannahen, und nütze eine

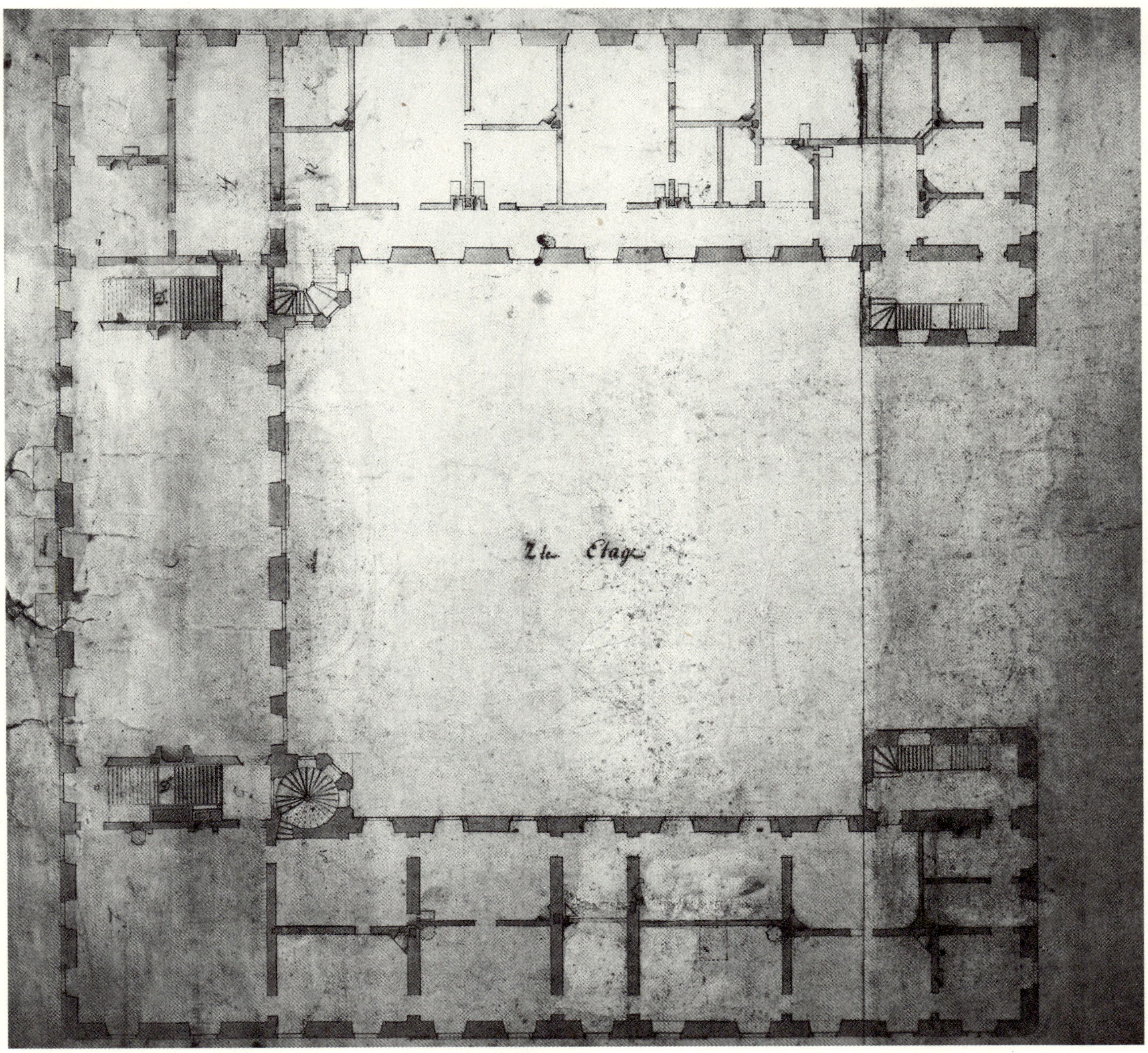

Seiten Facade nach den Garten.

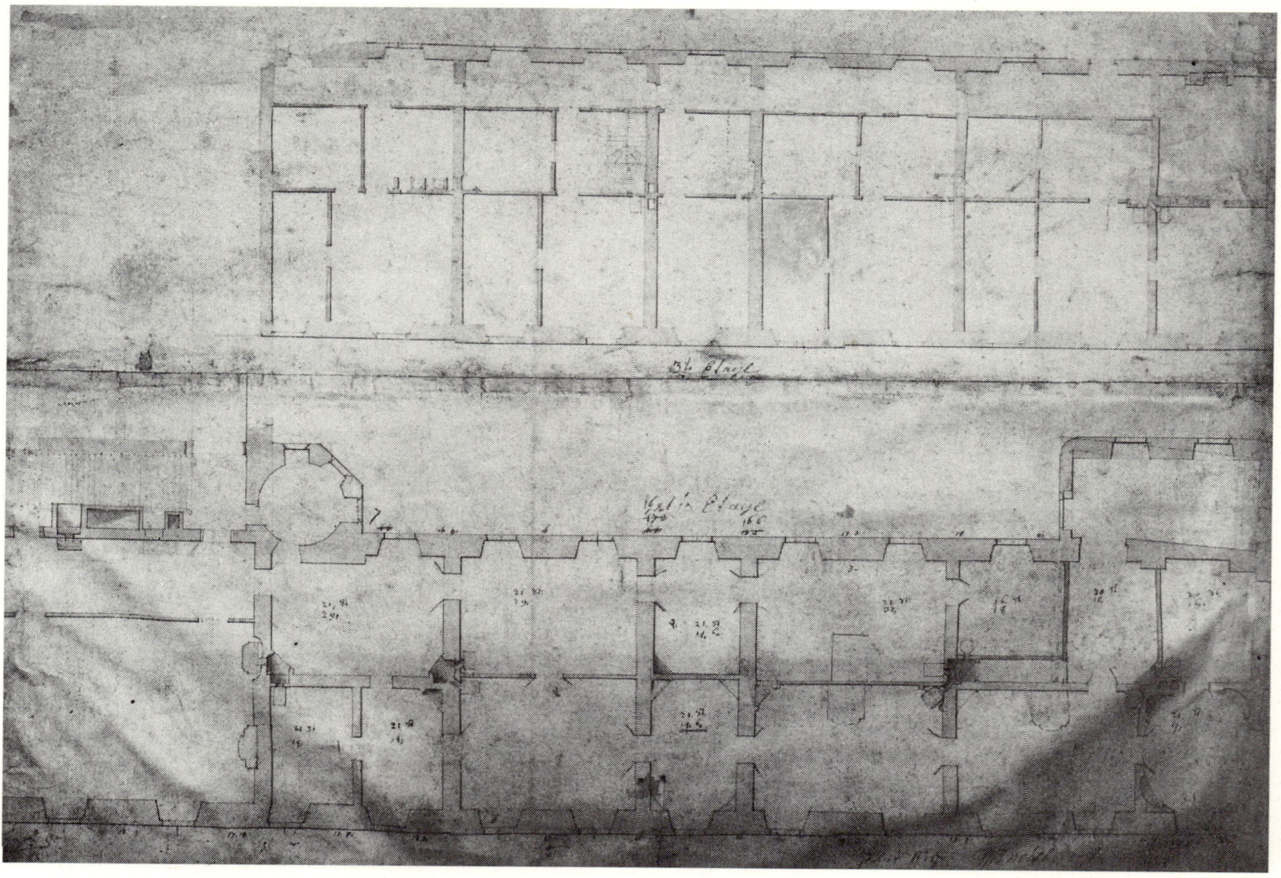

Pause meiner Schmerzen, um den Gefühlen der Dankbarkeit Worte zu geben, von denen ich für all die Güte und all die Wohlthaten durchdrungen bin, mit welchen mich Eure Majestät während meines Lebens überhäuft haben.« Von großer Sorge um seine Lebensgefährtin und seine Kinder erfüllt, bat er in diesem Schreiben, seine nicht standesmäßigen nächsten Angehörigen als rechtmäßige Erben zu bestätigen. Der preußische König billigte zwei Tage später Knobelsdorffs Testament mit der alleinigen Einschränkung, daß nach geltendem Recht der Adelstitel nicht übertragbar sei.

189, 190 G. W. v. Knobelsdorff, Zeichnungen zum Umbau des Dessauer Schlosses, Aufriß der »Seiten-Facade nach dem Garten«, und Grundrisse der 3. Etage des westlichen Flügels, um 1747

191 G. W. v. Knobelsdorff, Zeichnung zum Umbau des Dessauer Schlosses, Auf- und Grundriß des Corps de Logis und Schnitt durch die Seitenflügel, um 1747

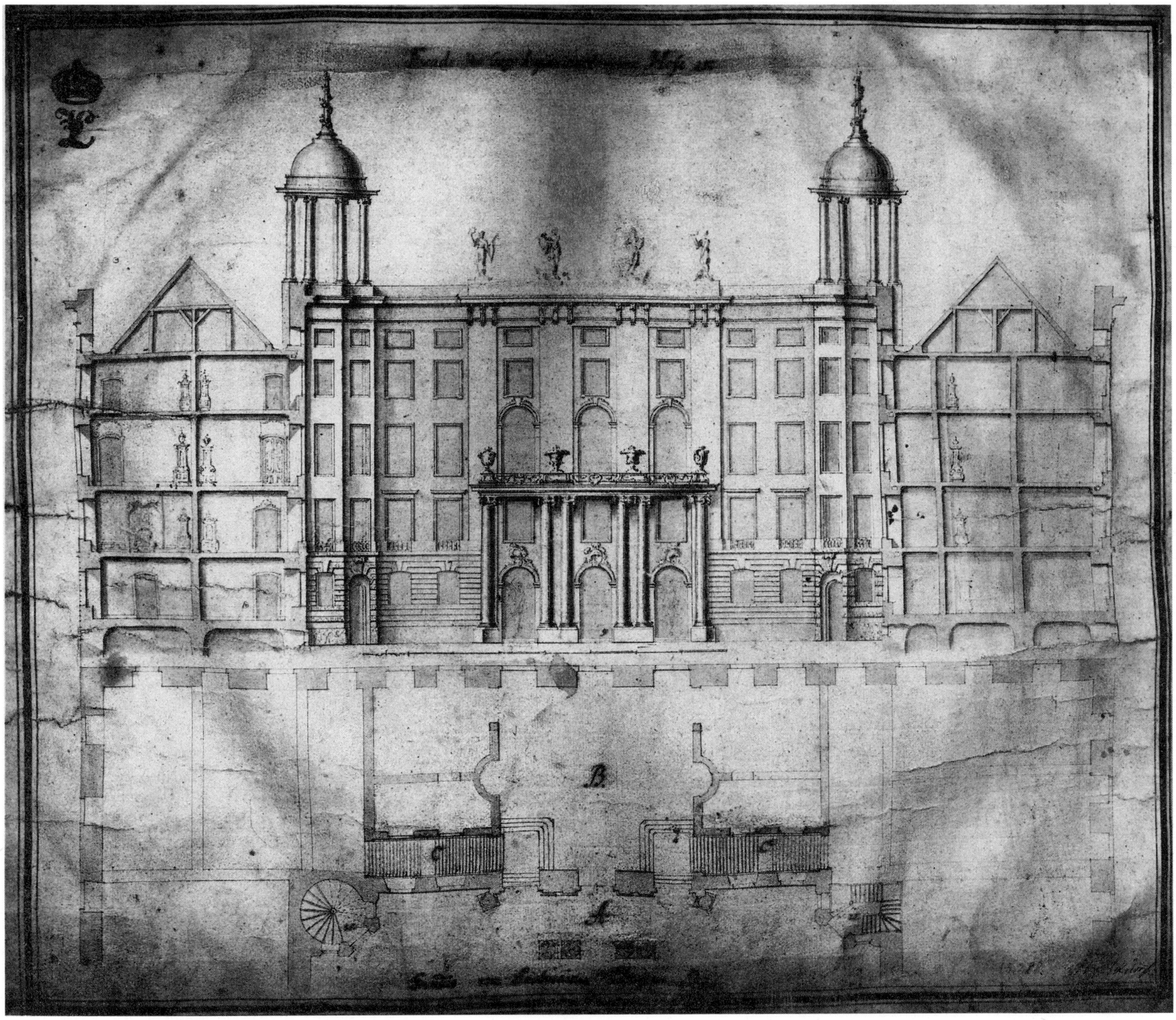

193 Potsdam, ehemaliger Marstall, Südfront

196 Potsdam, ehemaliger Marstall von Westen

197 Potsdam, Blick vom ehemaligen Marstall auf die Gebäude Schloßstraße 13 und 14, erbaut nach Entwürfen Knobelsdorffs, 1748

Folgende Seiten

198 Potsdam, historisches Ensemble am Alten Markt mit sogenanntem Knobelsdorff-haus und Obelisk

199 Potsdam, Alter Markt mit Nikolaikirche von K.F. Schinkel und L. Persius, 1825–37 sowie Obelisk von Knobelsdorff, 1753–55, Erneuerung 1978–79

200, 201 Potsdam, Havelufer, Reste der ehemaligen Ringer- oder Fechterkolonnade des Stadtschlosses, nach Entwurf Knobelsdorffs mit plastischem Schmuck von F. C. Glume, J. A. Nahl und G. F. Ebenhech, 1745–46

202 Potsdam, Bauhofstraße 13, ehemalige Kommandantur,
erbaut nach Entwürfen Knobelsdorffs, 1752

203 Potsdam, Eckhaus Schloßstraße 12/Ecke Werner-Seelenbinder-Straße,
erbaut nach Entwürfen Knobelsdorffs, 1752

SANS, SOUCI.

SANS,

209–212 Potsdam, Schloß Sanssouci, Karyatiden an der Gartenfront von F.C. Glume nach Entwürfen von G.W.v. Knobelsdorff und J.A. Nahl, 1746

Folgende Seiten

213 Potsdam, Schloß Sanssouci, Karyatidenreihung an der Gartenfront aus südöstlicher Sicht

214 Potsdam, Schloß Sanssouci, Kopfbau der nordwestlichen Kolonnade mit Durchblick auf den Ruinenberg, 1746

215 Potsdam, Schloß Sanssouci, Kolonnade

216 Potsdam, Schloß Sanssouci, Inneres der nordöstlichen Kolonnade

217 Potsdam, Blick durch die nordwestliche Kolonnade auf die Hoffront des Schlosses Sanssouci

Folgende Seiten

218 Potsdam, Schloß Sanssouci, Vestibül, westlicher Teil mit Deckengemälde von J. Harper, 1746

219 Potsdam, Schloß Sanssouci, Vestibül, Supraporte über dem Zugang zur Kleinen Galerie mit tanzenden Nymphen von G. F. Ebenhech

220–222 Potsdam, Sanssouci, Vestibül, Details einer Tür mit vergoldeten Holzbildhauerarbeiten von J. C. Hoppenhaupt d. J.

Folgende Seiten

223 Potsdam, Schloß Sanssouci, Decke des Marmorsaales mit vergoldeten Stuckdekorationen von J. P. Benckert und C. J. Sartori

224, 225 Potsdam, Schloß Sanssouci, Marmorsaal, Allegorien der Zivil- und Militärbaukunst sowie der Bildhauerei und Malerei von G. F. Ebenhech

226 Potsdam, Schloß Sanssouci, Marmorsaal nach Entwürfen von G. W. v. Knobelsdorff

227, 228 Potsdam, Schloß Sanssouci, Plastiken des Apoll und der Venus Urania im Marmorsaal, von F. G. Adam, 1748

Folgende Seiten

229–231 Potsdam, Schloß Sanssouci, Tür im Marmorsaal mit Details der vergoldeten Holzschnitzereien von J. C. Hoppenhaupt d. J.

232 Potsdam, Schloß Sanssouci, Empfangszimmer Friedrichs II. Detail eines Wandspiegels von F. C. Glume

233 Potsdam, Schloß Sanssouci, Empfangszimmer Friedrichs II. mit Blick durch das Konzertzimmer in das Arbeits- und Schlafzimmer

Ant. Pesne.
1747.

234 Potsdam, Schloß Sanssouci, Empfangszimmer Friedrichs II., Detail des Deckengemäldes »Zephir bekränzt Flora« von A. Pesne

235 Potsdam, Schloß Sanssouci, Empfangszimmer Friedrichs II. mit Gemälden französischer Meister des 18. Jahrhunderts

Folgende Seiten

236, 237 Potsdam, Schloß Sanssouci, Konzertzimmer, Wandteil mit Supraporte von C. S. Dubois und Wandspiegel

238 Potsdam, Schloß Sanssouci,
Decke des Konzertzimmers mit Dekorationen
von G. F. Ebenhech und J. M. Merck

239 Potsdam, Schloß Sanssouci, Konzertzimmer, dekorative Details

Folgende Seiten

240 Potsdam, Schloß Sanssouci, Konzertzimmer mit Hammerflügel von G. Silbermann, um 1745

241 Potsdam, Schloß Sanssouci, Arbeits- und Schlafzimmer Friedrichs II., Kaminseite

242 Potsdam, Schloß Sanssouci, Arbeits- und Schlafzimmer Friedrichs II., Blick auf den Alkoven nach der Umgestaltung durch F.W.v. Erdmannsdorff, 1786

Folgende Seiten

243 Potsdam, Schloß Sanssouci, Bibliothek Friedrichs II., nach Entwurf von G.W.v. Knobelsdorff mit Dekorationen von J.A. Nahl, Wandtäfelungen von J. Hülsmann, Bronzereliefs von B. Giese

244 Potsdam, Schloß Sanssouci, Bibliothek, Wandteil mit Büste des Homer aus der Sammlung Polignac

245, 246 Potsdam, Schloß Sanssouci, Bibliothek, Oberteil eines Wandspiegels und Decke

Folgende Seiten

247 Potsdam, Schloß Sanssouci, Bibliothek

248 Potsdam, Schloß Sanssouci, Kleine Galerie, Details der Gesimszone

249 Potsdam, Schloß Sanssouci, Kleine Galerie Friedrichs II. mit Dekorationen von J. C. Hoppenhaupt d. J., J. M. Merck und C. J. Sartori

252, 253 Potsdam, Schloß Sanssouci, Voltairezimmer, Detail der Wanddekoration von J.C. Hoppenhaupt d.J. und Decke

254, 255 Potsdam, Schloß Sanssouci, Drittes Gästezimmer mit Dekorationen von J. C. Hoppenhaupt d. J.

256 Potsdam, Schloß Sanssouci, Zweites Gästezimmer mit Dekorationen von J.C. Hoppenhaupt d.J.

257 Potsdam, Schloß Sanssouci, Erstes Gästezimmer mit Chinoiserien von F.W. Höder

258 Potsdam, Park Sanssouci, südliche Nebenachse mit Blick auf das Schloß

259 Potsdam, Park Sanssouci, Steinvase
im südlichen Parkbereich

260 Potsdam, Park Sanssouci

265, 266 Potsdam, Park Sanssouci,
Marmorbüsten im Oranierrondell
von F. Dusart, um 1650

267 Potsdam, Park Sanssouci, Blick von der Kleinen Fontäne der Hauptallee auf den Holländischen Garten und die Bildergalerie von J. G. Büring, 1764–66

268, 269 Potsdam, Park Sanssouci, Puttenbrüstung und Gartenfront der Bildergalerie, 1764

270 Potsdam, Park Sanssouci, Innenansicht der Bildergalerie mit der Decke von J. M. Merck und C. J. Sartori

271 Potsdam, Park Sanssouci, Neptungrotte im nördlichen Parkbereich, nach Entwurf Knobelsdorffs ausgeführt von J. P. Benckert und G. F. Ebenhech, 1751–60

272 Potsdam, Park Sanssouci, Neptungrotte, Neptun als Mittelbekrönung von J. P. Benckert, 1760

273 Potsdam, Park Sanssouci, Große Fontäne in der Hauptallee

274, 275 Potsdam, Park Sanssouci, Venus und Merkur an der Großen Fontäne, Marmorgruppen von J. B. Pigalle, 1748 (Kopien)

276, 277 Potsdam, Park Sanssouci, Apollo und Diana an der Großen Fontäne, Marmorgruppen von F. G. Adam, 1752

278 Potsdam, Park Sanssouci, »Das Wasser«, Marmorgruppe von L. S. Adam, 1749

Folgende Seiten

279 Potsdam, Park Sanssouci, »Die Luft«, Marmorgruppe von L. S. Adam, 1749

280 Potsdam, Park Sanssouci, Sphinx am Zugang des Parks südlich der Großen Fontäne von G. F. Ebenhech, um 1755

281 Potsdam, Park Sanssouci,
Gärtnerhaus im südlichen Parkbereich,
nach Entwurf Knobelsdorffs, 1752
und Denkmal Friedrichs II. von
Joseph Uphues, 1889

282 Potsdam, Park Sanssouci, Bereich westlich des Hauptparterres des Schlosses

Folgende Seiten

283 Potsdam, Park Sanssouci, Blumenfontäne mit Blick auf die Neuen Kammern

284 Potsdam, Park Sanssouci, Entführungsrondell, Marmorgruppe »Bacchus und Ariadne«, italienisch, 18. Jh.

285 Potsdam, Park Sanssouci, Neue Kammern, ehem. Orangerie, Gartenfassade, errichtet nach Entwurf Knobelsdorffs, 1747; Umbau durch G.C. Unger, 1771–74

286 Potsdam, Park Sanssouci, Neue Kammern, Mittel- und östlicher Seitenrisalit

Folgende Seiten

287, 288 Potsdam, Park Sanssouci, Marmorfiguren der Flora und Pomona im Parterre der Neuen Kammern, ehem. im Lustgarten des Potsdamer Stadtschlosses, nach Entwürfen von F.C. Glume ausgeführt von G.F. Ebenhech, 1750

289 Potsdam, Park Sanssouci, Corradini-Vase an den Neuen Kammern, Nachbildung des Dresdener Originals von G.F. Ebenhech, um 1750

290 Potsdam, Park Sanssouci, Blick vom Sizilianischen Garten auf die Neuen Kammern

291 Potsdam, Park Sanssouci, Treppe zum Felsentor, 1750; Umbau nach 1840

292, 293 Potsdam, Park Sanssouci, Skulpturen vom Musenrondell

294 Potsdam, Park Sanssouci, Musenrondell an der Hauptallee, nach Entwurf Knobelsdorffs mit Plastiken von F.C. Glume, um 1750–52

295 Potsdam, Park Sanssouci, »Rehgarten« mit dem Chinesischen Teehaus von J. G. Büring, 1754–57

296 Potsdam, Park Sanssouci, Chinesisches Teehaus (Detail)

297 Potsdam, Park Sanssouci, Parkbereich östlich des Rehgartens mit der von J. P. Lenné veränderten Grabenpartie

298 Potsdam, Park Sanssouci, Partie am Sonnentempel

299 Potsdam, Park Sanssouci, Hauptachse des Parks mit Großer Fontäne, Blick nach Westen

300 Reiterstandbild Friedrichs II., Lazzerini und Baratta, 1865, verkleinerte Nachbildung des Berliner Denkmals von C. D. Rauch

Folgende Seite

301 Potsdam, Park von Sanssouci, Blick aus dem westlichen Abschnitt der Hauptachse auf das Neuen Palais von J. G. Büring, H. L. Manger und K. v. Gontard, 1763–69

ANHANG

Anmerkungen

Chronologie wichtiger Lebensdaten

Knobelsdorff:
Werke der Malerei und Zeichnungen

Literaturauswahl

Register

Ergänzender Fotonachweis

Anmerkungen

[1] Des Freyherrn von Bielfeld freundschaftliche Briefe nebst einigen anderen. Aus dem Französischen. Zweyte durchaus verbesserte und vermehrte Auflage. Danzig/Leipzig 1770.

[2] Streichhan, A.: Knobelsdorff und das friderizianische Rokoko. Burg 1932 und Lexikon der Kunst, Bd. I, Leipzig 1968, S. 759.

[3] Artikel »Knobelsdorff« in: Lexikon der Kunst, Bd. II, Leipzig 1976, S. 651.

[4] Kurth, W.: Der Klassizismus im Werk von Knobelsdorff. In: Deutsche Architektur, 1955, H. 5, S. 212–17.

[5] Gurlitt, C.: Andrea Palladio. Berlin 1920 (= Bibliothek alter Meister der Baukunst zum Gebrauch für Architekten herausgegeben, Bd. I).

[6] Œuvres de Fréderic le Grande (Die Werke Friedrichs des Großen). In deutscher Übersetzung herausgegeben von G. B. Volz, deutsch von Friedrich v. Oppeln-Bronikowski und Tassilo v. Scheffler. 10 Bde. Berlin 1913.

[7] König, A. B.: Historische Schilderungen von Berlin. 1792, S. 166.

[8] wie [6]

[9] Friedrich der Große und Wilhelmine v. Bayreuth. Briefwechsel. Bd. 1 u. 2. Leipzig 1926.

[10] Schmitz, H.: Kunst und Kultur des 18. Jahrhunderts in Deutschland. München 1922.

[11] Brief Knobelsdorffs an den Kronprinzen Friedrich v. Preußen vom 29. Januar 1737.

[12] Fontane, Th.: Das Rheinsberger Schloß und sein Park. In: Wanderungen durch die Mark Brandenburg. Berlin 1862.

[13] Seidel, P.: Friedrich der Große als Kronprinz in Rheinsberg und die bildenden Künste. In: Jahrbuch der Preußischen Kunstsammlungen. Bd. 9, Berlin 1888, S. 108–28.

[14] Siehe auch: Kopie auf Porzellan nach einem Gemälde von A. Pesne. Staatliche Schlösser und Gärten Potsdam-Sanssouci.

[15] Ausgabe: Leipzig 1839–42.

[16] Hennert, F. H.: Beschreibung des Lustschlosses und des Gartens S. K. H. des Prinzen Heinrich zu Rheinsberg, wie auch der Stadt und der Gegend um dieselbe. Berlin 1778.

[17] Erste offizielle Notiz in: Berliner Zeitung vom 22/23. 12. 1979.

[18] wie [12]

[19] wie [1]

[20] Mittenzwei, I.: Friedrich II. v. Preußen. Eine Biographie. Berlin 1979, S. 29.

[21] Kupsch, H.-G.: Rheinsberg. Leipzig 1960, S. 12.

[22] Darstellung bei: Müther, H.: Baukunst in Brandenburg bis zum beginnenden 19. Jahrhundert. Dresden 1955, S. 93, Abb. 81.

[23] Knobelsdorff, W. v.: Zur Geschichte der Familie von Knobelsdorff. Berlin 1859, S. 31–32.

[24] wie [6]

[25] Rave, P. O.: Die Bauwerke und Kunstdenkmäler von Berlin. Bezirk Tiergarten. Westberlin 1955, Tafel 2.

[26] Vergleiche: J. P. Hackert: »Bei den Zelten«, Ölgemälde um 1760 und D. Chodowiecki: »Platz bei den Zelten«, Stich 1772.

[27] wie [25], Abb. 219.

[28] Fotodokumentation bei: Staatliche Bildstelle München und Schlösserverwaltung Westberlin.

[29] wie [6]

[30] wie [2]

[31] Œuvres Fréderic le Grande, Berlin 1913, p. 216.

[32] Vergleiche: Manger, H. L.: Baugeschichte von Potsdam, besonders unter der Regierung König Friedrich II. Bd. 1–3. Berlin/Stettin 1789/90. Bd. 1, S. 60.

[33] Paulick, R.: Die Innenarchitektur der Deutschen Staatsoper. In: Deutsche Architektur, 1953, H. 6, S. 265–70.

[34] Silberstiftzeichnung in: Stadtarchiv Berlin, unter C 211. Zuschreibung siehe: Giersberg, H.-J.: Studien zur Architektur des 18. Jahrhunderts in Berlin und Potsdam. Berlin 1975, S. 171.

[35] Ehemals Berlin, Schloß Monbijou, jetzt Schloß Charlottenburg (Westberlin).

[36] wie [32] Bd. 1, S. 48 und Bd. 3, S. 624.

[37] Bruhns, L.: Die Meisterwerke. Bd. V. Köln 1954, S. 26/27.

[38] 1. Höckendorf, P.: Sanssouci zur Zeit Friedrichs des Großen und heute. Betrachtungen und Forschungen. Berlin 1903. 2. Kühn, M.: Die Gärten Friedrichs des Großen. In: Brandenburg-Preußische Jahrbücher, Jg. 1939. 3. Kurth, W.: Sanssouci. Ein Beitrag zur Kunst des deutschen Rokoko. Berlin 1962. 4. Giersberg, H.-J.: Studien zur Architektur des 18. Jahrhunderts in Berlin und Potsdam. Berlin 1975.

[39] Volk, W.: Potsdam. Kulturhaus »Hans Marchwitza«. Leipzig 1978 [= Baudenkmale, H. 44).

[40] wie [38] 4., S. 154 u. 183.

[41] Die Bau- und Kunstdenkmale in der DDR. Bezirk Potsdam. Hrsg. Institut für Denkmalpflege. Berlin 1978, S. 285 ff.

[42] wie [38] 4., S. 140.

[43] wie [32], Bd. 3, S. 615.

[44] wie [32], Bd. 3, S. 618.

[45] Über das Umspringen des Zeitgeistes: Keller, H.: Goethe, Palladio und England. In: Sitzungsberichte der Bayrischen Akademie der Wissenschaften, Phil.-hist. Klasse, 1971, H. 1, München 1971.

[46] Dehio, G: Handbuch der deutschen Kunstdenkmäler. Der Bezirk Magdeburg. Bearbeitet von der Abteilung Forschung des Instituts für Denkmalpflege. Berlin 1974, S. 465/66.

[47] Dehio, G.: Handbuch der deutschen Kunstdenkmäler. Der Bezirk Halle. Bearbeitet von der Abteilung Forschung des Instituts für Denkmalpflege. Berlin 1976, S. 65.

[48] wie [47], S. 68/69.

[49] wie [6]

Chronologie wichtiger Lebensdaten

17. Februar 1699	Geburt in Kuckädel (Kukadło) bei Kossar (Kosierz) im damaligen brandenburgischen Herzogtum Crossen (Krosno) als ältester Sohn des Landadeligen Georg Siegmund v. Knobelsdorff und dessen Ehefrau Ursula Barbara geb. v. Haugwitz.
1713	Nach Tod des Vaters vormundschaftliche Erziehung durch die Großeltern mütterlicherseits (Freiherr v. Lescourould) und seinen Paten, Hans Georg v. Knobelsdorff.
1714	Als Fünfzehnjähriger Eintritt als Gefreiten-Korporal in ein Infanterieregiment der preußischen Odergarnison Küstrin (Kostrzyn).
1715–20	Im Nordischen Krieg gegen Schweden Teilnehmer am Pommernfeldzug des vom Fürsten Leopold I. v. Anhalt-Dessau geführten Regiments.
1720–28	Garnisoniert in verschiedenen Städten der Uckermark.
1. Oktober 1723	Ernennung zum Fähnrich.
14. April 1728	Beförderung zum Seconde-Lieutenant.
seit Juli 1728	Mit dem Regiment stationiert bei Fürstenwalde.
seit April 1729	Mit dem Regiment verlegt nach Berlin, vermutlich erste persönliche Kontakte zum Kronprinzen Friedrich v. Preußen.
9. Juni 1729	Auf eigenen Wunsch Entlassung aus dem preußischen Militärdienst; kurz vorher Ernennung zum Capitain (Hauptmann) der Infanterie.
1729–36	Vertiefung seiner künstlerischen Fähigkeiten und wissenschaftlichen Kenntnisse. Wirksamkeit als »Lehrer des Kronprinzen«. Künstlerische Weiterbildung bei Antoine Pesne, vermutlich auch an der Berliner Akademie. Vertiefung architektonischer Kenntnisse bei den preußischen Landbaumeistern A. v. Wangenheim und J. G. Kemmeter.
1732, vermutl. April	Erster Aufenthalt in Dresden. Anschließend Übersiedlung nach Neuruppin. Seitdem im stärkeren Maße wirksam als künstlerischer Berater und Gesellschafter des Kronprinzen.
Juli 1734	Teilnahme am Rheinfeldzug als Begleiter des Kronprinzen.
1735	Anlage des Amalthea-Gartens in Neuruppin. 1. Skizze für ein geplantes zukünftiges Opernhaus des Thronfolgers in Berlin.
1736 bis April 1737	Italienreise Knobelsdorffs, unter anderem mit längerem Aufenthalt in Rom. Seit 13. März 1737 Rückreise von Venedig über Augsburg nach Rheinsberg.
seit April 1737–1739/40	Aufnahme in den »Rheinsberger Freundeskreis« des Kronprinzen. Ernennung zum Bauintendanten und Nachfolger J. G. Kemmeters in Rheinsberg. Beginn der Umgestaltung des Schlosses und Parks in Zusammenarbeit mit F. C. Glume, A. Pesne, A. Dubuisson, J. C. Scheffler und anderen.
1740	Planung für den Neuaufbau der durch Brand fast völlig zerstörten Stadt Rheinsberg (Ausführung: Feldmann).
Juni 1740	Ausgestaltung der Trauerfeierlichkeiten und Aufbahrung Friedrich Wilhelms I. im ehemaligen Stadtschloß und in der ehemaligen Garnisonskirche Potsdam.
1740–48	Umgestaltung des Charlottenburger Schlosses durch architektonische Ergänzung des »Neuen Flügels«. Gestaltungen des Schloßparks und der Landstraße nach Berlin.

Herbst 1740	Zweiter Dresden-Aufenthalt als Zwischenstation seiner Reise nach Paris zum Studium des Theaterbaus.
November 1740	Rückkehr nach Berlin über Flandern. Anschließend Ernennung zum »Surintendanten der Königlichen sämtlichen Schlösser, Häuser und Gärten« und »Directeur en chef aller immedianten Bauten in den sämtlichen Provinzen«, Geheimer Finanz-, Kriegs- und Domänenrat.
1740–Juni 1742	Ausbau des Schlosses Monbijou in Berlin als Witwensitz für die Mutter Friedrichs II.
1740–43	Bau des Königlichen Opernhauses in Berlin (heute Deutsche Staatsoper) als erstes Gebäude des geplanten »Forum Fridericianum«: Dezember 1740 Schaffung der Baufreiheit; Juli 1741 Beginn der Gründungsarbeiten; September 1741 Grundsteinlegung; November 1742 Artikel Knobelsdorffs über den Opernbau in der »Berliner Zeitung«; Dezember 1742 Voreinweihung; Oktober 1743 endgültige Einweihung.
Mai 1741	Ernennung zum Königlichen Direktor der Musik und Intendant der Schauspiele (1742 Entbindung wegen Überlastung).
Ende 1741	Beginn der Um- und Neugestaltung des Berliner Tiergartens. Ausgereiftere Konzeption für das »Forum Fridericianum«.
Dezember 1741 bis November 1742	Einrichtung eines Theaterraumes im Alabastersaal des ehemaligen Berliner Stadtschlosses als Interimstheater während des Opernbaues.
1741–42	Umgestaltung von Räumen im 1. Geschoß des ehemaligen Berliner Stadtschlosses zur »Wohnung Friedrichs II.«.
1742	Berufung als Ehrenmitglied der »Académie Royale des Sciences et belles Lettres« in Berlin.
31. Juli 1742	Friedrich II. legt in einer Order die offizielle amtliche Stellung Knobelsdorffs gegenüber dem Preußischen Generaldirektorium fest.
seit 1742	Träger des erweiterten Titels: »Oberintendant der Bauten seiner Majestät, Geheimer Kriegs- und Domänenrat, Ehrenmitglied der Königlichen Akademie«.
1743	Erwerb eines kleineren Grundstücks und Anlage der »Knobelsdorffschen Meierei« im nordöstlichen Teil des Berliner Tiergartens. Anfänge der Bautätigkeit in Potsdam, eingeleitet durch den Einbau eines Kommödiensaales in den nordöstlichen Eckpavillon des ehemaligen Potsdamer Stadtschlosses.
24. August 1743	Frühstück Friedrich II. auf dem »Wüsten Berge« bei Bornstedt; erste Ideenvorstellung zur Anlage der Weinterrassen von Sanssouci.
Herbst 1743	Friedrich II. läßt über Jordan Weinstöcke und Feigenbäume für den zukünftigen Park von Sanssouci in Südfrankreich bestellen.
1744–51	Umbau des ehemaligen Potsdamer Stadtschlosses: 2.8.1744 erste Bauorder zum Abputzen, Ausbessern und Streichen der Fassade; bis Dezember 1744 Auftrag an Knobelsdorff, Zeichnungen für die Umgestaltung anzufertigen; 29.12.1744 Order zum Bau von zwei Kolonnaden nebst Anweisung entsprechender Baugelder; seit Januaı 1745 forcierter Umbau des Stadtschlosses; Mai 1745-Anfang 1746 Ausführung der Kolonnaden, Umbau des östlichen Schloßflügels, Abschluß der Haveluferbalustrade und Errichtung der westlichen Lustgartenmauer; 1746 Umbau der ehemaligen Orangerie (»Pomeranzenhaus« von A. Nering) zum Marstall (Ausführung: A. Krüger).
ab 1744	Anlage des Parks und Schlosses Potsdam-Sanssouci: Frühjahr 1744 Ankauf des Territoriums vom Potsdamer Militärwaisenhaus; April–Juni 1744 Markierung des Baugeländes; Mai–Juni 1744 zwei Skizzen Friedrichs II. zum Bau; 9.8.1744 Befehl an Diterichs zur Anlage der 6 Terrassen nach Reinentwürfen Knobelsdorffs; 10.8.1744 Kabinettorder zur sofortigen Anlage der Terrassen; Ende 1744 Abschluß der vorbereitenden Erdarbeiten für die Terrassierung; 13.1.1745 Befehl Friedrichs II. zum Bau des Schlosses Sanssouci; 14.4.1745 Grundsteinlegung des Schlosses; Anfang Mai 1745 Bauleiter Diterichs wird auf Befehl Friedrichs II. durch J. Boumann abgelöst; 8.11.1745 verzögerte Rohbaufertigstellung des Schlosses; April 1746 Ausscheiden Knobelsdorffs als Bauverantwortlicher aus Gesundheitsgründen und Rückkehr nach Berlin; Dezember 1746 Abschluß der Fassaden, Kolonnade und des Ausbaues der Wohnräume des Königs im Ostflügel; 1747 Abschluß des Innenausbaues der Räume des Westflügels; 1.5.1747 festliche Schloßeinweihung; 28.7.1748 Fertigstellung des Marmorsaales.
1744–49	Vermutliche Beteiligung an den Plänen für den Ostflügel des Zerbster Schlosses (Ausführung: Friedrich Friedel).
September 1745	Auftrag zum Entwurf einer Gedenkmedaille anläßlich des Sieges Friedrichs II. bei Hohenfriedberg. Übernahme der Vormundschaft über die Tochter des Grafen Keyserlingk.
1746	Wiederherstellung brandgeschädigter Räume im Schloß Charlottenburg und erste Bekanntschaft

mit der Bürgertochter und späteren Ehegefährtin Sophie Charlotte Schöne.

Juli 1746 — Suspendierung von allen bautechnischen Aufgaben.

18. Oktober 1746 — Auf Veranlassung Friedrichs II. Patenschaft über den Sohn des Oberleutnants v. Kleist.

1746–50 — Angliederung des Reh- und Fasanengartens an den Park von Sanssouci nach Plänen Knobelsdorffs (1763–72 Umgestaltung durch Zacharias Salzmann, seit 1819 durch J.P. Lenné).

1747 — Anlage der ersten Orangerie im Park von Sanssouci (1771–74 Umwandlung in die »Neuen Kammern« durch G.C. Unger).

1747 — Anlage des Obeliskportals am Haupteingang des Parks von Sanssouci.

1747–48 — Vermutliche Mitwirkung an der Planung der Hedwigskirche in Berlin neben Legeay (Ausführung: bis 1773 J. Boumann und J.G. Büring).

1747–50 — Vermutliche Mitwirkung an der Planung des ersten Berliner Alten Doms am Lustgarten.

1747–51 — Umgestaltungsentwürfe im Auftrage des Fürsten Leopold Maximilian v. Anhalt-Dessau für das Dessauer Renaissanceschloß.

1748 — Erhebung durch Friedrich II. in den Rang eines Ministers im Preußischen Generaldirektorium. Geburt seiner ersten Tochter Charlotte Sophie. Ausbau des durch den König übereigneten Doppelgrundstücks in Berlin Kronenstraße 65/Leipziger Straße 29. Eventuelle Beteiligung am Umbau des »Kleisten-Sitzes« in Zützen. Entwürfe für die Anlage der künstlichen Ruine auf dem Höneberg in Potsdam (ergänzt durch Innocente Bellavite, geändert durch J. Boumann, Turm 1845 von Ferdinand v. Arnim). Obelisk am Haupteingang des Parks von Sanssouci (Ausführung: Hoppenhaupt und Martin Angermann). Beginn der Umgestaltung des Alten Marktes in Potsdam und Errichtung der Häuser an der Wilhelm-Külz-Straße (ehemals Schloßstraße 13 und 14, heute Clubhäuser).

um 1750 — Verlängerung der nordsüdlichen Mittelachse des Terrassenbereichs von Sanssouci.

1750–51 — Entwürfe für das Wohnhaus des Kgl. Sattlermeisters Johann Peter Lehmann am Alten Markt/Ecke Brauerstraße (heute »Knobelsdorffhaus«, ursprüngliche Ausführung: J. Boumann).

um 1750–53 — Entwürfe für ein geplantes Neues Palais am Kiwitt, vermutlich von Knobelsdorff

1751 — Entwürfe für das sogenannte Gutschmidtsche Haus in Potsdam, Ecke Mammonstraße und für das Eckhaus Schloßstraße 12/Ecke Seelenbinderstraße (Ausführung: J. Boumann). Marmorkolonnade am Rondell des Rehgartens. Geburt der zweiten Tochter Caroline Juliane.

1751–60 — Neptungrotte im Park von Sanssouci (Ausführung: J.P. Benckert und G.F. Ebenhech, Inneres 1840 verändert).

vor 1752 — Entwurf des »Musenrondells« im Park von Sanssouci.

bis 1752 — Anlage von zwei Wasserkanälen und zwei Gärtnerhäusern an der Südachse des Parks von Sanssouci.

Oktober 1752 — Friedrich II. bildet auf Grund eines neuen Bauereglements in Potsdam ein spezielles Hochbauamt unter Leitung von J. Boumann und Mitarbeit von C.L. Hildebrandt, wo auch Knobelsdorff seine Entwürfe vorlegen muß.

1752 — Entwürfe für ein Schulhaus am Potsdamer Alten Markt, ein zum Militärwaisenhaus gehörendes Gebäude am Lustgarten, ein Wohnhaus am Neuen Markt 10–11 (Ausführung: J. Boumann), die ehemalige »Kommandantur« an der Bauhofstraße 13 (später verändert) und den Obelisken am Neustädter Tor (nicht mehr vorhanden).

1752–53 — Vermutlich Pläne für die Französische Kirche am Bassinplatz in Potsdam (Ausführung: J. Boumann). Vermutlich Anregungen oder Pläne für die Anlage von Park und Schloß Dessau-Mosigkau.

1753–55 — Entwürfe für ein neues Stadtkirchenportal an der alten Nikolaikirche in Potsdam und für den Marmorobelisken am Alten Markt.

1753 — Rapide Verschlechterung des Gesundheitszustandes trotz kurzfristigen Kuraufenthaltes im belgischen Badeort Spaa.

7. September 1753 — Bittschreiben an Friedrich II. um rechtsmäßige Anerkennung seiner beiden Töchter.

16. September 1753 — Gestorben in Berlin.

18. September 1753 — Beisetzung in der Deutschen Kirche am damaligen Gendarmenmarkt in Berlin (heute Platz der Akademie, Deutscher Dom).

24. Januar 1754 — Verlesung der eigenhändig durch Friedrich II. verfaßten Gedenkrede zu Ehren Knobelsdorffs durch den Abbé de Prades in der Akademie der Wissenschaften zu Berlin.

1742 Berlin, Opernhaus, Peristyl in Grundriß, Aufriß u. Profil. 64,5×43,5 cm. Bleistift u. Feder (ehem. Berliner Schloß).

1742 Berlin, Opernhaus, Vorentwurf Peristylaufriß. 64×94 cm. Bleistift u. Feder (ehem. Berliner Schloß).

1742 Berlin, Opernhaus, Aufriß Längsseite, Vorentwurf. 59×79 cm. Bleistift (ehem. Berliner Schloß).

1742 Berlin, Opernhaus, Aufriß Längsseite, unausgeführter Entwurf. 46×63 cm. Feder u. Tusche (ehem. Berliner Schloß).

1742 Berlin, Operhaus, Grundriß der 1. Etage, unausgeführter Entwurf. 34,3×57,3 cm (ehem. Berliner Schloß).

1742 Berlin, Opernhaus, Grundriß des Erdgeschosses, unausgeführter Entwurf. 49×79,5 cm. Feder u. Tusche (ehem. Berliner Schloß).

1742 Berlin, Opernhaus, Auf- und Grundriß eines korinthischen Säulenkapitells. 71,2×50 cm (ehem. Berliner Schloß).

1742 Berlin, Opernhaus, eigenhändig signiertes Dedikationsexemplar für Friedrich II. (10 Zeichnungen im braunen Lederband). 90×61,5 cm. Feder u. Tusche (Staatl.Schlösser u. Gärten Potsdam-Sanssouci):
1. Plan du Rez de Chausseé. Grundriß
2. 1. Etage, Grundriß
3. Facade qui donner sur la grande Rue
4. Facade opposeé à la Précédente
5. Facade vers la Grande Place
6. Profil en Longueur du Bâtiment
7. Profil de la Salle Apollonienne
8. Profil en Largueur du Bâtiment
9. Details und Profile von Säulen und Gebälk
10. Details der Konstruktion des Peristyls

um 1742 Berlin, Opernhaus (8 Zeichnungen im hellblauen Meireéband). 60,5×92,5 cm. Feder u. Tusche (Dresden, Kupferstichkabinett):
1. Plan du Rez de Chaussée
2. Facade qui donner sur la grande Rue
3. Facade opposée à la Précédente
4. Facade vers la Grande Place
5. Plan du Premier Etage
6. Profil en Longueur du Bâtiment
7. Profil de Salle Apollonienne
8. Profil en Largueur du Bâtiment

um 1742 Berlin, Opernhaus, Grundriß der 1. Etage, Vorentwurf. 35,8×72 cm. Bleistift (ehem. Technische Universität Charlottenburg).

um 1742 Charlottenburg, Schloß, Neuer Flügel, Speisesaal, Aufriß der Längs- und Querwand. 58×69 cm. Bleistift u. Tusche (ehem. Berliner Schloß).

1742–47 sogenanntes Skizzenbuch 3827 mit unterschiedlichen Architekturentwürfen (ehem. Monbijou, jetzt Schloß Charlottenburg), u.a.:
- Berlin, Opernhaus, Aufriß der halben Querfassade, Vorzeichnung. 16×18,5 cm. Bleistift.
- Charlottenburg, Schloß, Grundriß des Corps de Logis mit eingezeichneter Treppe. Bleistift.
- Rheinsberg, Schloß, Grundriß 1.Etage, Skizze. Bleistift.
- Potsdam, Schloß Sanssouci, Grundriß u. halber Aufriß, Skizze. Bleistift.
- Potsdam, Schloß Sanssouci, Schnitte durch Kuppel- und Parolesaal, Skizze. Bleistift.
- Potsdam, Schloß Sanssouci, Aufriß der Kuppel mit Laterne, Entwurfsskizze. Bleistift.
- Potsdam, Schloß Sanssouci, Grundriß des Speisesaales, vermutlich Vorentwurf. Bleistift u. Tusche.
- Potsdam, Schloß Sanssouci, Karyatiden. Tusche.
- Potsdam, Schloß Sanssouci, Teilaufriß der Ehrenhofseite
- Potsdam, Schloß Sanssouci, Kolonnaden.
- Potsdam, Park Sanssouci, Marmorgrotte, Grundriß, Entwurf. Bleistift.
- Potsdam, Stadtschloß, Risalit östlicher Flügel, Lustgartenseite, Entwurf. Bleistift u. Tusche.
- Potsdam, Stadtschloß, Kolonnade Ostseite, unausgeführter Entwurf. Bleistift u. Tusche.
- Potsdam, Stadtschloß, Fontänenbecken zwischen den Säulen der östlichen Kolonnade. Bleistift.
- Potsdam, Stadtschloß, Marmorsaal, Aufriß der Wände, Skizze, unausgeführter Entwurf. Feder.
- Potsdam, Stadtschloß, Fortunaportal, Entwurf zur Umgestaltung, Skizzen. Bleistift.
- Potsdam, Nikolaikirche, Fassadenskizze. Bleistift.

1745 sogenanntes Skizzenbuch der ehemaligen Piepersammlung. Landschaften (45 Blätter im Pappband mit Lederrücken). Folio. Bleistift u. Tusche (Staatliche Schlösser u. Gärten Potsdam-Sanssouci).

um 1745 Potsdam, Schloß Sanssouci, Grundriß, Detailplan ohne Kolonnade. 41,5×162 cm. Feder u. Tusche (ehem. Berliner Schloß).

um 1745 Potsdam, Schloß Sanssouci, Grundriß und Aufrisse der Garten- und Hofseite, Schnitte durch einen Flügel, Kuppel- und Parolesaal, Entwurfsplan. 86,5×62 cm. Bleistift u. Tusche (ehem. Berliner Schloß).

um 1745 Potsdam, Schloß Sanssouci, Grundriß Speisesaal. 53,5×37,5 cm. Bleistift u. Tusche (ehem. Berliner Schloß).

um 1745 Potsdam, Schloß Sanssouci, Grundriß des Schlosses. Schnitte durch Kuppel- und Parolesaal und durch einen Flügel. 61 × 80 cm (ehem. Technische Universität Charlottenburg).

um 1746 Potsdam, Stadtschloß, Marmorsaal, Aufriß der Wände und Grundriß, mit Beschriftung des Bauführers »Diese Seite hat seine Kgl. Majestät approbiert«. 49,5 × 57 cm. Feder, Bleistift, Tusche (ehem. Berliner Schloß).

um 1746 Potsdam, Stadtschloß, Marmorsaal, Decke, Entwurf I., mit Beschriftung, u.a. durch Knobelsdorff. 31,5 × 48 cm (ehem. Berliner Schloß).

um 1746 Potsdam, Stadtschloß, Marmorsaal, Decke, Entwurf II., 39,5 × 58,3 cm. Bleistift u. Tusche (ehem. Berliner Schloß).

um 1746 Potsdam, Stadtschloß, Marmorsaal, Decke, Entwurf III., 35 × 51 cm, Tusche rot u. grün (ehem. Berliner Schloß).

um 1747 Dessau, Schloß, Grundriß der 1. Etage, mit Signatur »G.W.v.Knobelsdorff«. Bleistift, Feder u. Tusche (ehem. Schloß Dessau).

um 1747 Dessau, Schloß, Grundriß der 2. Etage, mit Signatur »G.W.v.Knobelsdorff«. 49,5 × 58,4 cm. Bleistift, Feder u. Tusche (ehem. Schloß Dessau).

um 1747 Dessau, Schloß, Grundriß der 1. Etage des östlichen und 3. Etage des westlichen Flügels, mit Signatur »G.W.v.Knobelsdorff«. 51 × 72,5 cm. Feder u. Tusche (ehem. Schloß Dessau).

um 1747 Dessau, Schloß, Aufriß von Norden mit vorgelegter Kolonnade und Treppen im Flügel, Erdgeschoß, mit Signatur »G.W.v.Knobelsdorff« und Beschriftung »Facade des Schlosses von Vorn nebst der Kolonnade«. 51 × 72,5 cm (ehem. Schloß Dessau).

um 1747 Dessau, Schloß, Aufriß und Grundriß des Corps de Logis und Querschnitt durch die Flügel, mit Signatur »G.W.v.Knobelsdorff«. 51 × 71 cm (ehem. Schloß Dessau).

um 1747 Dessau, Schloß, Aufriß des Ostflügels auf der Gartenseite, mit Signatur »G.W.v.Knobelsdorff«. 51 × 71,5 cm (ehem. Schloß Dessau).

um 1747 Dessau, Schloß, Aufriß der Seitenfassade, Stadtseite, Signatur »G.W.v.Knobelsdorff«. 51 × 71,5 cm. Feder u. Tusche (ehem. Schloß Dessau).

um 1747 Dessau, Schloß, Aufriß der Seitenfassade, Stadtseite, Signatur »G.W.v.Knobelsdorff« und Beschriftung »Seitenfacade nach der Stadt«. 51 × 71,5 cm. Feder u. Tusche (ehem. Schloß Dessau).

um 1747 Dessau, Schloß, Aufriß der Gartenseite des Corps de Logis, mit Beschriftung »Facade des Corps de Logis nach auswärts«. 51 × 71 cm. Feder u. Tusche (ehem. Berliner Schloß).

1748 Potsdam, Entwurf für ein Haus, vermutlich Zeichnung des Potsdamer Hochbauamtes mit Beschriftung »ist gut Knobelsdorff«. Feder u. Tusche (ehem. Privatsammlung v. Dallwitz, Berlin).

1749 Berlin, Weidendammer Brücke, mit Signatur »Prospekt aus meinem Garten, nach der Natur gezeichnet durch Herrn Baron v. Knobelsdorff, 10. May 1749«. 21,5 × 34 cm. Bleistift mit Sepia gehöht (ehem. Berlin, Kupferstichkabinett).

vor 1752 Potsdam, Schloß Sanssouci, Entwurfszeichnung für 8 Musenstatuen des Musenrondells (Berlin, Kupferstichkabinett).

um 1751 Potsdam, Schloß Sanssouci, Entwurfszeichnung für die Neptungrotte. Bleistift (Westberlin, Kunstbibliothek).

undatiert

Potsdam, Stadtschloß, östliche Kolonnade, Auf- und Grundriß, unausgeführter Entwurf mit Signatur »Knobelsdorff«. 36,5 × 52,2 cm. (ehem. Berlin, Kupferstichkabinett).

Potsdam, Stadtschloß, Mittelrisalit, Lustgartenseite, Auf- und Grundriß, unausgeführter Entwurf. 38,5 × 49,4 cm. Bleistift u. Tusche (ehem. Berlin, Kupferstichkabinett).

Potsdam, Stadtschloß, perspektivische Ansicht von der Marktseite mit Umgrenzungsmauer des Lustgartens und Eingang zur Breiten Straße, teilweise ausgeführter Entwurf. 28 × 48,5 cm. Bleistift, Feder u. Tusche (ehem. Berlin, Kupferstichkabinett).

Potsdam, Schloß Sanssouci, Kolonnaden mit Parkbäumen, Skizze. Kohlezeichnung (ehem. Berlin, Kupferstichkabinett).

Potsdam, Park Sanssouci, Marmorgrotte, Aufrißkizze in perspektivischer Ansicht. 153,5 × 72,2 cm. Bleistift (ehem. Berlin, Kunstbibliothek).

Potsdam, Park Sanssouci, Marmorgrotte, Entwurf von 2 Grottenfiguren. 16 × 10 cm. Bleistift (ehem. Monbijou).

Potsdam, Park Sanssouci, Skizzen zweier kleiner Beckenfontänen. 9,2 × 15 cm (ehem. Monbijou).

Parklandschaft mit Staffage, Vorzeichnung für Radierung mit Signum »G.W.v.Knobelsdorff«. 22,2 × 17 cm. (ehem. Berlin, Kupferstichkabinett).

Parklandschaft mit Architektur, Radierung mit Signatur »Baron de Knobelsdorff fec.«. 20,8 × 17,0 cm (ehem. Berlin, Kupferstichkabinett)

2 Landschaften auf einem Blatt. Bleistift sowie Baumskizzen (ehem. Berlin, Kunstbibliothek).

Kamin, Aufriß einer Wange. 27 × 19,5 cm. Feder u. Tusche (ehem. Monbijou).

Spiegel, Skizze. 38 × 24,5 cm. Bleistift (ehem. Berliner Schloß).

Steinvasen, Skizzen. 21,3 × 14 cm. Bleistift (ehem. Berliner Schloß).

Einige Zeichnungen von Rheinsberg und anderen Schlössern (ehem. Berlin, Hofbauamt).

Literaturauswahl

Antal, F.: Zwischen Renaissance und Romantik. Dresden 1975, S. 252 ff.

Arnheim, F.: Der Hof Friedrichs des Großen. Berlin 1912

Bartel, H., Mittenzwei, I., Schmidt, W.: Preußen in der deutschen Geschichte. In: Einheit, Jg. 34, Berlin 1979, H. 6, S. 637–46

Behrendt, W.C.: Schloß Rheinsberg. In: Kunst und Künstler 11, 1913, S. 560–69

Bielfeld, J.F.: Lettres familiéres et autres. Bd. 1–2, Haag 1763

Bielfeld, J.F.: Des Freyherrn von Bielfeld freundschaftliche Briefe nebst einigen anderen. Aus dem Französischen. Zweyte durchaus verbesserte und vermehrte Auflage. Danzig/Leipzig 1770

Bleibaum, F.: Johann August Nahl, der Künstler Friedrichs des Großen und des Landgrafen von Hessen-Kassel. Baden bei Wien/Leipzig 1933

Broebes, J.B.: Vues des Palais et Maisons de Plaisance de Majesté le Roi de Prusse. Augsburg 1733

Carlyle, T.: Geschichte Friedrichs II. von Preußen, genannt der Große. Berlin 1916–18

Decker, P.: Fürstlicher Baumeister oder Architectura Civilis. Augsburg 1711–16

Dohmann, A.: Zur Berlin-Potsdamer Architektur unter Friedrich II. In: Studien zur Architektur und Kunstwissenschaft, Bd. 2, Berlin 1964, S. 149–54

Drescher, H.: Der Spätstil der friderizianischen Architektur.
Die Tätigkeit Carl von Gontards für König Friedrich II. von Preußen am Neuen Palais in Potsdam. Phil. Diss. Halle 1968

Eckhardt, G.: Die ersten Entwürfe zur Terrassenanlage und zu Schloß Sanssouci. – Ein Beitrag zu Knobelsdorffs Anteil. In: Studien zur Architektur und Kunstwissenschaft, Bd. 2, Berlin 1964, S. 155–69

Eggeling, T.: Studien zum friderizianischen Rokoko. – Georg W. v. Knobelsdorff als Entwerfer ornamentaler Innenraumdekorationen.
Phil. Diss. TU Westberlin 1977

Eggeling, T.: Die Wohnungen Friedrichs des Großen im Schloß Charlottenburg. Westberlin 1978

Fontane, T.: Wanderungen durch die Mark Brandenburg. Berlin 1862

Förster, Ch. F.: G.W. v. Knobelsdorff. In.: Thieme/Becker: Allgemeines Lexikon der Bildenden Künstler, Leipzig 1927, Bd. XXI, S. 5–9

Förster, Ch.F.: Rezension des Buches von A. Streichhan, Knobelsdorff. Burg 1932. In: Zeitschrift für Kunstgeschichte, Bd. 2, 1933, S. 407–10

Friedländer, M.J.: Handzeichnungen alter Meister im Kupferstichkabinett.
Bd. I., E. Bock: Die deutschen Meister.
Berlin 1921

Giersberg. H.-J.: Studien zur Architektur des 18. Jahrhunderts in Berlin und Potsdam. Zur Rolle Friedrichs II. von Preußen als Bauherr und Baumeister. Phil. Diss. Humboldt-Universität Berlin 1975

Giersberg, H.-J., Knitter, H.: Potsdam. Berlin/Leipzig 1979 (=Tourist Stadtführer-Atlas 2)

Geyer, A.: Die Bautätigkeit Friedrichs des Großen. Berlin 1912

Grote, L.: Beiträge zur Frage: Knobelsdorff und das friderizianische Rokoko. In: Zeitschrift für Kunstgeschichte, Bd. 2, 1933

Gurlitt, C.: Friedrich der Große als Architekt. In: Westermanns Monatshefte 69, Braunschweig 1890, S. 100–29

Gurlitt, C.: Potsdam. Berlin 1909 (= Historische Städtebilder, Bd. 10)

Gurlitt, C.: Andrea Palladio. Berlin 1914 (= Bibliothek alter Meister der Baukunst, Bd. 1)

Häberlin gen. Belani, C.L.: Sanssouci, Potsdam und Umgebung. Berlin/Potsdam 1855

Hager, K.: Die Gesellschaftswissenschaften vor neuen Aufgaben. Berlin 1981, S. 35–43

Hamilton, A.: Rheinsberg. Friedrich der Große und Prinz Heinrich von Preußen. Bd. 1–2, Berlin 1882

Hennert, F.H.: Beschreibung des Lustschlosses und des Gartens S.K.H. des Prinzen Heinrich zu Rheinsberg, wie auch der Stadt und der Gegend um dieselbe. Berlin 1778

Hintze, O.: Die Industrialisierungspolitik Friedrichs des Großen. Danzig 1903

Hintze, O.: Die Hohenzollern und ihr Werk. Berlin 1915

Höckendorf, P.: Sanssouci zur Zeit Friedrichs des Großen und heute. Betrachtungen und Forschungen. Berlin 1903

Hoppe, K.: Chronik der Stadt Rheinsberg. Neuruppin 1847

Horn, G.: Rheinsberg und Sanssouci. In: Mitteilungen des Vereins für die Geschichte Potsdams. Potsdam 1867, S. 352–56

Hübner, P.G.: Schloß Sanssouci. Berlin 1926

Huth, H.: Die Gärten von Sanssouci. Berlin 1924

Huth, H.: Die Wohnungen Friedrichs des Großen. In: Phöbus II., 1949

Institut für Denkmalpflege (Hrsg.): Die Bau- und Kunstdenkmale der DDR. Bezirk Potsdam. Berlin 1978

Kadatz, H.-J.: Klassizistischer Barock oder barocker Klassizismus? Gedanken zum Werk von Georg Wenzeslaus von Knobelsdorff. In: Architektur der DDR, XXVII. Jg., Berlin 1978, H. 8, S. 484–89

Kania, H.: Friedrich der Große und die Architektur Potsdams. Potsdam 1912

Kloeppel, G.: Friderizianisches Barock. Leipzig 1909

Knobelsdorff, W.v.: Das von Knobelsdorffsche Geschlecht im Jahre 1909. Gießen 1909
Knobelsdorff, W.v.: G.W.v.Knobelsdorff. Berlin 1861
Knobelsdorff-Brenkenhoff, B.v.: Georg Wenceslaus v.Knobelsdorff. Baumeister und Freund Friedrich des Großen, heute. Bonn 1973
Köllmann, E.: Friedrich Christ. Glume, Hofbildhauer Friedrichs des Großen 1714–1752. Leipzig 1936
König, A.B.: Historische Schilderungen von Berlin. 1792
Kopisch, A.: Die königlichen Schlösser und Gärten zu Potsdam von der Zeit ihrer Gründung bis zum Jahre 1852. Berlin 1854
Koser, R.: Friedrich der Große als Kronprinz. Stuttgart 1886
Krieger, B.: Das königliche Schloß Bellevue. Berlin 1906
Kühn, M.: Zum Friderizianischen Rokoko. In: Zeitschrift für Kunstgeschichte 2, 1933, S. 113–20
Kühn, M.: Die Gärten Friedrichs des Großen. In: Brandenburgischen Jahrbücher, Jg. 1939
Kühn, M.: G.W.v.Knobelsdorff – Gedenkschau. Westberlin 1953
Kühn, M.: Die Bauwerke und Kunstdenkmäler von Berlin. Schloß Charlottenburg. 2 Bde. Westberlin 1970
Kühn, M.: Zum Antikenverständnis am Berliner Hof von Kurfürst Joachim II. bis zum König Friedrich dem Großen. In: Berlin und die Antike. Hrsg. Deutsches Archäologisches Institut und Staatliche Museen Preußischer Kulturbesitz (Katalog). Berlin-Charlottenburg 1979, S. 23–42
Kühn, M., Börsch-Supan, H.: Schloß Charlottenburg. Berlin 1980
Kupsch, H.-G.: Rheinsberg. Leipzig 1960
Kurth, W.: Der Klassizismus im Werk von Knobelsdorff. In: Deutsche Architektur. Berlin 1953, H. 5, S. 212–17
Kurth, W.: Sanssouci. Seine Schlösser und Gärten. Berlin 1957
Kurth, W.: Sanssouci. Ein Beitrag zur Kunst des deutschen Rokoko. Berlin 1962
Lewald, A.: Rheinsberg. Stuttgart 1941
Lorck, C.v.: Preußisches Rokoko. Oldenburg/Hamburg 1964
Manger, H.L.: Baugeschichte von Potsdam, besonders unter der Regierung König Friedrich II. 3 Bde. Berlin/Stettin 1789–90
Maurenbrecher, M.: Die Hohenzollernlegende. Kulturbilder aus der preußischen Geschichte vom 12. bis zum 20. Jahrhundert. 2 Bde. Berlin o.J.
Mehring, F.: Die Lessinglegende. Berlin 1963 (= Gesammelte Schriften, Bd. 9)
Mittenzwei, I.: Preußen nach dem Siebenjährigen Krieg. Berlin 1979 (= Akademie der Wissenschaften der DDR, Schriften des Zentralinstituts für Geschichte, Bd. 62)
Mittenzwei, I.: Friedrich II. von Preußen. Eine Biographie. Berlin 1979
Mittenzwei, I.: Friedrich II. und seine Zeit. Berlin 1980 (= Miniaturen zur Geschichte, Kultur und Denkmalpflege Berlins. Nr. 4)
Müther, H.: Baukunst in Brandenburg bis zum beginnenden 19. Jahrhundert. Dresden 1955
Nicolai, F.: Beschreibung der Königlichen Residenzstädte Berlin und Potsdam. Bd. I.–IV. Berlin 1786
Norbert, W.: Friedrichs des Großen Rheinsberger Jahre. Berlin-Charlottenburg 1911
Paulick, R.: Knobelsdorff und unser Erbe. In: Aufbau, Berlin 1952, S. 125–32
Paulick, R.: Die künstlerischen Probleme des Wiederaufbaus der Deutschen Staatsoper. In: Deutsche Architektur, Berlin 1952. Jg. 1, H. 1, S. 31–38
Paulick, R.: Die Innenarchitektur der Deutschen Staatsoper. In: Deutsche Architektur, Jg. 2, Berlin 1953, H. 6, S. 265–70
Piltz, G.: Schlösser und Gärten um Berlin. Leipzig 1973
Preuß, J.D.E.: Friedrich der Große. Eine Lebensgeschichte, Bd. 1–4, nebst Urkundenbuch. Berlin 1832–34
Raumer, F.: Der Tiergarten bei Berlin. 1840
Rave. P.O.: Die Bauwerke und Kunstdenkmäler von Berlin. Bezirk Tiergarten. Westberlin 1955
Riehl, W.: Sanssoucis Gründung und Aufbau, In: Mitteilungen des Vereins zur Geschichte Potsdams. Bd. 5, Potsdam 1872, S. 225ff.
Rückwardt, H.: Das königliche Schloß zu Charlottenburg. 1894
Rumpf, J.D.F.: Berlin und Potsdam. Bd. 1–2, Berlin 1823
Schmitz, H.: Kunst und Kultur des 18. Jahrhunderts in Deutschland. München 1922
Schmitz, H.: Berliner Baumeister vom Anfang des 18. Jahrhunderts. Berlin o.J. (1925)
Schneider, L.: Geschichte der Oper und des kgl. Opernhauses in Berlin. 1852
Schödel, W.: Knobelsdorff. Leben und Werk eines großen Baumeisters. Weimar 1954
Seidel, P.: Friedrich der Große als Kronprinz in Rheinsberg und die bildenden Künste. In: Jahrbuch der Preußischen Kunstsammlungen, Bd. 9, Berlin 1888, S. 108–28
Seidel, P.: Georg Wenceslaus v. Knobelsdorff. Zu seinem 200. Geburtstag am 17. Februar 1899. In: Hohenzollernjahrbuch 3, 1899, S. 126–35
Seidel, P.: das Königliche Schloß Monbijou in Berlin bis zum Tode Friedrichs des Großen. In: Hohenzollernjahrbuch 3, 1899, S. 178–96
Seidel, P.: Das Potsdamer Stadtschloß bis zu Friedrich dem Großen. In: Hohenzollernjahrbuch 8, 1904, S. 143–74
Seidel, P.: Friedrich der Große als Bauherr. In: Hohenzollernjahrbuch 15, 1911, S. 217–37
Seidel, P.: Beziehungen Friedrichs des Großen zur bildenden Kunst. Berlin 1912
Seidel, P.: Friedrich der Große und die bildende Kunst. Berlin/Leipzig 1922
Seidel, P.: Das Stadtschloß in Potsdam. Ein Führer. Berlin 1922
Sello, G.: Potsdam und Sanssouci. Forschungen und Quellen zur Geschichte von Burg, Stadt und Park. Breslau 1888
Siedler, E.J.: Gärten und Gartenarchitekturen Friedrichs des Großen. Stockholm 1911
Streichhan, A.: Knobelsdorff und das friderizianische Rokoko. Burg 1932
Tessner, W.: Chronik der Stadt und des Schlosses Rheinsberg (Mark). Rheinsberg 1928
Vogler, G.: Vetter, K.: Preußen. Von den Anfängen bis zur Reichsgründung. Berlin 1979
Volk, W.: Berlin – Hauptstadt der DDR. Straßen und Plätze heute. Berlin 1972
Volk, W.: Potsdam. Kulturhaus »Hans Marchwitza«. Leipzig 1978 (= Baudenkmale 44)
Die Werke Friedrichs des Großen. In deutscher Übersetzung. Hrsg. G.B.Volz, deutsch von Friedrich v. Oppeln-Bronikowski und Tassilo v. Scheffler. 10 Bde. Berlin 1913
Volz, G.B.: Das Sanssouci Friedrichs des Großen. Berlin/Leipzig 1926
Weise, A.: Rheinsberg und der junge Friedrich. Jena 1925
Weise, A.: Sanssouci und Friedrich der Große. Jena 1925
Westarp. F.F.: Knobelsdorffs Rheinsberger Werk. Würzburg 1929
Zentralinstitut für Geschichte der Akademie der Wissenschaften der DDR (Hrsg.): Grundriß der deutschen Geschichte. Berlin 1979. S. 173–96

Register

Ortsregister

Personenregister

Ergänzender Fotonachweis

Bauakademie der DDR: Abb. 3, 13, 14, 16, 19, 22, 25–29, 31–37, 40, 44–47, 60–63, 99, 147–149, 153–156, 158, 159, 163, 164, 166, 167, 169, 170, 172, 178, 179, 183
Deutsche Fotothek Dresden: Abb. 23
Institut für Denkmalpflege, Berlin: Abb. 49, 184
Kadatz, H.-J.: Abb. 12, 15, 20, 21, 24, 42, 51, 100, 101, 107 (links), 150–152, 157, 161, 162, 165, 168, 173–177, 181, 185–190
Rat des Bezirkes Potsdam, Büro für Städtebau: Abb. 182
Staatliche Museen zu Berlin: Abb. 50, 180
Staatliche Museen Berlin (West): Abb. 171
Staatliche Schlösser und Gärten, Potsdam-Sanssouci: Abb. 103, 104, 106
Nach W. Volk, Berlin – Historische Straßen und Plätze: Abb. 107 (rechts)